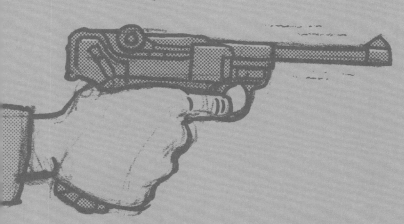

박시백의 일제강점사 35년

3

박 시 백 의   일 제 강 점 사

35년

3

1921——1925

대 투 쟁 의   시 대

임진왜란이 발발하고 일본군이 파죽지세로 북상해오자 선조는 도성을 버리고 피난길에 올랐다. 평양을 거쳐 의주에 다다른 선조는 압록강을 건너 요동으로 망명하고 싶어 안달하는 모습을 보였다. 그런데 이순신 장군과 의병들의 분전, 그리고 명나라의 원군 파병으로 전세가 뒤바뀌더니 결국 일본군이 물러났다. 제 한 몸 살기에 급급한 모습을 보였던 선조는 왕으로서의 권위와 체면을 되살리기 위해 꼼수를 냈다. 일본군을 패퇴시킨 것은 오로지 명나라 군대의 힘이요, 조선의 군대가 한 일은 거의 없다고 임진왜란의 성격을 규정한 것이다. 그 결과 일본군에 맞서 싸운 장수들보다 명나라에 가서 구원병을 요청한 신하들의 공이 더 높아지게 되었다. 선조를 호종해 의주까지 피난했던 신하들이다. 자신을 호종한 신하들의 공이 높아지니 그 중심인 선조 역시 더 이상 부끄러워하지 않게 됐다.

어려서 비슷한 이야기를 들은 적이 있다. 8·15 해방은 오로지 미군의 덕이요, 원자폭탄 덕이지 우리가 한 일은 아무것도 없었다는…. 선조처럼 공식화하지는 않았지만 선조와 비슷한 처지에 놓이게 된 누군가가 그런 이야기를 만들고 널리 퍼뜨린 것이라고 짐작해볼 수 있다.

결론부터 말한다면 일제 강점 35년의 역사는 부단한, 그리고 치열한 항일투쟁의 역사다. 비록 독립을 가져온 결정적 동인이 일본군에 대한 연합군의 승리임을 부정할 순 없지만 그렇다고 우리가 한 일은 아무것도 없다는 식의 설명은 무지 혹은 의도적 왜곡이다. 자학이다. 우리 선조들은 한 세대가 훌쩍 넘는 35년이란 긴 세월 동안 줄기차게 싸웠다. 나라를 되찾기 위해 기꺼이 국경을 넘었고 필요한 곳이라면 어디든 갔다. 삼원보, 룽징, 블라디보스토크, 이르쿠츠크, 모스크바, 베이징, 상하이, 샌프란시스코, 호놀룰루, 워싱턴, 파리…. 총을 들었고, 폭탄을 던졌으며, 대중을 조직하고 각성시켰다. 그 어떤 고난도, 죽음까지도 기꺼이 감수했다. 그들이 있어서 일제 식민지 35년은 단지 치욕의 역사가 아니라 자랑스러움을 간직한 역사가 되었다.

시대의 요구 앞에 고개를 돌리지 않고 응답했던 사람들, 그들의 정신, 그들의 투쟁을 우리는 기억해야 한다. 그것이 모든 것을 내던지고 나라를 위해 싸웠던 선열들에 대한 최소한의 도리이리라. 마찬가지로 우리는 나라를 팔고 민족을 배반한 이들도 기억해야 한다. 일제에 협력한 대가로 그들은 일신의 부귀와 영화를 누렸고 집안을 일으켰다. 나아가 해방 후에도 단죄되지 않고 살아남아 우리 사회의 주류를 형성했다. 그뿐인가, 민족교육인이니 민족언론인이니 현대문학의 거장이니 하는 명예까지 차지했다. 이건 좀 아니지 않나? 독립운동가는 독립운동가로, 친일부역자는 친일부역자로 제 위치에 자리 잡게 해야 한다.

이 책은 일제 경찰의 취조 자료나 재판 기록, 당시의 신문 같은 1차 사료를 연구하여 나온 결과물이 아니라 기존의 연구 성과들을 요약, 배치, 정리하여 만화라는 양식으로 표현한 대중서다. 주로 단행본으로 출간된 책들을 참고로 했고,

《친일인명사전》(친일인명사전편찬위원회)과 독립기념관 한국독립운동정보시스템 자료인 《한국독립운동의 역사》(한국독립운동사편찬위원회) 60권을 기본 텍스트로 삼았다. 그 밖에도 한국민족문화대백과, 우리역사넷을 비롯해 인터넷 자료의 도움을 많이 받았다. 공부도 부족했지만 공부하는 방법도 미숙해 담아내야 할 내용을 제대로 담아냈는지 걱정이 앞선다. 이후 독자 여러분과 전문가들의 지적을 받아가며 오류를 수정하고 부족한 부분을 채워나갈 생각이다.

한상준 대표와 편집자, 디자이너 등 비아북 출판사 관계자 외에도 일선에서 역사 교사로 재직 중이신 차경호, 남동현, 정윤택, 박래훈, 김종민, 박건형, 문인식, 오진욱, 김정현 선생님 등 아홉 분의 선생님들이 본문 교정과 인물 및 연표 정리 등으로 큰 도움을 주셔서 이 책이 나올 수 있었다.

가급적 더 많은 독립운동가들과 친일부역자들을 알려야 한다는 사명감이 책의 내용을 딱딱하게 만든 듯도 싶다. 독자들의 양해를 바라며 부디 이 책이 일제강점 35년사와 그 시대를 살았던 사람들을 바로 알리는 데 작은 보탬이 되었으면 한다.

2017년 12월

《35년》1권을 출간한 지 7년 만에 개정판을 출간한다.《한국독립운동의 역사》,
《친일인명사전》등의 참고문헌과 '독립운동인명사전', '한국역대인물 종합정보시
스템' 등 국가기관에서 제공하는 데이터를 기반으로 최대한 오류를 잡기 위해 노
력하였고, 현직 역사 교사 9명이 편집위원으로 참여해 교정 작업을 진행했지만
가벼운 오탈자부터 인명, 생몰 연대 등에서 몇 가지 오류가 있었다. 그림 고증의
오류 또한 더러 있어 개정판에서 바로잡았다. 아울러 오랫동안 보관하고 읽을 수
있도록 파손이 적고 소장가치가 있는 양장본으로 바꿨다.

최근 들어 일제강점사와 관련된 논란들이 뜨겁다. 책임 있는 자리에 있는 이들
이 공공연히 일제강점사를 긍정하거나 사상의 덧칠을 하여 독립운동가들을 폄훼
하는 일들이 벌어지고 있다. 후손으로서 바른 역사 인식이 어느 때보다도 중요하
게 부각되는 오늘, 이 책이 작은 도움이 되기를 바란다.

2024년 9월

3 | 1921——1925
대 투 쟁 의 시 대

모스크바

극동피압박민족대회

1922년 워싱턴회의에 대응하여 모스크바에서
열린 회의로, 전체 대표단의 3분의 1이 넘는
한국대표단이 참가했다. 한국 문제와 관련해서,
계급운동이 아직 시기상조이며 광범위한 반제
민족통일전선이 필요하다고 의결되었다.

광저우

제1차 국공합작

1924년 광저우에서는
국민당 제1회 전국대표회의가
열렸다. 여기서 국민당은 공산당을
개인 자격으로 받아들이기로 하고
공산당은 이를 수용함으로써
제1차 국공합작이 정식으로
성립됐다.

우리는		국민대표회의 소집 요구		제2차 조선교육령
세계는	1921	워싱턴회의	1922	러시아혁명

1920년대 전반, 세계는

워싱턴

워싱턴회의

1921년 11월~1922년 2월, 제1차 세계대전 이후 동아시아에서 급속히 성장한 일본 세력을 억제하기 위해 국제회의가 개최됐다. 총 9개국이 참여해 각국의 해군력 축소에 합의했다.

1923	의열단 '조선혁명선언' 발표	1924	조선노농총동맹 창립	1925	이승만 탄핵
	관동대지진		제1차 국공합작		쑨원 사망

1919년 초에 시작된 파리강화회의는

1년여에 걸쳐 지속됐고 연합국과 패전국 간의 여러 조약을 낳았다.

1919·6 독일과의 베르사유조약

1919·9 오스트리아와의 생제르맹조약

불가리아와의 뇌이조약

헝가리와의 트리아농조약

······ 조약

가장 주목받은 개별조약은 연합국과 독일 간의 베르사유조약.

모든 식민지 포기.

알자스-로렌 프랑스에 반환

막대한 배상금

군비제한

오스트리아·헝가리제국과 오스만제국은 해체되고 많은 영토와 인구를 잃었다.

● 독일이 상실한 지역
● 오스트리아·헝가리 제국이 상실한 지역
● 오스만제국이 상실한 지역

독일

헝가리

오스트리아

터키

파리강화회의의 결과는 또 다른 불안 요인을 낳았다.

독일은 가혹한 배상금으로 국가 운영에 심각한 곤란을 겪어야 했고,

그로 인한 인민들의 불만을 양분으로 해서 나의 나치가 성장하지.

이탈리아는 승전국이었음에도 제대로 대접받지 못해 불만을 품게 되었다.

얻은 것도 별로 없고

괜히 피흘렸잖아.

무솔리니

일러두기

❖ 대사의 경우 현장감을 살리기 위해 외래어표기법이나 표준어에서 예외적으로 표기된 경우가 있다.

❖ 연도의 경우 대부분 《한국독립운동의 역사》(한국독립운동사편찬위원회) 제60권 《한국독립운동사 연표》를 기준으로 표기했다.

미국의 권유를 받아들여 강화회의에 참석한 중국은

일본이 점령하고 있는 산둥반도 반환권을 얻어내지 못했다.

이 일대는 독일과 조약을 맺고 조차했던 곳으로 이제 독일이 패전한 만큼 당연히 우리에게 귀속돼야!

그럴 줄 알고 영국, 프랑스 등과 개별적으로 비밀 협약을 해두었지롱~

그 문제는 일본과 중국간의 일로…

빈손으로 돌아온 대표단 앞에 중국 민중은 5·4운동으로 답했고,

매국노 처단

北京大

일제 타도

이에 중국 정부는 결국 강화회의 조인을 거부해야 했다.

미국이 제안한 국제연맹 창설안은 일찌감치 받아들여져 스위스 제네바에 본부를 두고 출범했다.

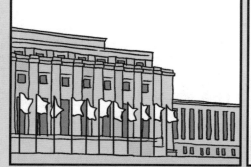

하지만 제대로 된 조정력을 발휘할 수 없었으니, 제1강국으로 떠오른 미국이 불참했기 때문이었다.

제안국이 빠지는 건 무슨 경우여?

상원이 전통적인 고립주의를 내세우며 거부했기 때문에…

러일전쟁이 승리로 끝나자 일본의 후원국이었던 미국은 이제 일본을 경계하게 되었다.

태평양 일대를 두고 우리랑 이해를 다툴 상대로 크고 말았어.

제1차 세계대전 시 일본이 보인 모습은 경계심을 더욱 키웠다.

제봐, 저럴 줄 알았다니까. 게다가 중국까지 독점하려 들어?

남양군도 접수

산동반도 점령

영국도 일본에 대해 경계심을 갖게 되어 일본의 영일동맹 연장 제의를 거절했다.

이제 그만~

더 나아가 미국과 영국은 협의 끝에

일본은 좀 눌러둘 필요가 있어.

군비 축소를 모토로한 열강들 회의를 열어 일본의 야욕을 저지하자고.

일본, 프랑스, 이탈리아 등에 국제회의를 제의했다.

제국들 간의 지금과 같은 군비 경쟁이 계속된다면 또 다시 파멸을 부를 것이오.

이미 각국의 재정이 다 엉망이 되었고.

같이 모여 군비 축소에 대한 합의를 이끌어냅시다.

하딩 미대통령

그렇게 해서 1921년 11월 워싱턴회의가 열린다.

워싱턴회의에서 논의될 군축의 핵심 분야는
건함이었다.

대한해협에서 있었던
러일 간의 해전을 지켜본 열강은

건함 경쟁으로 내달렸다.

그 선두엔 영국이 있었다.

영국은 앞선 기술과 경쟁력으로
늘 한발 앞서 나갔다. 영국이
한 단계 앞선 전함을 개발하면

다른 나라들이 부랴부랴
뒤따라 같은 급의 전함을
건조했다.

그러면 영국은 다시 한 단계 위의
새 전함을 선보였다.

러일전쟁의 육전을 본 열강들은

다음과 같은 결론을 내렸다.

러시아가 택한 프랑스식 백병주의 보다 일본이 선택한 독일식 화력주의가 확실히 현대전에 어울려.

증기관총, 중포 이런 것들이 승패를 결정 지어.

제1차 세계대전은 그 실험장이었고 화력주의가 더욱 강화되었다.

그런데 정작 승자였던 일본 육군이 내린 결론은 달랐다.

무슨 소리? 포탄에 의한 러시아군 피해가 얼마나 된다고.

싸움은 역시 정신력! 사무라이 정신으로 무장한 일본식 백병주의로 간다!

솔직히 화력주의를 택하려 해도 우리의 산업력이 받쳐주지 않고 ...

이에 비해 일본 해군은 전술 지상주의로 흐르긴 했지만,

전함의 우위보다 해전 승리의 키는 역시 탁월한 전술 운용,

러시아의 발틱함대를 궤멸시킨 도고 장군의 전술을 보라!

육군처럼 기술 경시, 정신주의로 흐르지 않고 열강들의 건함 경쟁에 가세했다.

물론 전함의 수와 성능도 웬만큼은 돼야.

러일전쟁 시 자국산 주력함이 한 척도 없었던 일본은

Made in UK Germany ...

전쟁의 와중에 이미
자체 건조가 가능해지더니

1909년엔 거의 세계적 수준에 이른다. 그리고 1920년엔
세계 최초로 16인치 포를 장착한 전함을 건조해낸다.

러일전쟁 이전에도 그랬지만,

대륙 진출의
걸림돌.
우리의 주적!

전쟁 후에도 일본군은 러시아를 제1주적으로 삼았다.

복수전을 하자고
덤벼들 게 분명해.
영원한 주적!

이후 육군과 해군이 주적을 달리하는
기간을 거치더니

우리의
주적은?

러시아!

미국!

미국?

1923년에 이르러선 미국이 제1주적으로 자리 잡는다.

우리의
주적은?

미국!

소련, 중국이
그 다음
경계 대상!

이에 따른 일본 해군의 기본 전략은 대미(對美) 7할.

언젠가 한판 붙어야할 주적 미국!

우리의 주력함이 미국의 7할은 돼야 탁월한 전술을 더해 승리할 수 있어.

그러나 경제력이 열 배나 되는 미국을 상대로 7할을 유지하는 건 버거운 일.

하라 총리는 강경 군부와 달리 영미와의 협조주의를 지향했다.

지금 우리의 힘으로 영미와 싸울순 없잖소? 우선 협조하는 게 살 길.

워싱턴회의 직전 우익 청년에게 암살되고 말지만,

같은 입헌정우회 출신인 다카하시 고레키요가 총리를 맡으면서 영미 협조주의를 이어갔다.

워싱턴회의 결과 주요국의 주력함 보유 비율은 아래와 같이 정해졌다.

영국 5, 미국 5,
일본 3,
프랑스 1.75,
이탈리아 1.75

이 비율을 초과하는 주력함은 이미 있는 것이나 건조중인 것이나 모두 폐기한다!

땅 땅 땅

일본 군부 강경파들은 반발했지만

현실론이 우세해 받아들여졌다.

또한 미국을 선두로 한 열강들의 일치된 요구 앞에 결국 산둥반도를 중국에 돌려주기로 약속해야 했고,

시베리아 출병도 실패로 끝나면서 속절없이 철수해야 했다.

열강들의 개입과 각지의 반란으로 곧 무너질 것처럼 보였던 러시아의 볼셰비키 정부는

민중의 지지에 기초해 마침내 백군을 제압하고 1922년 12월 소비에트사회주의공화국연방(소련)을 출범시킨다.

● 1922년 이후
연방 편입

뿐만 아니라 레닌은 이보다 앞선 1919년 코민테른(제3인터내셔널)을 창립하고

세계혁명의 깃발을!

이를 앞세워 세계 사회주의, 공산주의 운동에 대한 지원과 지도를 강화해나간다.

1922년 1월엔 모스크바에서 극동(피압박)민족대회를 개최해 워싱턴회의를 견제하는 한편, 아시아에서의 혁명운동 활성화를 꾀하기도 했다.

全世界無産階級聯合起未張!
공산당은 동원해 방해 선봉에 머

중국엔 군벌 할거 체제가 이어졌다. 이를 무너뜨리기 위해 쑨원과 국민당은 애를 썼지만 힘이 부족했다.

이때 작지만 의미 있는 사건이 있었다.

코민테른에서 나왔습니다.

코민테른에서 파견한 공작원 보이친스키가 사회주의자 천두슈를 만나 공산당 창립을 설득했고

마침내 1921년 7월 상하이에서
중국공산당 창립대회를 갖게 된 것.

마오쩌둥은 이때 서기를 봄

중국공산당은
극동민족대회에
장궈타오를 대표로
파견했고

레닌은 그를 만나
이렇게 권유했다.

장동지!
국민당과
제휴하는게
어떻겠소?

중국 혁명에 대한 레닌의 생각은 이랬던 것.

중국은 산업 발전
정도가 낮고
공산당도 약해.
현 시기 쑨원과
국민당은 충분히
혁명적이야.

레닌의 밀사, 코민테른의 밀사가 연이어 쑨원을 찾았다.

중국 혁명을
위해선
훌륭한 당과
군관학교가
필요합니다.

······

우리가
돕겠습니다.

중국 전역에 군벌이 난립하고
혁명은 요원하다.
자본주의 열강들은 여전히
권력투쟁에 여념이 없는
북양 정권을 지지한다.
우리 혁명에 도움을 줄
나라는 소련 밖에
없긴 한데 ······

아무리 생각해도
이념을 달리하는
두 당의 합작은
있을 수가 없는 일이오.

그렇다면
이렇게
하시지요.

당 대 당 통합이 아니라 우리 공산당원들이 공산당원의 신분을 유지한 채 국민당에 개별적으로 입당하는 겁니다.

그렇게 한다면 문제 없소.

합의는 이루어졌다. 쑨원은 장제스를 소련으로 파견하고,

군사 제도를 시찰해 잘 배워오시오.

네! 총통각하!

1924년 1월 국민당 제1회 전국대회를 열었다. 쑨원의 삼민주의를 건국이념으로 삼고 주요 강령들을 채택했다.

중앙과 지방의 균권주의!

연소 연공 (聯蘇聯共)

노농원조!

국공합작과 소련 방식의 당 개조가 결정되었다.

1차 국공합작!

볼셰비키식 정예주의로!

24명의 중앙위원 중엔 리다자오 등 3명의 공산당원이, 16명의 후보위원 중엔 마오쩌둥을 비롯해 7명의 공산당원이 선출되었다.

1924년 6월엔
장제스를
교장으로 하는
황푸군관학교가
세워졌다.

정치부주임
공산당원
저우언라이

그렇게 국공합작으로 전열을 재정비한
쑨원은 다시 북벌의 기치를 올렸다.

이즈음 베이징에선 펑즈전쟁에서 승리한 펑톈파(봉천파)의
장쭤린과 돤치루이가 실권을 잡고 있었다.

펑즈전쟁 : 펑톈파와 즈리파(적례파)가 베이징 권력을 두고 벌인 전쟁

민중의 지지를 받으며
북벌군이 북상하자

와 와

돤치루이, 장쭤린 측은
쑨원에게 회담을 청했고

언제 저렇게
세졌다냐?

응응

자, 모든 문제는
대화로 풉시다.
베이징으로
오시죠?

쑨원이 이에 응했다.

동포끼리
피흘리지 않고
통일과 혁명의
대업을 이룰수
있다면 당연히!

베이징 시민들은 쑨원을 열렬히 환영했다.

쑨원 ‖ 쑨원 ‖

그렇게 북벌이 마무리되고
군벌에 의한 분열도
수습될 것처럼 보였지만,

역사의 장난처럼 쑨원은 간암으로 쓰러져 끝내 숨을 거둔다.
1925년 2월이었다.

혁명은 아직 성공하지 못했다(우),
동지들은 계속 노력하라(좌)
라는 쑨원의 유지가 걸린
그의 빈소

이보다 앞서 러시아에선
1922년 지도자 레닌이 뇌일혈로
쓰러진 후 와병 생활을 하다가

1924년 1월 세상을 떠났다.

이젠
나의 시간!

워싱턴회의 주요 내용

미국이 제안하고 영국, 일본, 중국, 프랑스, 이탈리아 등 9개국 대표들이
1921년 11월 미국 워싱턴에 모여 회담을 벌였다. 각국 해군의 군비 축소, 태평양과 동아시아의
전후 질서 마련, 영일동맹 폐기 문제 등 주로 동아시아 태평양 지역의 이권에 대해 논의하였다.
그 결과 동아시아 태평양 여러 섬들과 위임통치령에 대한 각국의 권리를 재확인하고,
해군 군비제한 조약, 중국에 관한 9개국 조약, 태평양에 관한 미국, 영국, 프랑스, 일본 4개국 간의 조약 등
7개 조약이 만들어졌다.
한국의 독립운동가들도 대표단을 구성하고 한국의 독립 문제를 제기하기 위해 힘썼다.
하지만 열강들은 한국의 독립 문제에는 관심이 없었다.
산둥반도의 중국 반환이 결정되고 영일동맹이 폐기되었으나 나머지 일본의 이익은 보장되었다.
일본도 회담국의 하나였기 때문에 한국의 독립 문제는 거론조차 되지 않았다.
결국, 워싱턴회의는 미국의 태평양 주도권과 일본의 성장 등을 확인한 채
제국주의 국가 간의 담합으로 끝나고 말았다.
그리고 이후 이른바 워싱턴 체제는 1931년 만주사변이 일어날 때까지
동아시아의 질서를 규정하였다.

경성제국대학 본관

조선민립대학 기성회의 발기총회가 개최되고 민립대학
설치운동이 일어나자, 일제는 이를 저지하는 한편,
여론 무마를 위해 경성제국대학령을 공포하고
경성제국대학을 설립했다.

잡지 〈어린이〉

1923년 아동문학가 방정환의
주재로 〈어린이〉가 창간됐다.
우수한 작품을 게재하고
아동문학가를 배출함으로써
아동문학 발전의 초석이 됐다.
1934년 7월 통권 122호로
폐간됐다.

경성

군산

우리는	**1921**	국민대표회의 소집 요구	**1922**	제2차 조선교육령
세계는		워싱턴회의		러시아혁명

제1장

무단통치에서 문화통치로

일본에서는 데라우치에 이어 하라 총리가 권력을 잡는다.
이어 조선 총독으로 사이토 마코토가 부임하면서
무단통치의 시대는 막을 내리고 문화통치가 시작된다.
총독부의 신문 발행 허가로 〈동아일보〉와 〈조선일보〉가 창간되고,
잡지와 문학의 시대가 열린다.

산미증식계획
일본은 자국의 저임금 유지를 위한 정책이자 식민지
농업정책으로 산미증식계획을 실시하여 조선 쌀의
일본 유출을 증가시켰고, 식민지 지주제가 강화됐다.

1923	의열단 '조선혁명선언' 발표	1924	조선노농총동맹 창립	1925	이승만 탄핵
	관동대지진		제1차 국공합작		쑨원 사망

문화통치의 설계자들

초대 총독 데라우치 마사타케는 1916년 일본의 총리가 되었다.

그러나 1918년에 일어난 쌀 폭동을 무력으로 진압했다가

비난을 받아 물러나고,

쳇—

하라 다카시가 총리에 올랐다. 번벌 타도, 헌정 옹호를 주창해온 입헌정우회의 총재.

그는 육군 대신, 해군 대신을 제외한 내각을 모두 정당인으로 조직한다.

그리고 3·1혁명을 만났다.

조선독립만세~

3·1혁명의 격랑이 가라앉자 원인 분석과 이후의 대응을 두고
여러 의견이 제시되었다.

강경 진압을 행한 조선군 참모부의 보고서는 이랬다.

원인(遠因)은
- 병합에 따른 불평,
- 자유 사상에 따른 분자들의 활동,
- 일반 시정에 대한 불평,
- 일본인의 압박에 대한 불평이 있고
근인(近因)은
- 파리강화회의와 민족자결주의로 인한 도쿄, 블라디보스토크의 배일 조선인들의 독립 고창과 선동,
- 미국 선교사들의 선동과 미국에 대한 존숭의식,
- 배외사상을 가진 천도교와 기독교의 제휴를 들 수 있습니다.

문제 해결 방법은, 일본의 위력과 권력체 안으로 조선인들을 완전 포섭하고 일반민의 대우 개선과 생활 안정에 노력한다면 완전 동화의 길로 갈 것입니다.

총독을 역임한 데라우치도 의견을 냈다.

이번 폭동은 국제 정세를 오인한 조선인과 외국 선교사를 포함한 조선 내부의 불량한 무리가 서로 호응해 학생, 종교인, 무지한 하층민을 선동, 협박해 일으킨 소요로,

개혁 방안으론,
- 관제 개정과 보다 많은 조선인 관리 등용,
- 교육 제도와 방법 개선,
- 일본인, 조선인 관리 차별 개선,
- 언론 집회의 규제를 완화하고 몇 개의 한글 신문 허락 등.

과거 자신이 주도했던 무단통치의 개선을 말하고 있을 만큼

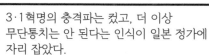

쑥스럽구만~

3·1혁명의 충격파는 컸고, 더 이상 무단통치는 안 된다는 인식이 일본 정가에 자리 잡았다.

하라 총리 역시 동조동근론자이자

일본과 신 영토인 조선의 관계는 언어와 풍속에서 다른 점이 있지만 거의 같은 계통에 속하지.

인종은 처음부터 같은 뿌리이고 역사를 거슬러 올라가 보면 거의 동일해.

내지연장론자.

조선은 식민지가 아니라 내지의 연장이지. 따라서 일본과 조선은 동일한 제도 아래 두는 것을 기본 원칙으로 삼아야!

여기까지 보면 앞선 무단통치기와는 전혀 다른 제도와 통치가 그려진다.

이름하여 문화통치!

그러나

다만,

조선은 내지와는 문화의 정도가 달라 무리하게 내지화하는 것은 잘못!

조선에 특수한 사정이 있음을 잊지 말고 적절한 시설을 하여 점차 교육, 산업, 기타 방면이 내지에 이르도록 해야!

차별 논리는 고스란히 유지된다.

뭐야? 내가 늘 하던 말이잖아.

어쨌든 이제 곧 전개될 문화통치는 무단통치가 실패했음을 확인한 데 따른 대응이고,

군부와는 다른 하라 내각의 노선에 따른 것이다.

우리 군부가 수용했기 때문에 가능했다고.

제암리 사건 등으로 인한 국제 사회의 비난 여론 잠재우기용이기도.

제2대 총독인 하세가와는 3·1혁명에 책임지는
모양새로 사직했고

쳇! 난 좀
억울한 것이

3·1폭동
이전부터 사직하겠다는
뜻을 밝힌 상태였다고.
진작 처리해줬더라면
불명예 퇴진을
안 했을 거 아냐.

후임 총독을 둘러싼 부산한 움직임이
이어졌다.

각하를
뵈러왔다.

기다리고
계십니다.

하라 총리는 후임 총독으로
민간인을 세우고 싶어 했다.

문관 총독제를
···

그에 호응하여 민간인 출신인 조선 정무총감
야마가타 이사부로가 열심히 운동 중이었다.

후임으로
나 좀
밀어주라.

그러지 뭐.
8년이나 조선에서
고생했는데 이제
총독 자리에 앉아야지.

야마가타 이사부로는
하라 총리의 오랜 친구.

잘 될 테니
걱정 말게
친구!

야마가타 아리토모도
반대하지 않겠지.
자신의 조카이자
양아들인 걸.

그러나 여전한 육군의 막후 실력자,
야마가타 아리토모가 반대한다.

나는 총독문관제도
내 아들 이사부로의
후임 총독안도 모두
반대하오.

이사부로는 정무총감으로서 하세가와와 함께 공동 책임을 져야 할 처지 아니겠소?

아들보다도 육군의 이익이 우선이란 말이지?!

지독한 영감탱이.

육군 대신 다나카 기이치가 중재안을 냈다.

총독문무관제로 하고 후임 총독은 전 해군 대장 사이토씨로 하면 어떨까요?

흠... 문무관제에다 해군이라...

괜찮은 듯한데 원로께서 받아들일까요?

문관도 무관도 모두 가능하다? 그리고 이번엔 사이토 전 대장이?

야마가타 아리토모가 수용하면서

좋다고 봅니다.

문관제로 못박지만 않으면 언제든 무관이 맡을 수 있을 터. 그리고 이번은 때가 때이니만큼 해군에게 양보해도 괜찮겠지. 말하자면 작전상 일보 후퇴.

육군이 아닌 해군 출신 사이토가 총독으로 정해졌다.

하지만 그나마도 이때뿐, 이후 조선 총독 자리는 문관은커녕 해군에게도 할애되지 않았다.

조선은 육군 거니까!

새 정무총감엔
미즈노 렌타로.

거듭 사양하다가 총독부 인사권을 요구해 받아들여지자
승낙했다.

인사권은
총독의
권한인데…

아…

아, 그렇게
하세요, 나는
괜찮습니다.

이전의 무단통치와 대별되는 문화통치란 이름의 새로운 식민 통치를 담당할 주역들이 정해졌다.

하라 총리

사이토 총독

미즈노
정무총감

흥미롭게도 무단통치의 설계자들은
이 직후 차례로 세상을 떴다.
1919년 10월 헌병경찰제를 주도한
아카시 모토지로가 죽고,

11월엔 데라우치 마사타케도
죽었다.

무단통치의
시대가
끝났다는
증명인 듯.

사이토 총독과 산미증식계획

사이토 마코토. 1906년 해군 대신이 된 이래 5회 연속 연임했던 인물.

해군 대장에 올랐다가 해군의 군수 비리 사건으로 물러나 있던 터였다.

조선 총독?

그는 하라 총리의 새로운 통치 방침에 공감했고 현해탄을 건넜다.

멋지게 한 번 해보자.

1919년 9월 남대문역에 도착해

마차로 옮겨 타고 총독부 관저로 출발하려는데

총독과 정무총감의 마차 사이에서 폭탄이 터졌다.

당국자, 기자, 구경꾼 등 여럿이 부상을 입었을 만큼 큰 폭발이었는데

사이토는 무사했다.

폭탄을 던진 이는 66세의 강우규.

강제 병합 후 50대의 나이에 독립운동을 위해 두만강을 건넜던 그는

이때 신한촌 노인단 지린성(길림성) 지부장이었다.

러시아인에게서
수류탄을 구해

국내로 잠입했다.
남대문역 근처에 투숙하면서

사이토의 사진을 들고 다니며
매일같이 현장 답사를 하고
이날을 준비해온 것.

혼란을 틈타 현장에서 빠져나왔지만

결행 16일 만에 고등계 형사 김태석에게
붙잡혔다.

그 동안 하얀 색
두루마기를 입은
노인네들이
고생 많았지.

재판 과정에서도 시종
의연했던 강우규는
사형을 선고받았고

피고 강우규
사형!

이듬해 집행되었다.

마지막
남길 말은?

단두대 위에 서니
오히려 봄바람이 이는구나.
몸은 있으되 나라가 없으니
어찌 감상이 없겠는가

斷頭臺上　猶在春風
有身無國　豈無感想

35g

총독부 관저에 들어선 사이토.

깜짝 놀랐네. 이것이 조선의 본 모습이란 말이지?!

따각 따각 따각

관저로 달려온 신문기자에게 이렇게 말했다.

부임 전 이미 목숨을 나라에 바쳤기 때문에 폭탄 따위는 두렵지 않네.

또 폭탄 사건이 있다 해도 통치 방침을 바꾸는 일은 절대 하지 않을 것이네.

과연 이튿날 사이토는 이른바 문화통치의 근간이 되는 관제 개정과 시정방침을 훈시한다.

에또~ 제군들!

… 관제 개정의 취지는 금상폐하의 은혜로운 조칙이 밝힌 바와 같이 한일병합의 본 뜻에 맞춰 일시동인으로 누구나 적당한 자리를 찾아 생을 영위하고 ……

이 뜻에 따라 총독은 문,무 어느 쪽에서나 임용될 수 있도록 하고, 경찰 제도를 개정하며, 복제를 개정해 일반 관리, 교원의 금테 제복과 대검을 폐지하고

조선인의 행복, 이익을 증진,도모하여 장차 문화의 발달과 민력의 충실을 기해 정치, 사회상의 대우에 있어서도 내지인과 똑같은 취급을 해야 한다는 것이 궁극의 목적이며 이것이 달성되기를 간절히 바란다.

이후 여러 변화가 있었다. 몇 가지 눈에 띄는 제도상의 변화를 살펴보자.

일단 문관도 총독이 될수 있게 되었고

물론 명목 뿐이지만

조선군에 대한 총독의 통솔권은 청구권으로 약화되었다.

'출동해'에서 '출동해줘'로 ◑◑

형식상 총독이 총리와 협의하게 돼 있으나 실제론 육군 대신의 통제, 감독을 받았다.

조선은 육군거니까.

헌병경찰제도가 보통경찰제로 바뀌었다.

이제 무단통치는 안녕~

보통경찰이 치안을 담당하는 문화통치^^

8,000명의 헌병은 그대로 경찰에 흡수되고

얼른 옷 갈아 입어.

짜자아식들 예전엔 우리 위에서 엄청 갑질했지?!

총 경찰 수가 크게 늘었다.

1914년 당시 헌병과 경찰 총수는 1만 4,500 여 명이었는데

1920년엔 2만 여 명으로 증대되었지.

이 중에서 일본인 경찰관 수는 1만여 명.

그 밖에도 보통경찰 외에 특별고등경찰제를 마련해 독립 운동 탄압에 활용했지.

우리는 특고 형사♪

조선인 관리에 대한 급여 차별도 완화되었다.

공립보통학교 교장에 조선인도 임용될 수 있도록 했고

부협의회, 도평의회 등 지방 자문기관이 생겼다.

가장 눈에 띄는 변화는 무단통치의 상징이었던 관리, 교원의 제복 폐지와

태형의 폐지였다.

사이토는 9월 들어 유명무실했던 중추원 회의를 소집하고

각 도의 유력자, 명망가 들을
불러 의견을 나누었다.

각 도에 총독부 사무관을
보내 시정에 대한 의견을
듣기도 했다.

화~
이번 총독은
뭔가 다르네.

우리를 불러
의견을
구하다니.

적극
도와드려야지.

애로 사항
얘기해 봐.

조선인 판검사도 원고와 피고의
국적과 무관하게 심리할 수
있게 되었다.

피고
와타나베는...

첫!
대일본제국의
야쿠자가
조센징 검사에게
심리를 받다니...

도로 건설 시 강제 부역,
토지 기부 강요에 대한
원성이 높았는데

이 도로
만들면서
노임도 못 받고
개고생했지.

난 논이
네 마지기나
날아갔어.

상당 부분 시정되었다.

주요 도로 건설 시엔
부역 제공을 없애고
용지도 매수한다.

정무총감 미즈노는 하라 총리와 담판을 벌여
조선에 대한 국고보조금을 늘렸고, 2000만 엔의
공채 발행도 승인받았다.

일본 돈을
조선으로 들여와
풀었다는 얘기.
내가 힘 있는
정무총감이어서
가능했던 거야.

이런 변화들은 조선 민중들에게도
적잖은 기대감을 안겨주었다.

최소한
전보다는
나아지겠지.

3.1혁명으로
피흘린
결과지.

조선 내 외국인 선교사들의
시선도 달라졌고,

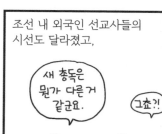

새 총독은
뭔가 다른 거
같군요.

그죠?!

3·1혁명 시 야만적 진압에 항의 제스처를 표했던
미국과 영국도 만족을 표했다.

이제
조선 문제는
신경 꺼도
되겠지?

내 생각도.
식민지에서
저 정도면
깔끔한 거지.

새로운 통치 질서의 구축과 함께
사이토가 관심을 기울인 또 다른 사업은
산미증식계획이다.

産米增殖

일본의 쌀 부족 현상은
오래된 일이다.

급속한 산업화와 인구 증가를
농업생산력이 따라가지
못한 것.

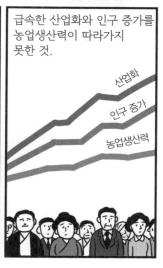

산업화

인구 증가

농업생산력

강제 병합 후엔
상당량의 조선 쌀을 수입해다가
부족분을 메웠다.

그런데 1918년엔 흉년으로
쌀 생산량이 크게 줄고,

최다
쭉정이…

상인들의 농간이 더해지면서
쌀 폭동까지 겪게 되었다.

쌀 문제 해결이
정권 안정의
최우선 과제.

일본 정부는 쌀 수급 문제의 해결을
더욱더 조선에 의지하기로 한다.

현재도 조선 쌀
생산량의 20%
정도를 사다가
먹고 있지만

아무리 생각해도
쌀이 나올 곳은
조선 뿐.

결국 조선의
쌀 생산량을
획기적으로
늘리는 길 밖에
없습니다.

네, 잘
알겠습니다.

그런 연유로
산미증식운동이
핵심 과업으로
채택되었고
구체적인
증식 방침이
마련되었다.

총독부 이하 전 통치 조직이
나서서 산미증식운동을
벌여나갔다.

그러나 요란을 떤 데 비해
생산은 계획대로 증대되지 않았다.

그럼에도 불구하고
조선으로부터의 쌀 출하량은
계획대로 증대되었다.

다음의 도표를 보자.

기간	연평균 생산량	연평균 수출량	조선인 1인당 쌀 소비량
1917~1921	1,410 만석	219만석	0.686석
1922~1926	1,450	434	0.587
1927~1931	1,578	660	0.496
1932~1936	1,702	875	0.40

조선 쌀의 수입 증대로 일본의 쌀 가격은 안정되었지만

한 가마 배달해 주세요.

하이!

조선인의 쌀 소비량은 크게 줄어들었다.

우린 밥심으로 일하는데 어째 점점…

값싼 만주의 잡곡이 조선으로 수입되었지만

1918년 20만석, 1924년 127만석, 1930년 171만석.

쌀 부족분을 메울 만큼은 되지 못했다.

인구는 느는데 전체 미곡량이 점점 줄어들었다는 얘기는 결국 조선인의 영양이 크게 나빠졌다는 의미.

결국 사이토의 산미증식운동은 실패했어도, 일본은 필요한 만큼의 쌀은 실어갔으며, 그에 상응해 조선인은 굶주려야 했다. 수출이 아닌 수탈임을 보여주는 실례라 하겠다.

1926년 군산항에 세운 3차 축항 공사 기념탑. 쌀로 쌓았지 ㅋㅋ

식민 교육의 변화

10년에 걸친 식민지 교육, 동화교육도 별 효과가 없음이 드러났다.

그리고 3·1혁명의 과정을 통해 민족의식이 더욱 고양된 학생, 청년 들은 이제 공공연히 이렇게 요구한다.

문화통치라는 새로운 환경에 민족진영 역시 상당한 기대감을 갖고 교육개혁을 요구하는 건의서를 올렸다.

총독부는 1922년 2월 제2차 조선교육령을 선포한다.

동등 교육의 명분 아래 동화교육은 더욱 강화되었다.

보통학교 수업 연한은 연장되고

기존엔 4년이었지만 일본처럼 6년으로!

경우에 따라서는 4년, 5년도 가능하게 했지.

보통학교엔 조선어 과목도 필수과목으로 지정, 신설되었다.

ㅏ ㅑ ㅓ ㅕ ㅗ ㅛ ㅜ ㅠ
ㅐ ㅒ ㅔ ㅖ ㅚ ㅟ ㅚ ㅙ
ㅢ ㅓ ㅔ ㅣ

대신 일본역사, 일본지리, 실업 교과 등을 신설했다.

일본을 알아야 일본인처럼 생각할 수 있거든.

고등보통학교도 4년에서 5년으로 연장되었다.

고등 보통학교를 졸업하려면 예전엔 4+4=8년이 걸렸지만 이제는 6+5=11년이 걸립니다.

조선역사, 조선지리도 교과에 포함되었지만 교묘한 식민지 교육 강화의 일환이었다.

잘 알겠지? 조선이 자주국으로 살아온 적이 거의 없었다는 사실을.

- 한 사군
- 임나일본부
- 원의 지배

반면에 일본 역사를 봐. 얼마나 치열하고 당당하냐고?

그리고 수업시 언어는 여전히 일본어만 인정되었지.

심지어 조선어 시간에도.

제2차 조선교육령은 또한 사범학교 설립에 대한 규정을 두었다.

수업 연한은 보통과 5년, 연습과 1년.

경성, 대구 평양 등 전국에 15개교가 세워졌죠.

이곳은 경성사범학교.

학생에겐 일체의 학비와 기숙사가 제공되고

졸업 후엔 자동으로 보통학교 교원이 된다.

와!~

집안 살림이 넉넉지 않은 전국의 수재들은 앞다퉈 사범학교로 몰려들었고

졸업생들은 총독부 정책에 충실한 교원이 되기 쉬웠다.

제2차 조선교육령은 또한 대학 설치에 대한 규정을 두었다.

오홋! 조선에서도 대학 설립이 가능하단 말이지?!

민족진영 인사들은 고무되었고

그렇다면 우리 손으로 대학을 만들고

우리 손으로 민족의 인재들을 키워야지.

1922년 11월 이상재, 이승훈, 윤치호, 김성수, 송진우 등이 모여 조선민립대학 기성준비회를 발족시켰다.

이듬해엔 462명이 모여 총회를 갖고

조선민립대학 기성준비회전체총회

대학 설립의 계획서를 확정했다.

대지 5만 평, 교사 10동, 강당 1동을 갖춘다.

법과, 경제과, 문과, 공과, 이과 등의 순서로 건립해나간다.

필요 자본금 1000만원

중앙조직은 물론 지방, 해외에서까지 조직을 구축하며 모금에 나섰고,

1000만 한민족이 1원씩만 모읍시다!

조선민립대학

각계의 호응이 뒤따랐다.

그래! 우리가 세운 대학에서 우리 젊은이들을 배우게하자고!

조선인은 조선인이 세운 대학에서 배우게하자!

뭐야? 가만히 보니 교육 운동이 아니라 정치운동이잖아.

총독부는 노골적인 방해 공작을 폈다.

어제 한 강연은 상당히 불순한 내용이던 걸. 콩밥 먹고 싶은가 보지.

모금된 돈 가운데 불온한 돈은 절대 없다고 장담할 수 있어?

민립대학교 모금함

그리고 기대에 미치지 못한 모금액,

민립대학교 모금함

총독부의 경성제국대학 설립 추진 등으로

우리가 제대로 된 대학을 만들어 줄 테니 민립대학 그딴 거 포기해.

민립대학 설립의 꿈은 결국 무산되고 말았다.

그리고 총독부는 이후 이화학당, 연희전문학교, 오산학교, 보성전문학교 등의 대학 승격 요청도 모두 거부했죠.

경성제대 설립은 다목적으로 추진되었다.

민립대학 요구를 막으려면 일단 대학이 있어야.

조선에 와 있는 우리 일본인 자녀들의 배움터도 필요하고.

우리가 대학을 세워서 조선의 수재들을 모아 우리가 원하는 인재로 키우자.

總督

1924년에 2년제 예과를 개설하고

1926년엔 3년제 법문학부와 4년제 의학부를 설치해 본격 개교했다.

총장은 정무총감이.

원래는 조선제국대학이라고 명명하려다가 '조선제국'으로 받아들여질까봐 경성제국대학으로 정했지.

입학자의 자격 요건도 까다로웠다.

사상은 건전한가?

3.1 폭동에 관여했나?

경찰에 의뢰할 거니까 거짓말 할 생각은 말고.

집안에 반일 운동가가 있나?

일본 학생에겐 특혜를 줘서 항상 일본인 학생이 조선인 학생 수보다 많았고

쳇! 조선에 와 있는 일본인이 얼마나 된다고?

뭐야? 불공정했다 이거야? 일본인이 그만큼 우수해서 결과가 이런 거지.

조선인 교수도 거의 없었다.

조선인을 일본인으로 만들어야 하는데 조선인 선생은 좀 그렇잖아.

학생들은 더러 비밀결사 등을 통해 독립운동, 사회주의 운동에 가담하기도 했지만,

조선인 졸업생들은 대개
관공서, 은행, 신문사 등으로
진출했고

총독부 시책에 복무했다.

결국 대다수는 우리가 원하는 식민지 지식인으로 길러졌지 ㅎㅎ

또한 식민지 교육과 관련해
총독부가 중시한 것은
한국사 왜곡이다.

동화교육의 궁극적 목표는

일본인처럼 생각하고 말하고 천황폐하께 충성하는 신민을 기르는 것!

이를 위해선 일본어와 일본 역사를 공부해 일본의 위대함을 배우고 일본의 정신을 체득해야.

더불어 조선의 역사가 얼마나 찌질한 지를 배워야 해. 그래야 조선인임을 부끄러이 여기고 하루 빨리 위대한 일본인이 되려고 분투하게 될거 아냐.

독립할 생각 따위는 꿈도 못 꾸게 될 테고.

병합 초기부터 대대적인
사료 조사, 고적 조사 사업 등을 추진했고,

홍문관, 규장각, 사고 등에 소장된 수많은 서적의 정리, 해체 작업이 이루어진다.

조선을 '제대로' 알기 위한 작업이다.

그리고 1915년부터 중추원 주도로 조선사 편찬 작업이 추진된다.

그리고 1916년 7월 '조선사 편찬 요지'가 발표되었다.

조선사 편찬 요지

백반의 제도를 쇄신해 혼돈된 구태를 이혁(개혁)하고 각종 산업을 진흥하여 빈약한 민중을 구제하는 일은
조선의 시정상 당연한 급무이긴 하지만, 이러한 물질적인 경영에 노력함과 함께
교화, 풍기, 자선, 의료 등에 관해 적절한 조치를 집행하며, 조선 백성의 지능과 덕성을 계발함으로써
이들을 충량한 제국 신민의 지위로 끌어올리는 것을 목표로 삼는다. 이에 중추원에 명하여
《조선반도사》를 편찬하게 한 것도 민심 훈육의 한 목적을 달성코자 하는 데 그 취지가 있다 할 것이다…

일본 제국과 조선의 관계는 서구의 그것과는 달리 지역적으로 서로 이웃해 있고 인종도 서로 동종이며
또한 그 제도도 양분할 수 없어, 혼연일체의 제국 영토를 구성하여 서로 이해관계와 행복과 불행, 기쁨과 슬픔을
같이하게 되었다. 따라서 조선인을 방임하여 새로운 세계로의 진보가 늦어지는 것을 돌보지 않는 것은
진실로 국가의 기초를 공고히 하는 바가 아니다.

하물며 그들을 무지와 몽매한 상태로 억제시키는 것은 오늘날의 시세로 보아서는 전혀 불가능한 것이다.
오히려 끝까지 그들을 교화하여 인문의 영역으로 나아가게 하고 일치 합동의 단합된 힘으로
제국의 앞날의 융성을 꾀하는 것이 만세의 양책으로서, 한일 병합의 큰 뜻이 실로 여기에 있다 할 것이다…

조선인은 여타의 식민지의 야만 미개한 민족과 달라서 독서와 문장에 뒤떨어질 바 없는 민족이다.
예로부터 사서가 많고, 또 새로이 저작에 착수한 것도 적지 않다. 그러나 전자는 독립 시대 합방 이전의 저술로서
현대와의 관계를 결하고 있어 헛되이 독립국 시절의 옛 꿈에 연연케 하는 폐단이 있다.
후자는 근대 조선에 있어서의 나아갈 바를 설파하고, 혹은 《한국통사(韓國痛史)》라고 일컫는,
한 재외 조선인의 저서와 같이 일의 진상을 연구하지 않은 채 함부로 망설을 드러내 보이고 있는 것이다.
이러한 사적들이 인심을 현혹시키는 해독 또한 참으로 큰 것임은 말로 다 할 수 없는 것이다.
그러니 이것들을 절멸시키려 해도 소용이 없고 노력을 많이 해도 효과가 없을 뿐만 아니라
그러한 악서를 널리 전파시키게 될지도 모른다.

오히려 옛 사서의 금지와 억압 대신 공명 적확한 사서로써 대체하는 것이 보다 첩경이고, 또한 효과가 클 것이다.
이것이 《조선반도사》의 편찬을 필요로 하는 주된 이유인 것이다. 만약 이러한 서적의 편찬이 없다면
조선인은 무심코 병합과 관련 없는 고사, 또는 병합을 저주하는 서적만을 읽는 일에 그칠 것이다…
이와 같이 된다면 어떻게 조선인 동화의 목적을 달성할 수가 있을 것인가?…

1925년부터는 총독부 직할의
조선사 편수회가 꾸려져
《조선반도사》 편찬 사업을
이어나가게 된다.

《조선반도사》의 목차를 보자.

제1편 삼한 - 한(漢) 영도 시대
제2편 삼국 - 일본의 보증 시대
제3편 통일 후 신라 - 당 복속 시대
제4편 고려 - 원 복속 시대
제5편 조선 - 청 복속 시대
제6편 조선 최근세사 - 일 보호 시대

편찬 의도가 너무도 잘 드러난다 하겠다.

〈동아일보〉와 〈조선일보〉

두어 개의 신문 발행을 허가한다. 단 민족 진영은 한 개만, 우호적인 친일 진영은 2개 정도로.

총독부가 신문 발행 허가 신청 접수를 받자 10여 건의 신청이 들어왔다.

가장 먼저 허가된 신문은 〈조선일보〉.

창간의 주역이자 초대 사장은 조진태.

화려한 경력의 경제계 인사다.

- 1853년생
- 1905년 경성상업회의소 발기인 겸 의장
- 1908년 한성은행 감사, 동척 설립위원 겸 감사
- 1912년 조선상업은행 은행장
- 1916년 대정실업친목회 발기인, 부회장
- 1918년 조선식산은행 설립위원

초대 사장의 이력으로 알 수 있듯이 〈조선일보〉는 친일 진영 몫으로 허가된 것.

잘 해보시오.

그런데 주식의 모집도 쉽지 않았고

주주로 참여해 주시죠?

에이~ 신문이 장사가 되겠소?

대정친목회의 도움도 별반 없었다.

뭐야? 친일지로 출발했으면 친일계의 지원이라도 있어야지.

대정실업친목회

고작 제3호를 내고는 50일간의 자체 휴간에 들어간다.

대정친목회와도 결별.

새로운 방향을 찾자!

조선일보

휴간中

〈조선일보〉에 이어 〈동아일보〉와

〈시사신문〉이 허가되었다. 〈시사신문〉은 민원식 등 국민협회 인사들이 주도했는데

사실상 국민협회 기관지.

경영난을 겪다가 이듬해 민원식이 암살당하고 나서 폐간되었다.

〈동아일보〉는 민족진영을 대표하는 신문으로 출발했다. 주도자는 전북 고창 출신의 부호인 김성수.

1914년 와세다대학을 졸업하고 돌아와 이듬해 중앙고보를 인수해 학교장을 지냈다.

26세 교장 선생님!

안창호의 영향을 받아서

교육과 산업에서의 실력양성을!

전국을 돌며 주주, 후견인을 모아

주주로 참여하는 일이 민족의 실력을 키우는 일이요, 민족의 독립에 이바지하는 일입니다.

1919년 경성방직을 설립하기도 했다.

사장엔 친일파의 거두인 박영효를 내세웠다.

편집국장엔 〈매일신보〉 출신 이상협.

주간엔 와세다대학 친구인 장덕수를 앉혔다.

젊은 민족주의자들이 중심인데 사장은 왜 박영효를 앉혔지?

설립 허가를 얻기 위한 방편 아닐까?

〈동아일보〉의 방향성은 주지(主旨)에 잘 드러난다.

東亞日報
創刊號

主旨
宣明
하노라

ー. 조선 민중의 표현 기관임을 자임하노라.
ー. 민주주의를 지지하노라.
ー. 문화주의를 제창하노라.

〈동아일보〉는 단박에 대중의 눈을 사로잡았다.

오늘 동아 봤어?

그럼! 요즘 동아 보는 맛에 산다니까.

동아

창간 2개월 만에 박영효가 사임하고
김성수가 사장에 취임하면서
민족진영의 신문이란 색채는 더욱 뚜렷해졌다.

창간 후 3년 동안 한 차례 정간되고
열 차례 넘게 압수당하면서도 〈동아일보〉는
논조를 잃지 않았고

인기도 여전했다.

그런데 1922년 사장 김성수가 소설가이자 논객인
이광수를 논설위원으로 위촉하고

1923년엔
편집국장에 앉히면서

논조가 변모하기
시작했다.

특히 1924년 1월 〈동아일보〉에 발표한
'민족적 경륜'은 큰 소동을 일으켰다.

이즈음 김성수, 송진우 등은
일제와의 타협론자로 바뀌면서
총독부가 내건 자치론에 빠져 있었고

최린, 이광수 등과
자치론의 확산을 위해
연정회란 조직의 출범을
준비하고 있었다.

이광수는 글로써 그들의 뜻을
드러냈던 것.

民族的 經綸

'민족적 경륜'에 대한 반향은 거셌다.

동아일보
정신차려라!

민족적 양심을
저버린 동아일보
불매한다!

부랴부랴 이광수를 퇴사시키고
상황을 수습해가는데

다시 부를 테니
잠시만 나가 있게.

몇 달 뒤 〈동아일보〉는 다시
곤혹스러운 사건에 휘말린다.

東亞日報

1924년 3월 박춘금을 회장으로
하는 각파유지연맹이 발족했는데,

勞資協調

日鮮融化

각파유지연맹은 총독부의 후원 아래 출범한
친일 단체들의 연합 조직.

이에 〈동아일보〉가 4월 3일 사설로 공격했고

소위 각파유지연맹에 대하여…
그래 봐야 내선 융화 주장일 뿐이고
3·1운동으로 민중이 흘린 피를
거꾸로 이용하는 것이다.

같은 날 김성수와 송진우는
연맹의 이풍재에게
초대를 받았다.

초대받은 자리엔 각파유지연맹 간부들이
있었다. 사설을 둘러싸고 언쟁이 있나 싶더니

이런
빠가야로!

목숨 귀한 줄 알면
나불거리지 말고
정중히 사과해!
그리고 피해 보상금으로
3,000 원을 내놓는다.
알간?

상대인 박춘금은 일본에서 잘나가는
깡패 두목.

대답
안 해?

김성수와 송진우는 사과하고 보상하겠다는
각서까지 써야 했다.

이 일을 〈매일신보〉에서 가십으로 다루면서
〈동아일보〉 내에 문제가 됐다.

사실이라면
실로 부끄러운
일!

경영진에게
진위 여부를
확인해야.

기자들의 해명 요구에 김성수, 송진우는 완강히 부정했고

각서 써준 일은
결단코 없네.

이때는
친구인
송진우가
사장이었지.

사장

이를 믿은 〈동아일보〉 기자들은
기사를 통해 〈매일신보〉를 비판했다.

매일신보
각성해라!

뭐라?

그러자 〈매일신보〉가
보란 듯이 각서 사진을
공개해버렸고

〈동아일보〉 기자들이 간부진 불신임을 결의하면서
경영진과 기자들 간의 갈등이 커져갔다.

신문의 위신을
떨어뜨린

송진우 사장
물러나라!

경영진
퇴진!

이 사이 〈조선일보〉가
약진한다.

朝鮮日報

50일간의 자체 휴간을 마친 〈조선일보〉는 제4호를 내면서

조선일보가 다시 나왔습니다~

〈동아일보〉와의 민족지 경쟁에 나선다.

와우! 조선일보가 달라졌어요.

그러나 〈동아일보〉의 아성은 높았다.

그치만 신문은 역시 동아!

조선 사람은 민족 신문 동아를 봐야!

朝鮮 ○ 報

그런데 〈동아일보〉가 연거푸 추문에 휩싸인다.

'민족적 경륜' 사건에

각서 사건

종로 洋服

동아일보가 계속해서 똥볼을 차네.

〈동아일보〉에서 경영진과 대립하던 이상협은 각서 사건 이후 실망한 기자들 수십 명과 함께 〈동아일보〉를 나왔고

東亞日報

신석우 등과 손잡고 〈조선일보〉 판권을 인수했다. 발행인 신석우, 사장 이상재, 주필 안재홍, 편집고문 이상협 체제로 새로 출발한 〈조선일보〉는

신선한 기획 기사 등으로 대중의 이목을 끌었다.

최초의 신문 연재만화인 〈멍텅구리〉도 이때 연재가 시작되었지.

동양화가 노수현 선생 그림.

또한 〈조선일보〉는 박헌영, 김단야 등 사회주의자 청년들을 기자로 채용했다.

〈동아일보〉보다 더욱 선명하고 비타협적인 논조를 폈을 뿐만 아니라

우리는 민족 신문! (동아가 미는) 자치론을 반대한다!

오오!

사회주의 신문이란 별칭을 들을 정도로 친사회주의 논조를 폈다.

매일같이 사회주의와 사회주의 혁명가를 소개하는 기사로 넘쳐나네.

레닌이 이런 사람이구나.

그냥 둬선 안 되겠네.

응

이에 총독부는 1925년 9월 신일용이 쓴 사설 '조선과 로국과의 정치적 관계'를 문제 삼아 〈조선일보〉 발행을 정지시키고

사유재산을 부정하고 러시아혁명 방식으로 체제를 무너뜨리라고 선동하는 글을 실은 죄!

윤전기를 차압하는 한편

압류

신일용 등 3명의 논객을 구속한다.

신문지법 위반! 치안유지법 위반!

정간 조치는 〈조선일보〉 측이 박헌영 등 사회주의자들을 비롯해 17명의 기자를 해고하고 나서야 풀렸다.

조선일보

쾅

어쨌든 1920년대의 조선 언론계는 그렇게 〈동아일보〉와 〈조선일보〉가 양분하여 경쟁하는 구도로 자리 잡았다.

東亞日報

많이 컸네.

앞으로 더 클거야.

朝鮮日報

時代日報

나도 있었어.

1924년 최남선이 창간한 〈시대일보〉

잡지와 문학의 시대

문화통치기 잡지 창간의
서막은 〈개벽〉이 열었다
(1920년 6월).

〈개벽〉은 천도교 측에서 발행한 종합지로

… 철인은 말하되
다수 인민의 소리는 신의 소리라 하였나니,
신은 스스로 요구가 없는지라 인민의 소리에
응하여 또한 그 갈앙을 나타내는 것이라,
다수 인민이 갈앙하고 또 요구하는 소리는 곧
신이 갈앙하고 요구하는 소리니
이 곧 세계 개벽의 소리로다…
인민의 소리는 이 개벽에 말미암아
더욱 커지고 넓어지고 철저하여지리라.
오호라, 인류의 출생 수십만 년의 오늘날,
처음으로 이 〈개벽〉 잡지가 나게 됨이
어찌 우연이랴.

– 창간사 중에서

창간호부터 표지와 기사 등이 문제가 되어 압수되었는데
1926년 8월 제72호를 끝으로 강제 폐간될 때까지
숱한 탄압을 받았다.

정간 1회
벌금 1회
발매 금지
40회 이상

그만큼 우리가
잘 했다는 얘기.

천도교 측이 발행했지만 종교적인
글은 별로 없고

지금 같은
시국엔
종교보다
민족!

문예 지면이 많았다.

김기진, 박영희 등의 평론,
현진건, 김동인, 이상화,
염상섭, 김소월, 최서해,
주요섭 등의 문학 작품이
많이 실렸는데,

김소월의 〈진달래꽃〉, 이상화의
〈빼앗긴 들에도 봄은 오는가〉,
염상섭의 〈표본실의 청개구리〉
등도 〈개벽〉에서 발표된
작품들입니다.

천도교단은 또한 〈신여성〉, 〈어린이〉를 발행했다.

1923년 9월에 창간되어 1934년까지 제38호를 낸 〈신여성〉은 거의 유일한 여성 잡지.

거의 유일?

다른 여성지는 창간하고 곧 사라지곤 했지만 우리는 달랐다는 얘기지.

재단 빵빵하지 사명감 투철하지.

여성들을 위한 교양, 계몽, 오락까지 아우른 잡지로 신여성의 모습을 선도했다.

시사, 사진 화보, 유명 여류 인사 소개, 생활 기사, 독자 논단, 읽을 게 많아.

이 정도는 봐줘야 신여성이지.

〈어린이〉는 본격적인 아동문학운동 잡지로 1923년 2월 창간돼 1934년 7월까지 제122호를 발행했다. 중심인물은 단연 방정환.

손병희 선생 사위이기도.

보성전문학교 재학 시 3·1혁명에 참가하여 유치장 신세를 졌으며,

이후 일본 도요대학에 유학, 아동문학과 아동심리학을 전공했다.

1921년 천도교 소년회를 조직해 아동운동을 시작하고 어린이날을 제정키로 뜻을 모아 1923년 5월 1일 첫 어린이날 행사를 연다.

제1회 어린이날 기념식

그리고 〈어린이〉를 창간했는데 직접 쓴 창간사가 아름답다.

어린이란 말도 제가 처음 쓴 거는 다들 아시죠?

새와 같이 꽃과 같이
앵도 같은 어린 입술로 천진난만하게 부르는 노래,
그것은 고대로 자연의 소리이며, 고대로 하늘의 소리입니다.
비둘기와 같이 토끼와 같이
부드러운 머리를 바람에 날리면서 뛰노는 모양 고대로가
자연의 자태이고 고대로가 하늘의 그림자입니다.
거기에는 어른들과 같은 욕심도 있지 아니하고
욕심스럽게 계획도 있지 아니합니다.

죄 없고 허물없는 평화롭고 자유로운 하늘 나라!
그것은 우리의 어린이의 나라입니다.
우리는 어느 때까지든지 이 하늘 나라를 더럽히지 말아야 할 것이며,
이 세상에 사는 사람들이 모두, 이 깨끗한 나라에서 살게 되도록
우리의 나라를 넓혀가야 할 것입니다.
이 두 가지 일을 위하는 생각에서 넘쳐 나오는
모든 깨끗한 것을 거두어 모아내는 것이 이 〈어린이〉입니다…

방정환, 마해송, 윤석중, 이원수 등
동화 작가들의 동화와

홍난파, 윤극영 등이 작곡한
동요들이 소개되었다.

고드름 고드름 수정 고드름 ♪

까치 까치 설날은 어저께고요~

푸른 하늘 은하수 하얀 쪽배엔 ~

〈개벽〉과 쌍벽을 이루었던 잡지는
1922년 11월 창간된 시사 잡지
〈조선지광〉이다.

창간사

캄캄한 조선에 〈조선지광〉이 출하였도다.
캄캄한 세계에 〈조선지광〉이 출하였도다.
이 〈조선지광〉이 가까이
조선에 조(照)하고 멀리 세계에 조하다.
이에 조선인은 앞길을 찾고
세계인은 '조선의 광'을 앙(仰)하리로다.

〈조선지광〉은 출발부터 진보적 색채를 분명히 했고
1920년대 중반 이후엔 사회주의 진영의 주장,
논쟁 들을 적극 실었다.

그래서 조선공산당 기관지란 소릴 들었지.

발행인 장도빈

〈개벽〉과 함께 사회주의 계열의 신경향파 문학에도 많은 지면을 할애했던 〈조선지광〉은 1932년 12월 제100호를 끝으로 종간한다.

사회주의 계열의 잡지로는 〈신생활〉이 또한 유명했다. 박희도 등이 1922년 3월 창간했는데

3·1 민족대표 33인 중 한 사람이죠.

그해 11월, 러시아혁명 5주년 기념호 내용이 문제가 되어 사장 박희도, 주필 김명식과 집필자들까지 구속되면서 폐간에 이르게 된다.

신생활사 필화 사건

이 밖에도 〈신계단〉, 〈사상운동〉, 〈비판〉, 〈이론투쟁〉 등 사회주의 계열 잡지들이 창간되어 여론을 이끌었다.

〈신계단〉은 〈조선지광〉의 후속 성격의 잡지.

사회주의 이념과 운동의 확산은 신문보다 잡지가 주도했지.

편집장

〈개벽〉, 〈신생활〉 등을 통해서도 문학운동이 활발히 이루어졌지만

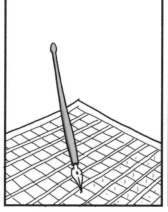

뜻 맞는 문학인들에 의한 동인지 발행도 많았다.

〈창조〉는 1919년 2월 전영택, 주요한 등의 주도로 도쿄에서 발행되었다.

주요한의 시 〈불놀이〉, 김동인의 단편소설
〈약한 자의 슬픔〉 등이 실렸다.

불노리

아아 날이 저믄다, 서편 하늘에, 외로운 강물 우에, 스러져가는 분홍빛 놀…
아아 해가 저믈면, 해가 저믈면, 날마다 살구나무 그늘에 혼자 우는 밤이
또 오것마는, 오늘은 4월이라 패일 날, 큰길을 물밀어가는 사람 소리는
듯기만 하여도 흥성시러운 거슬, 왜 나만 혼자 가슴에 눈물을 참을 수 업는고?

아아 춤을 춘다, 춤을 춘다, 싯벌건 불덩이가, 춤을 춘다.
잠잠한 성문 우에서 나려다보니, 물 냄새, 모랫냄새, 밤을 깨물고,
하늘을 깨무는 횃불이 그래도 무어시 부족하야 제 몸까지 물고 뜨들 때,
혼자서 어두운 가슴 품은 절믄 사람은, 과거의 퍼런 꿈을 찬 강물 우에 내여던지나.

7호까지는
일본에서,
8호, 9호는
서울에서
냈죠.

9호로
끝!

1920년 7월에 창간되고
1921년 1월 제2호로 종간된
〈폐허〉는 김억, 오상순,
변영로, 염상섭 등이
참여한 동인지.

履墟
Vol. 1. No. 1.
創刊
號
LARUINO
第一卷
第一號

오상순은 '시대고와 그 희생'이란
글에서 이렇게 절규했다.

우리 조선은
황량한 폐허의 조선이요,
우리 시대는
비통과 번민의 시대다!

3.1 운동의 실패,
서구의 세기말적 사조
등으로 인한
퇴폐주의적 경향의
동인지였다는 평을
듣습니다.

안 그런 작품들도
꽤 실렸다우.

박종화, 홍사용, 나도향, 박영희 등이
1922년 1월에 창간한 동인지 〈백조〉는
아펜젤러 등 외국인을 발행인으로
내세웠다.

白潮
創刊號

이상화의 〈나의 침실로〉, 박영희의 〈꿈의 나라로〉 등의
시와 나도향, 박종화, 현진건 등의 소설이 종종 실렸다.

나의 침실로

〈마돈나〉 지금은 밤도 모든 목거지에 다니노라
피곤하여 돌아가련도다.
아, 너도 먼동이 트기 전으로
수밀도(水蜜桃)의 네 가슴에 이슬이 맺도록 달려오너라.

〈마돈나〉 오려므나.
네 집에서 눈으로 유전(遺傳)하던 진주는
다 두고 몸만 오너라.
빨리 가자. 우리는 밝음이 오면
어딘지 모르게 숨는 두 별이어라.
…

그래봐야
1923.9.
제3호로 종간.

이상화

문학은 세태의 영향을 강하게 받게 마련.

1920년대에 들어 사회주의 사상이 보급돼 청년들을 뜨겁게 달구면서

마르크스

레닌

무산자 혁명을!

문학에도 사회주의적 경향이 확산된다.

문학도 무산계급을 위해 복무해야.

1922년에 결성된 문학 단체 '염군사'와

焰群社
불꽃 염 무리 군 모임 사

우리는 혁명의 불꽃들!

1923년에 박영희, 김기진 등이 결성한 '파스큘라(PASKYULA)'가 있었다.

PASKYULA는 참가자들 이름의 이니셜 조합

염군사가 좀 더 사회·정치적 활동에 주력했다면 파스큘라는 문단 내의 활동에 힘을 쏟았다.

작가이기 이전에 혁명가!

염군사

문학인은 문학으로!

1925년 8월 양 단체는 합동하여 조선 프롤레타리아 예술가 동맹 카프(KAPF)를 결성한다.

조선 프롤레타리아 예술가동맹
KAPF (Korea Artista Proleta Federatio)

우리는 예술을 무기로 조선 민족의 계급적 해방을 목적으로 한다.

1920년 4월 11일
〈동아일보〉에 게재된 김동성의 만화.
신문이 너무 재미있어서
'길 가는 사람이 넘어져도, 밥 먹을 틈도 없이,
아이를 보거나 이발하는 시간도 참지 못하고'
자꾸 보게 된다는 내용으로 1920년 4월 1일 창간한
〈동아일보〉를 홍보하고 있다. 김동성은
대한민국 초대 공보처장을 맡기도 했다.

최초의 신문 연재만화

김동성에게 만화를 배운 동양화가 노수현의 '멍텅구리 헛물켜기'.
1924년 10월 13일부터 1926년 5월 30일까지 〈조선일보〉에 연재됐다.
김동성이 기획하고 줄거리는 이상협과 안재홍이 구성한
최초의 분업 만화, 기획 만화였다. 또한 만화로는 처음으로
영화로 각색되기도 했다.

'멍텅구리 헛물켜기'의 캐릭터

이광수

2·8 독립선언서를 기초하는 등
잠시 독립운동에 참여하기도 했지만
'민족개조론', '민족적 경륜' 등을
발표해 논란을 일으켰고,
1938년 수양동우회사건의
예심을 받던 중 전향을 선언했다.

박춘금

1891년 경상남도 밀양 출생.
1921년 상구회(相救會)를
상애회(相愛會)로 개편하고
조선인 노무자의 교화,
구제를 표방했으나, 실제로는
일본인 기업주 편에서
노무자를 학대, 압박했다.

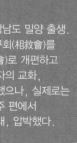

경성

밀양

제2장

친일파를 길러라

총독부는 친일파 육성을 위해 온건독립파에게 접근해 회유했고,
대표적 명망가인 이광수와 최린, 최남선을 끌어들이는 데 성공한다.
또한 참정론, 자치론, 문화운동론을 내세워 민족운동 진영을 분열시키고,
친일 조직의 결성을 후원하며, 밀정을 두는 등
독립운동을 무너뜨리기 위해 총력을 기울인다.

도쿄

양근환

도쿄에서 고학하던 중 국민협회 회장이자
조선총독부 중추원 부참의인 민원식이
참정권운동을 위해 도쿄에 머물자
단도로 찔러 처단했다.

1923	의열단 '조선혁명선언' 발표	1924	조선노농총동맹 창립	1925	이승만 탄핵
	관동대지진		제1차 국공합작		쑨원 사망

온건독립파를 회유하다

조선의 주도 세력은 크게 전투적 독립파, 온건 독립파, 참정파로 분류할 수 있지.

전투적 독립파는 불령선인으로 낙인 찍고 탄압, 고립시켜야.

우리의 통치를 당연시하는 참정파야 신경쓸 필요도 없고,

우리는 완전한 일본인이 되고 싶어요.

문제는 저들 온건 독립파. 저들에게 적당한 당근을 줘서 적극 독립파와 분리시켜야 한다.

그렇습니다 각하!

총독부는 자치의 가능성을 내보여 이들을 현혹하는 한편,

여기 좀 봐!

현실적으로 조선이 당장 독립하는 것은 불가능하다는 걸 다 알잖아.

自治

독립하려면 그에 걸맞은 실력이 있어야 한다고.

먼저 자치를 하면서 실력을 키우는 게 어떠냐 이 말이지.

솔깃……

온건독립파 상층을 '작업'하기로 한다.

기왕이면 조선인들에게 영향력이 있는 인물들로…

그렇지.

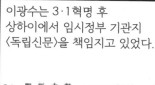

이광수는 3·1혁명 후 상하이에서 임시정부 기관지 〈독립신문〉을 책임지고 있었다.

영민하고 재주가 뛰어났지만

동경에 유학할 땐 최남선, 홍명희와 함께 조선의 3대 천재라 불렸지.

애초부터 우직하고 강개한 이는 아니었다. 1916년에 이미 〈매일신보〉와의 회견에서 이렇게 말했다.

조선인이 완전한 일본 신민이 되기 위해서는 문명인이 됨이 제일 요건이니,

조선인이 만일 문명 정도로 내지인을 따르지 못한다면 황화(皇化)를 배반하는 대만의 생번(生蕃)과 다름이 어디 있으리오?

뭐래?

일본인 수준으로 문명화를 이룩지 못한다면 대만인처럼 야만인이 된다?!

이후 1917년 〈매일신보〉에 장편소설 《무정》을 연재해 크게 히트하며 조선을 대표하는 문장가로 떠올랐지만

1918년엔 단행본으로 출간돼서 베스트셀러가 되었지.

무정 봤니?

응! 완전 감동~

이때까지도 독립운동과는 거리가 먼 인물.

문명화 문명화…

그러나 파리강화회의를 둘러싼 움직임을 보며 그 역시 독립의 가능성을 보았고,

이런 일이… 진정 세계가 바뀌는 모양…

2·8 독립선언서를 기초하는 등
적극 참여했더랬다.

그런데 3·1혁명은
독립을 가져다주지
않았고,

혹시나 했더니
역시나 …

이어 참여한 상하이임시정부도
실망스러웠다.

허구한 날
파벌 싸움이지.

망명 생활은 고달팠고
회의가 파고들었으리라.

객지에서
이러고 있다고
뭐가 될까?

매일신보에서
《무정》을 연재하던
때가 좋았지.

그때 서울에서 허영숙이
찾아왔다. 의사 시험에 합격한
최초의 여성이자 최초의
여성 개업의.

선생님!

그녀는 유부남인 이광수와
애인 사이였다.

조선으로
돌아가요.

존경하던 안창호가 간곡히 만류했지만,

지금 압록강을
건너는 것은
적에게 항복문을
바치는 격이네.

이광수는 상하이를 떠나 조선으로 돌아갔다.

아듀~
지겨운 상해.

평안북도 선천에서 체포되지만 불기소처분을 받고
풀려난다.

불기소?
2·8선언서의
작성자인데?

춘원이
풀려났다고?
관련자들은 죄다
감옥에 있는데
말이 되나?

투항
변절??

아니면 허영숙이
총독부와 밀약하고
데리러 간 거였나?

허영숙과
재혼도 했다지.

수근거림에 응답이라도 하듯 1922년 초 그는 〈개벽〉지에 '민족개조론'을 발표해 논란을 일으킨다.

나는 많은 희망과 끓는 정성으로,
이 글을 조선 민족의 장래가 어떠할까,
어찌하면 이 민족을 현재의 쇠퇴에서 건져
행복과 번영의 장래에 인도할까 하는 것을 생각하는
형제와 자매에게 드립니다.
이 글의 내용인 민족 개조의 사상과 계획은
재외 동포 중에서 발생한 것으로서 내 것과 일치하여
마침내 나의 일생의 목적을 이루게 된 것이외다.
…
우리는 수십 인의 명망 높은 애국자들을 가졌거니와…
그들의 명망의 유일한 기초는
떠드는 것과 감옥에 들어갔다 나오는 것과
해외에서 표박(漂泊)하는 것인 듯합니다.
…

뭐야,
이게?

함께 3·1을 준비하고
망명해서 임시정부를
세운 독립지사들을
떠들고 투옥되고
해외에 떠도는 것으로
이름을 높인 사람들이라
매도하고 있잖아.

식민지가 된 원인도
일본의 침략 때문이 아니라
타락한 민족성 때문이다?

따라서 독립운동은
문화운동,
민족개조운동으로
되어야 한다?!

이 글이 변절 인증이
되어준 걸까?

음…

그해 9월 이광수는 사이토 총독과 면담을 가졌고

이후 사이토의 정치 참모인 전 〈경성일보〉 사장 아베 미쓰이에와 자주 접촉한다.

아베는 그를 〈동아일보〉 논설위원이 될 수 있게 주선했고

두분 잘 아시죠?

알다마다요 하하.

〈동아일보〉 사장 김성수는 그를 더욱 우대해 편집국장에 앉힌다.

그리고 앞서 본 대로 문제의 '민족적 경륜' 사태로 이어진다.

민족적 양심을 저버린 동아일보 불매한다!

1921년 6월 아베는 사이토에게 이렇게 제안한다.

...
최남선의 가출옥 건은 꼭 실행하시길 바라오며, 청년들에게 대단히 좋은 영향이 있을 것으로 생각합니다.
...

아베 미쓰이에 배상

면회 등을 통해 충분히 교감이 있었을 터.

얼마 안 있어 최남선, 최린이 잇달아 가출옥한다.

형기 1년 남은 상태.

요번 가출옥한 위인들 중 최린이 특히 안성맞춤인 친구입니다.

그도 그럴 것이 최린은 3·1혁명을 사실상 기획하고 준비 과정을 총괄한 조직가.

고생 많으셨습니다. 최선생.

최린이 출소한 이듬해 천도교 교주인 손병희가 세상을 뜬다.

손병희 사망 사실을 알린 〈동아일보〉 호외

동학농민전쟁, 수배와 일본 망명, 일진회 축출과 천도교로의 개칭, 3·1혁명 주도적 참여로 투옥, 병보석 출감, 주요한 역사의 순간마다 굵직굵직한 발자국을 남긴 채.

천도교 안에서 최린의 지위는 더욱 탄탄해졌다.

이후 천도교는 최린이 이끄는 신파와 비타협적 민족주의를 고수하는 구파로 나뉩니다.

최린은 총독부의 바람대로 자치론을 지지하며 개량주의의 길, 사실상 친일의 길을 갔다.

독립선언서를 기초한 최남선에겐 잡지 창간을 권유했다.

최선생은 잡지의 선구자 아니오? 제대로 한 번 해 보시오.

아, 지금은 조선은행 총재에게 부탁해 두었소이다.

그렇게 잡지 〈동명〉을 창간한 최남선은 욕심이 좀 더 컸다.

이깟 잡지로야 뭘...

나도 신문을...

마침내 〈동명〉을 폐간하고 〈시대일보〉를 창간한다. 사장 겸 주간 최남선, 정치부장 안재홍, 사회부장 염상섭.

민족의 단합과 협동을 위하여.

처음엔 제법 〈동아일보〉와 〈조선일보〉의 틈바구니에서 자리를 잡는 듯 보였지만

자금 문제 등으로 2년 만에 폐간해야 했다. 이후 이상협이 〈시대일보〉 판권을 인수해 〈중외일보〉로 개칭하고 6년간 발행을 이어갔다.

〈매일신보〉 편집장, 〈동아일보〉 편집국장, 〈조선일보〉 이사, 편집 고문

한마디로 신문의 신이라고나 할까?

어쨌거나 조선을 대표하는 문필가요 학자였던 최남선도 이후 이광수, 최린과 함께 일관되게 친일의 삶을 살았다.

참정론, 자치론, 문화운동론

3·1혁명 직후 일본 정가와 지식층 일각에서 조선인의 참정 문제가 거론되었다.

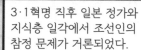

조선인에게 참정권을 주어 조선인으로 하여금 제국 신민으로서 채무를 느끼게 해 주어야.

일본 의회에 건의문을 제출하기도 했는데,

재조선 일본인과 조선인에게 참정권을 주심이

그들의 판단은 이러했다.

3·1 시위는 차별에서 비롯된 것. 제국 신민으로 동등하게 대우해주지 않으면 또 다른 폭동이 있을 것.

내 말이!

사이토 역시 다음과 같이 말했다.

조선인을 국정에 참여시켜 책임을 느끼게 해야만 모국에 대한 신뢰를 두터이 할 수 있다.

이런 분위기에 적극 동조한 이가 민원식이다.

3·1혁명 시 고양군수로 〈매일신보〉, 〈경성일보〉, 심지어 〈아사히신문〉에까지 수차례 기고해 3·1혁명을 비난했던 그는

작금의 소요는 조선인의 민족적 운동이 아니라 기독교와 천도교 신도가 민족자결을 오해하여 벌인 망동으로…

1919년 11월엔 아예 고양군수를
사직하고 일본으로 건너가 일본 조야를
돌며 참정권 허용을 설득했다.

조선의 지역 대표를
제국의회에 진출시키게
도와주시면 조선인은
천황폐하께 진심으로
충성하게 될 것입니다.

1920년 1월엔 신일본주의를 제창하며
국민협회를 창설한다.

國民協會 창립대회

조선 민족만으로 조직된 독립국가는
개인 생활을 보장할 수 없으며
병합으로 창설된 대일본제국인
신일본만이 보장할 수 있다.
그러므로 조선인은
신일본주의 국민으로서
합법적 노력으로 제 권리를
쟁취해야 할 것이다.

기관지인 〈시사신문〉을 만들어 사장을 맡고,

개인이 아닌 국민협회의 이름으로 더욱
참정권 획득 운동에 박차를 가한다.

조선인에게 참정권을!

국민협회

참정권을
획득하여
일본인으로
살아보자!

일본 의회에 참정권 청원서를 제출한
것도 세 차례나 된다.

참정권은 제국 헌법이
인정하는 당연한 권리로서
조선이 일본의 영토로
되고 조선인이 일본의
신민이 된 이상 그 향유를
요구함은 필연의 결과로
추호도 괴이할 바
아닌 것입니다…

심지어 그는 벌써
징병제까지 요구했다.

일본 국민의
권리이자 의무인
징병제를
조선에도 실시해
주십시오.

대신
참정권을!

이런 그의 행동은
많은 이의 공분을 샀다.

저자는
뼛속까지
일본인인
모양이지.

국민협회

카악
퉤-

1921년 2월 그는 세 번째 청원서를 일본 의회에 제출하고 제국호텔에 머물고 있었다.

저... 면담 요청이 들어왔습니다.

그래요. 어떤 사람이오?

이기영이라는 일본대학 청년인데 조선 학생 동우회에서 선생님을 환영하는 자리를 갖고자 한답니다.

그래요? 내일 아침에 오라고 하세요.

이튿날 약속한 시간에 청년이 찾아왔다.

어서 오게. 핫핫핫

청년은 인사가 끝나자마자 참정권운동을 질타하고 민원식을 비난한다.

... 결국 당신은 민족을 배반하는 자!

뭐라고?! 이놈이...

똑똑히 들어랏! 언필칭 독립운동자들이야말로 폭도들일 뿐으로 컥...

청년은 준비해 간 단도로 민원식을 수차례 찔렀고,

퍽
퍽
퍽

민원식은 그렇게 목숨을 잃었다.

청년의 진짜 이름은 양근환.
일본인 부인과 자식까지 둔
고학생이다.

항구로 가서
상하이로 피하려다 체포되어

나가사키에서 체포돼
도쿄로 끌려온 상황을 보도한
〈동아일보〉 기사

무기징역을 선고받고 12년을
복역했다.

총독부와 일본 단체들은
참정권운동을 후원했지만

조선인에게 참정권을!

참정권을 우리에게

열심히 해봐
지성이면
감천이래잖아.

진심이 아니었다.

독립운동에
쏠린 눈을
돌리기 위한
바람잡이랄까?

허용할 마음도 없이 부추긴
참정권운동이 민족진영의
배격을 받자,

참정?
흥!!

우리가
바라는 것은
오직 독립 뿐!

지방제도 개정으로 여론을 무마하려 했다.

부, 면에
자문기관인
부, 면협의회를 두고
도엔 도평의회를!

이것은
작은
시작일 뿐.

부,면협의회, 도평의회 전격 실시
조선총독부

그리고 1년 뒤 지방제도 실시 성과를 대대적으로
홍보했다.

도평의회 1년,
이렇게 달라졌어요!!

보라! 이제
지역민들의 의견이
정책에 반영되고
있다.

머지 않아
일본에서처럼
제대로 된
자치제도를
실시하게 될
것이야.

민족진영의 인사 상당수는 총독부 쪽의
설명에 기대를 품게 되었다.

> 독립을 당장
> 이룰 수 있는 게
> 아니라면

> 자치를
> 확대해나가는 것이
> 합리적인 대안일 수도
> ...

사실 비타협적 독립투쟁의 길은 풍찬노숙, 고문,
투옥, 총살 등으로 이어진 길.

반면 자치론을 편다는 것은 안락한 생활,
재산, 사회적 지위 등을 유지하면서

명분도 지킬 수 있는 매력적인 길이다.

> 냉정하게 말해
> 우리가 지금
> 독립할 역량이
> 안 되잖아.

> 자치를 통해
> 실력을 키운 다음
> 독립으로 가야지.

> 이건 변절이 아니라
> 독립으로 가는
> 또 다른 길, 아니
> 현실적인 길이라고.

1924년 1월 민족진영의
명망 높은 이들 10여 명이
명월관에 모였다.

이들은 연정회를 구성하고
민족 노선을 자치운동으로
전환하려 했지만

앞서 본 대로
이광수의 '민족적 경륜' 문제가
불거지며 조직 구성은
우선멈춤 상태로 잠복해야 했다.

> 일단은
> 〈동아일보〉부터
> 살려야 ...

참정론, 자치론 외에도 총독부는 다양한
방법으로 민족운동 진영을 교란하려 했다.

전투적 운동은
온건한 운동으로,
온건한 운동은
어용운동으로!

물산장려운동의 사례를 보자. 1920년 7월
조만식 등은 평양에서 조선물산장려회
발기인 대회를 가졌다.

발기인대회 후
정식으로 열린
평양 조선물산장려회
선전포스터라오.

이것이 자본가들뿐만 아니라
상당수 민족주의자들을 움직였다.

우리가 만든
물산을 쓰자?

이 운동이 흥하면
우리 자본과 기업이
성장할 테고
그만큼 우리의
실력도 자라나겠지.

1923년엔 서울에서 3,000여 회원과 함께 본격적으로
물산장려운동을 개시한다.

무명베 두루마기, 무명 검정치마 입기를 비롯해
특히 토산품운동이 대중적 지지를 받았다.

조선 물산을
먹고 입고 쓰자!

이에 대해 총독부는 은근히
고무 격려했다.

좋은 생각이야.
독립이 아니라
실력을 키우자는
거잖아.
바로 그거거든.

총독부는 조선산업조사위원회를 만들고
조선인산업대회를 발족시키는 한편(1921년 9월),

조산물산장려회에도 어용 인물들을 침투시켰다.

토산품 애용운동은 격렬한
호응만큼이나 부작용도 컸다.

사회주의 세력의 비판을 받으며

쇠퇴하고 만다.

그렇게 문화통치는 참정론, 자치론, 문화운동 등을 앞세워 민족운동 진영을 분열시켜나갔다.

친일 조직의 범람

총독부는 조선의 지주, 자본가 들을 포섭하는 데도 공을 들였다.

헤이 친구들!

허가제였던 회사령을 철폐해 조선인 자산가들에게 회사 창업의 길을 열어주고

물론 우리 일본 자본에게 이윤 확보의 길을 열어주기 위해서이기도.

왜냐면 이제 조선에도 제법 시장이 만들어져 먹을 게 있거든.

우리도 공장을.

조선에서 노다지를.

노동쟁의, 소작쟁의에서도 확실히 자본가, 지주 편을 들어주었다.

해산 안하면 죽는다~

완전 수호천사 같아.

소작료 인하

노동조건 개선

일본 시찰단도 더욱 확대됐다.

예전 시찰단이 주로 귀족층을 비롯한 상층 위주였다면,

시찰단

이때부턴 언론, 행정, 금융, 산업, 종교, 각종 단체의 간부들에서

군수, 교원들까지 다녀올 수 있도록 총독부가 후원했지. 왜?

매우 효과가 컸거든.

시찰을 간 이들은 일본의 앞선 기술, 생활상, 문화에 감탄하기 쉬웠고,

우와!

대단하다!

총독부는 강연회 등을 통해 그들이 본 것과 감상을 널리 퍼뜨리도록 유도했다.

... 진실로 대단하여 눈은 휘둥그레지고 입은 쩍 벌어지더라 이 말이외다. 우리 조선은 언제나 저렇게 될까 생각하고 또 생각한 결과, 일본의 지도를 잘 받들고 총독부의 시책에 적극 협력하는 것이 최선의 길이 아니겠나 하는 결론에 이를 수 있었소이다.

친일 조직의 결성도 적극 후원했다.

친일 세력을 확대재생산 하려면 자발적인 친일 조직이 곳곳에 뻗어 있어야 해.

총독부는 우선 전국의 유림을 회유하기 위해 힘을 썼다.

폭동의 시작은 천도교, 기독교가 했지만 전국적 확산과 장기화에는 유림의 영향이 컸단 말야.

문묘 종사 선현 18위를 떠받든다는 명목으로 그 봉사손들에게 제료(祭料)를 지급하는 의식도 성대하게 거행했다.

도지사, 내무국장, 학무국장 같은 고위 관리들이 직접 봉사손을 찾아 현금을 전달하곤 했지.

짝 짝 짝

학생들이 박수부대로 단골 동원됐고.

그리고 지방 향교의 재정을 후원하기도 하면서 유림의 환심을 샀다.

어떻게 향교 운영에 어려움은 없으시오?

향치 신경써주시는 덕분에 ...

그리고 각종 친일 조직을 유도했다.

유교의 충효 사상을 천황폐하에 대한 충성으로 잘 유도해야 하겠기에.

먼저 출범한 것은 대동사문회. 어윤적, 정만조, 송지헌 등이
주도했고

대동사문회

우리의 목표는 공자교의 재흥!

도덕 부식, 유림 장려!

1920년 1월 태화관에서 열린
창립대회에서는 학무국장이
축사를 했다.

이튿날엔 일본을 시찰하고 온
경북 유생들이 유도진흥회를
조직했다.

유도진흥회

이들 지회의 결성은 군수나 면장이 주도하는 경우가 많았고
도지사가 참석하곤 했다.

유도진흥회 △△군 지회 결성식

500년 조선을
이끌어온 우리
유교와 유림이
위와 같이
일제의 앞잡이로
전락하고
말았습니다.

1916년에 조직된 대정실업친목회도,
1921년 조직을 개편해 조선 귀족, 대지주,
자본가 들의 친일 단체로 자리 잡는다.

대정실업친목회

회장
민영기

평의장
한상룡

고문
이완용

비슷한 구성의 조직으로
1917년에 조직된 경성교풍회가
있다.

경성교풍회

회장 윤치호

부회장 김중환,
한상룡
유문환

고문 가네야
민영기
민원식

1921년에 조직된 조선구락부는 일본인과 친일파의 합작 단체.

경무국장, 외무국장 등 일본인 고위 관료와 일본인 유력자들이 주도한 단체라네.

조선인은 귀족들과 대지주, 자본가, 이름난 친일파들만 참가했지.

박영효   송병준   이완용 등

앞서 본 민원식의 국민협회도 이 시기에 만들어진 대표적 친일 단체.

국민협회

1920년 10월 평양에서 대동동지회가 설립되어 〈공영〉을 발간하며 일선융화운동을 벌였다.

대동동지회

共榮

주도자의 이름은 선우순.

〈매일신보〉 기자, 〈평양신보〉 주필, 일본 조합교회에서 설립한 평양 기성교회의 전도사로 일했다.

일찌감치 친일로 방향잡은 청년 인텔리.

3·1혁명 시 반대운동 책임자로 활동하면서

독립은 불가능한 일, 선동에 속지말고 동요에, 자중하라.

평안도지사 시노다의 눈에 들었고,

자네 활동력이 대단하더군.

핫! 감사함다.

그의 후원과 사주 아래 대동동지회를 조직했던 것.

3·1 푿동에서 보았다시피 평안도 지역은 불경한 무리가 많은 땅이네.

잘 순화시켜 보게.

하이!

이 일로 선우선은 일약 민원식과 함께 친일파의 새 얼굴로 부상했고,

사이토 총독 면담 횟수 1위를 기록한다.

7년간 119회 만났죠.

1924년 3월 발족한 각파유지연맹은 각종 친일 단체들의 연합 조직.

앞서 본 박춘금의 김성수, 송진우 협박 및 각서 사건이 알려지면서 각계의 비난이 거셌고,

각파유지연맹이라? 그냥 둬선 안 되겠군.

순 깡패 아녀?

연맹원의 집과 사무실이 공격받는 등의 일이 빈번히 발생했다.

결국 각파유지연맹은 이내 유명무실한 조직으로 전락했다.

각파유지연맹 의장 박춘금은 일본에서 상애회를 조직한 인물.

밀양 출신으로 어려서 일본으로 건너가 직공, 광부, 노무자 등을 전전하다

폭력배로 성장, 일본 우익 조직 흑룡회 계열 야쿠자와 연을 맺었다.

1920년 도쿄에서 이기동 등과 함께 상구회(이듬해 상애회로 개칭)를 조직하자

상 애 회

의지할 데 없는 조선인들이 상애회 우산 밑으로 많이 들어왔다.

내건 명분과는 달리

조선인 노무자들을 위한 직업 소개, 공동 숙박소 건설 애로 사항 해결!

일본 기업주 편에서 노동자들을 압박, 통제하는 일을 했고

열심히 하자. 월급 1할은 우리 몫인 것도 알지?

일본 경찰 당국과 손잡고 조선인 노동자들의 사상 단속을 담당했다.

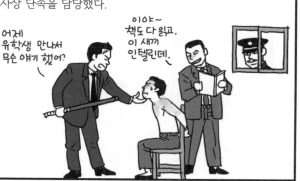

어제 유학생 만나서 무슨 얘기 했어?

이야~ 책도 다 읽고, 이 새끼 인텔린데.

1923년 관동대지진 때는 조선인 학살 소동이 가라앉자,

경찰의 협조 아래 시체 처리를 맡기도 했다.

1924년엔 지부 격인 서울 상애회를 조직하고 각파유지연맹을 주도했던 것.

이후 하의도 소작쟁의에 개입해 소작인들을 습격하기도 했다.

뒷날 그는 일본 중의원에 출마해 당선되었다.

조선인들 가운데 나보다 출세한 놈 없다는 거.

1920년 만주엔 보민회라는 친일 조직이 등장한다.

보민회

3·1혁명 후 만주 일대에 독립군 조직이 속속 만들어지자 일본 측은 긴장했다.

전투적인 친일 조직을 꾸려 대응해야겠어.

맡아 할 이가 필요한데
` ` `

이 친구가 딱이네. 최정규!

강제 병합을 적극 찬동한
일진회 잔당에다 제우교 교도.

관동군 측에서
배정자를 통해 최정규를
설득하고

친일 조직을 띄우게 했는데
곧 보민회다.

제우교 잔당 중심의 회원들을 무장시켜
독립군에 맞서는 활동을 펼쳐나간다.

독립군들을
그대로 두면
조선민족은
망한다.

독립군들로부터
조선 민족과
만주의 조선인을
구하자!

닥치는 대로 독립운동가들을 체포하고

고문,

살해도 서슴지 않았다.

탕 탕

독립군 진영도 가만있지 않았다.

일제의 주구
최정규와
보민회 일당을
처단한다!

처단한다!

많은 보민회 회원들이 독립군에 의해 처단되고

일제주구 보민회원 처단 독립단

최정규도 여러 차례 죽을 고비를 넘겨야 했다.

최정규는 벌써 튀었나 봐.

개자식! 운도 좋지.

일진회 간부였던 이희덕은 1917년부터 간도 룽징(용정)의 조선인거류민회 회장을 지냈다.

그는 일본 군경의 증파를 요청하는 등 적극적 친일 활동으로

3.1 소요 뒤 항일 인사들이 자꾸만 모여들어 만주 생활이 아주 불안합니다.

군경을 더 늘려 배일 세력을 제거해 주십시오.

〈독립신문〉에 의해 만주 지역에서 반드시 제거되어야 할 대상 중 1인으로 지목되었다.

용정 마귀회 수령 목을 베어 오는 자에겐 현상금 일천 원

이희덕

조선인거류민회(조선인민회)는 만주의 조선인 사회 통제를 목적으로 조직된 단체.

거류 조선인이 독립운동 세력을 지지하지 못하게 하고

일본 측의 입장을 조선인들에게 설명하는 역할을.

××도조선인민회

만주 18개 지역에서 조직되어 일본 관헌의 감독 아래 활동했다.

단체가 조직된 곳은 일본 경찰 기관이 배치된 도시지역.

간부는 당연히 조선인이 많았지만 일본 영사의 인가를 받아야 하지 응응

밀정의 삶

일본은 병합 전부터 각계의 조선인들을 매수해 조선 침략에 활용했다.

병합 후엔 독립운동을 탄압하기 위해 많은 밀정을 키우고 부렸다.

밀정은 고위급에서 순사들이 부리는 동네 밀정까지 층위가 다양했다.

순사나 헌병의 신분으로 직접 민간인이나 독립군으로 변장해 밀정 일을 하는 이도 많았지만,

밀정의 핵은 역시 고용 밀정! 총독부나 군, 경찰, 특무 등에 고용되어 정기적 보수를 받는 이들이다.

그래 열심히 해라.

감사....

이 중에서 거물은 일본 외무성 촉탁, 경무국 촉탁 같은 직함을 갖고 권력자로 행세했다.

나 이런 사람이야~

밀정 중 가장 유명한 이라면 단연 배정자다.

일찍 고아가 되어 기생, 비구니를 거쳐

일본인 밀정의 도움으로 일본으로 건너갔다.

망명객 안경수의 도움으로 여학교를 다니다

김옥균을 소개받고, 다시 김옥균을 통해 이토 히로부미를 알게 되었다.

흠… 똑똑한 아이군.

이토는 그녀를 고급 스파이로 훈련시켰다.
승마, 수영, 사격, 변장술 등의 밀봉교육을 받고

귀국한 그녀는 고종에게 접근해 신임을 얻고는 왕실의 주요 정보를 빼내곤 했다.

이토가 죽고 끈 떨어진 그녀를 헌병 사령관 아카시가 헌병사령부 촉탁으로 고용한다.

잘 해보세.

일본의 시베리아 출병 시엔 대륙 전선에 투입되어

마적단 두목과 결혼함으로써 그들을 조종하기도 했다.

이후에도 하얼빈 주재 일본총영사관 밀정으로 활동했는데

주로 북만주 일대의 조선인과 조선인 독립운동가의 동정을 정탐, 보고했다.

1921년엔 외무성 촉탁 겸 평톈 주재 일본총영사관 밀정으로 남만주 일대를 정탐하고 도쿄로 가서 총리대신과 외무대신을 만나 정탐 상황을 보고하기도 했다.

수고 많았네.

아울러 조선총독부 경무국 촉탁으로 임명되어 만주, 몽골, 상하이 등지에서 정탐 활동을 이어갔다.

세상은 넓고 정탐할 일은 많아서.

앞서 본 대로 최정규를 내세워 보민회를 창설케 하고 자신은 총본부 고문을 맡았는데

보민회

조직 운영에 필요한 자금 200만 원을 마련해 오는 실력을 보여주었다.

대애박!

외무성을 꼬드겨서 받아온 거야. 일 잘해.

그녀의 밀정 활동은 그 후로도 오래도록 계속되었다.

엄인섭은 어린 시절 연해주로 이주해 러일전쟁 시엔 러시아군 통역으로 일했다.

1907년엔 안중근 등과 의형제를 맺었고

조국 광복의 그날까지!

이듬해엔 안중근과 함께 국내진공작전에 참가했다.

나는 좌영장, 안중근은 우영장.

1911년부터 일제의 러시아총영사관 밀정이 되어

다양한 방법으로 항일 진영에 해를 끼치면서도 의심을 받지 않았다.

붙잡은 밀정 몰래 풀어주고

영사관 측에 정보를 제공하고

동지들을 붙잡히도록 만들고

등등...

권업회의 핵심 간부로
일했고,

심지어
권업회와 신한촌민회
통합 총회에서
최재형의 후임을 뽑는
선거에서 최다 득표를
했다네.

비록 내가
사양했지만
나에 대한 신임이
이 정도였다는 거.

그만큼 나의 밀정 활동은
빈틈없이 완벽했었지.

비밀결사에도 관여하면서
하야시 곤스케 공사 암살 계획을
일본공사관에 전달해 저지시키기도 했다.

휴~
깜짝
놀랐네.~

을사조약 당시
죽한 일본공사였죠.

철저한 위장술에 가려졌던 그의 정체는 1920년에야 드러났다.
북간도 연해주 일대 열혈 청년들의 조직인 철혈광복단은
군자금 마련을 위해 일제의 현금수송 행렬을 습격해

탕 탕 탕

현금 15만 원을 감쪽같이
탈취하는 데 성공한다.

그런데 관련자들이 체포되고
사형당하면서 그의 역할이
드러난 것.

엄인섭,
그 양반이
밀고자였대.

세상에!
독립운동가인 줄로만
알았는데
밀정이었다니!

사람들의 손가락질을 받다가
1936년 훈춘에서
피를 토하고 죽었다.

대한제국군 장교 출신인
김희선은 일본 육사 제11기로
유동열, 이갑과 동기다.
함께 독립운동을 결의했고,

망명과 독립운동 기지 개척을 논의한 신민회의 칭다오 회의에도 함께했다(1910년 7월).

그러나 귀국길에 체포되면서

김희선 선생 같이 어디 좀 가실까요?

이때 총독부의 회유에 넘어간 모양.

신민회원들의 망명에 함께하지 않고 1913년에 평안남도 개천군수에 임명된 것.

군수 김희선

그러나 안주군수로 재직 중 3·1혁명이 일어나자

대한독

돌연 군수직을 버리고 상하이로 망명했다.

……

임정에 참여해 군무차장, 육군 무관학교 교장을 맡았는데,

이후 모든 직책을 내려놓고 상하이에서 지내다가

1921년 10월 귀국했다.

?

귀국 후엔 농업에 종사하며 뚜렷한 친일 행보를 보이지 않았다.

...

어쩌면 그는 임정 활동 정탐이란 한정적 친일 활동을 했던 모양.

임정에 참가하기 전 사이토 총독과 우쓰노미야 사령관을 만나 거액의 하사금을 받았다 한다.

우리는 대일본제국 육군사관학교 동문 아닌가?

그가 떠난 뒤 〈독립신문〉은 그를 이렇게 규탄했다.

병학을 배운 애국자로 이름 높은 김희선은
총독부의 군수 노릇을 내버리고 반정(反正)하매
그 옛 과오를 용서하고 자기를 가상히 여겨
동지들이 채용해 군무차장을 시켰더니
목욕시킨 돼지가 감귤 맛을 못 잊어서…
제 계집년 도망할 때 왜놈에게 다시 항복하고
항복문을 써 바쳤다…
3년을 냄새나는 송장을 차장 시킨
그 책임자의 잘못이다.
그놈 욕해 무엇하리.

밀정의 길을 가게 되는 것은 약점이 잡혀서일 수도 있지만,

이 일을 네 친구들이 알면 너를 그냥 둘까?

일제가 제공하는 작은 권력, 혹은 경제적 보상이 탐이 나서인 경우가 많았다.

요번 일만 잘 하면, 알지? 팍팍 밀어줄게.

그런데 밀정의 삶이 결코 꽃길만은 아니다.

강계군의 밀정 홍인화는

독립군에 위장 침투하는 데 성공했다. 그들의 신임을 얻은 뒤

죽기 전에 적 다섯은 반드시 해치울거요.

에이~ 열 명은 제 꺼야지.

독립군 소대장 장창선을 유인해

매복 중이던 경찰에게 사살당하게 했다.

탕탕탕

그러곤 다시 장창선 소대의 근거지로 돌아가서는

장대장이 적들에게 포위되었습니다. 속히 구출하러 가십시다.

당연히 가야지!

10여 명의 독립군 소대원을 이끌고 와 매복해 있던 경찰의 습격을 받아 전멸케 했다.

타타타타타

홍인화의 행각은 독립군보다 먼저 부락민을 격분시켰고,

그 자가 밀정이었다며?!

그냥 살려두면 우리가 사람이 아니지.

며칠 뒤 그는 그들의 손에 참혹하게 살해되었다.

헌병보조원 출신으로 평북 벽동군 순사로 근무했던 문치조는 만주 땅 독립군 염탐으로 유명했던 인물.

1920년 6월 비번이어서 쉬고 있을 때 낯선 이가 들어왔다.

뉘슈?

담뱃불 좀 빌립시다.

나도 빌립시다.

스윽

탕

탕

멀지 않은 동네의 순사 김택엽은 읍내 음식점 앞에서 피살되었다.

잘코사니다.

3.1운동을 잘 진압했다고 여러 차례 포상을 받고

툭하면 변장해 밀정으로 암약했던 자라며.

일대의 순사들, 밀정들의 사기가 크게 떨어졌음은 물론이다.

대표적 친일 경찰들

마땅한 출셋길이 없는 조선 청년들에게 순사는 꽤 매력적인 직업이었다.

순사 제복만 입으면 다들 쩔쩔매지.

야심 찬 청년들은 헌병보조원, 순사가 되려 노력했다.

あいうえお、かきくけこ

순사가 된 이들은 한 계단이라도 승진하기 위해 독립운동가 색출에 혈안되곤 했다.

유창렬은 1917년에 순사보가 되고 2년 뒤 순사로 승진했다.

그는 1920년 경성 한복판에서 종로서 형사대와 총격전을 벌여 일본인 순사와 조선인 순사 각 한 명을 숨지게 한 보합단원 김도원을

끝까지 추격해 체포했을 뿐 아니라 보합단원 수십 명을 검거하는 데 결정적인 공을 세웠다.

이 일로 경찰 최고 훈장인 경찰관리기장을 받았지 승.

그러나 밑바닥부터 시작해 경찰로 출세한 이는 별로 없었던 듯.

나도 끝내 순사로 멈췄다네. 쳇~

경찰도 출세하려면 공도 공이지만 역시 학력과 머리가 받쳐줘야지.

김극일은 평양 대성학교를 나와 교원을 지내다

통감부의 순사보 모집에 응해 경찰에 뛰어든 인물.

선생보다는 순사가 힘이 있지.

판임문관 시험에 합격해 경부로 승진했다.

승진은 역시 시험 패스! 그리고,

신의주경찰서 경부로 있으면서

공이 더해지면 금상첨화 아니겠어?

1920년 1월 이륭양행 내 임정 사무소에서 일하던 홍성익 등 5명을 체포했다.

중국 안둥현 아일랜드인 조지·L·쇼가 경영하는 이륭양행이 임시정부 연락사무소로 쓰이고 있었거든.

독립운동가들을 후원해 총독부의 눈엣 가시였던 조지·L·쇼는 1920년 7월 신의주에서 검거되어 4개월 뒤 보석으로 풀려납니다.

1963년 건국훈장 국민장이 추서되었죠.

이후 경시를 거쳐 군수로까지 승진했다.

군수 김극일

김태석은 니혼대학 야간부 법과 2년을 수료하고 보통학교 훈도를 지내다 경찰에 투신한 인물.

이흑 내가 이룬 공적들은 일일이 열거하기도 힘들어.

사이토 총독에게 폭탄을 던진 강우규와 관련자들을 일망타진했고,

의친왕의 국외 탈출을 모의한 대동단 거사계획을 알아내고 단원 전원을 체포했으며

의열단의 거사 계획을 분쇄하고 단원들을 검거하는 데도 혁혁한 공을 세웠지.

이후 군수를 거쳐 참여관에까지 오르고 중추원 참의에 이르렀다.

경찰로는 아마도 내가 가장 출세했을 걸.

어허!

이성근은 1909년 경부 채용 시험에 합격하고

내가 있잖아.

1920년에 경시로 승진해 평안북도 경시 겸 고등경찰과장이 되었다.

이때 내가 세운 공적은 실로 어마어마하지.

안동현에서 활동하던 독립단 간부 12명을 체포해 국내로 압송했고,

평북 선천경찰서에 폭탄을 던진 박치의를 검거했으며,

정의부 군사위원장 오동진 휘하의 독립군들을 체포했다.

자, 그럼 어디까지 출세했는지 말해줄까?

참여관을 넘어 도지사까지 올라갔지.

이게 끝이 아냐.

도지사 \\\

1941년에 충남도지사를 사임하고 매일신보 사장까지 맡았지.

대동동지회 회장 선우순의 동생 선우갑은 일본 경시청 고등계 형사를 지냈다.

조선 경찰이 아니라 일본 경찰이란 게 포인트.

도쿄의 2·8선언 시 주모자들 연행을 주도했고,

저기 키큰 놈, 그 옆의 안경낀 놈 잡아, 주모자야.

앞에 모자 쓴 놈도!

이후 상하이로 파견돼 정탐 활동을 하다

경무국장 김구에게 체포되었다.

다시는 이런 짓을 하지 않고 독립운동에 헌신하겠습니다. 살려만 주십시오.

거짓 서약서를 쓰고 풀려나 일본으로 돌아갔다.

죽을 뻔 했습니다.

수고했어.

오래지 않아 퇴직한 다음 밀정의 삶을 살았는데

일본 경시청과 총독부의 지시에 따라 미국으로 건너가 이승만, 현순 등에 대한 정탐 활동을 하기도 했다.

1925년엔 베이징에 파견되어 중국 정계 인물들에게 일본의 주장을 설파하는 역할을 했다.

대아시아주의 깃발 아래 아시아는 함께 가야.

이후로는 아편 밀매 등에 손대기도 했다.

돈은 틀림없겠지?

장사 한두 번 하나? 그나저나 당신··· 생각보다 잘 안풀렸군 그래.

일제강점기에도 촌철살인의 풍자로 독자들의 마음을 시원하게 해주었던 것이 신문의 만화였다.
만화가를 보호하기 위해 만화가 이름을 넣지 않거나 가명을 올리기도 했다.

특집 만화 '독립만세'(1924년 신년호)
'과거 61년간 조선내(朝鮮內)의 중대 사건' 중
마지막 장면으로 3·1혁명을 다뤘다.

일본군으로 넘치는 한반도(1924년 6월 24일)
'우리 인민의 살 틈은 어디요?'
한반도 전체가 일본군으로 뒤덮였다.

게다를 신은 일본 개(1925년 8월 5일)
한복을 입은 남자(조선)가 막대기로
게다(일본 나막신)를 신은 개(일본)를 내리친다.
주인은 "씬(쓴) 것! 단 것 다 훔쳐 먹으면서도
왜 이렇게 게으르면서 밤낮 앙앙대"라고 역정을 내며
일제의 탐욕을 꾸짖는다.

봉오동

간도

청산리

경신참변

청산리에서 독립군에 대패를 당한 일본군은
이에 대한 보복으로 1920년 10월 9일에서
11월 5일까지 27일간 간도 일대에서 한국인
3,000여 명 이상을 학살했다.

청산리전투

1920년 10월 21일부터 26일까지 만주 독립군 연합 부대는
청산리 백운평, 천수평, 완루구 등지에서 일본군을 상대로
10여 차례에 걸쳐 전투를 벌여 대승을 거두었다.

제3장

멀고 먼
무장투쟁의 길

3·1혁명 이후 러시아와 만주의 독립운동 진영은 무장투쟁을 위한 조직화에 전력한다.

홍범도와 김좌진 등이 이끄는 독립군은 봉오동전투, 청산리전투로

일본군에게 막대한 피해를 안겼고 일본은 이에 경신참변으로 보복한다.

일본군의 추격을 피해 러시아령으로 이동한 한인 무장 부대는

지휘권을 놓고 사회주의 진영 내의 이르쿠츠크파와 상하이파가 충돌하면서

비극적 결과를 낳는다.

봉오골 반일 전적지

일본군이 독립군을 뒤쫓아 두만강을 건너오자, 홍범도가
이끈 독립군 연합 부대는 봉오동 산지에 매복하였다가
일본군 추격대대를 삼면에서 포위 공격해 대승을 거두었다.

1923	의열단 '조선혁명선언' 발표	1924	조선노농총동맹 창립	1925	이승만 탄핵
	관동대지진		제1차 국공합작		쑨원 사망

무장투쟁과 독립군 진영

3·1혁명 이후
러시아와 만주 일대의
항일 세력은 앞다투어
무장 부대를 꾸리기 시작했다.

대한독립단은 1919년 4월 15일 의병 계열 인사들이
류허현 삼원보에서 세운 부대로 복벽주의 단체다.

도총재 박장호는 1905년 홍천에서
의병을 일으켜 싸우다

1910년 의병 부대를 이끌고
만주로 건너온 인물이다.

총단장을 맡은 조맹선도
비슷한 투쟁 궤적을
걸어왔다.

그 밖의 핵심 인물들 역시
대부분 양반 출신의 의병장들.

대한독립단은 친일파를 처단하고,

민족의 이름으로!

국내로 들어가 주재소를 습격하거나 면사무소를 방화하는 등의 활동을 벌였다.

그리고 이런 전략 목표를 세웠다.

전국적 규모에서 일제봉기와 국내 진공으로 적을 몰아낸다.

단원 이명서는 전략 목표의 실현을 위한 사명을 안고 국내로 파견되었다.

그러려면 국내에 의용단을 조직하고 암살단, 방화대를 꾸려야.

8명의 구월산 유격대를 조직하고

은율군수 최병학 사살,

의주경찰서 순사 김명수 처단 등의 활동을 행하다

경찰의 습격을 받고 동료들과 함께 절명했다.

대한독립단은 연호 사용을 둘러싼 갈등으로

무슨 말씀을, 대한민국 연호를 사용해야죠.

단기나 융희(순종) 연호를!

1년이 못 돼 분열한다.

기원독립단

민국독립단

기원독립단은 박장호, 조맹선 등이

기원독립단

민국독립단은 조병준, 신우현 등이 주도했는데,

민국독립단

오래지 않아 대한청년단연합회 등의 단체들과 함께 광복군사령부로 다시 통합된다.

광복군사령부

다시 만나 반갑소이다.

사령장 조맹선

3·1혁명 당시 국내에서 활동하다 만주로 피한 학생 함석은, 오학수, 조재건 등은

안둥현에서 대한독립청년단을 결성하고 안병찬을 총재로 추대했다.

대한독립 청년단

변호사로, 이완용을 찌른 이재명을 변호했죠.

의병장 안병찬과는 다른 인물.

단장 함석은

이후 일대의 수십 개 단체들과 연합하여 대한청년단연합회를 결성한다.

대한청년단연합회

대한청년단연합회는 의용단 조직을 통한 무장 활동에 힘쓰는 한편,

우선은 이를 위한 군자금과 무기를!

임정과 긴밀히 연계해 간부들 상당수가 교통국이나 연통제 간부로 일했다.

그러다 1920년 5월 콴뎬현(관전현)의 본부가 습격당하자 총재 안병찬을 비롯해 간부들이 체포되고

7월엔 상하이로부터 운반된 무기와 탄약을 보관했다가 발각되어 오학수 등이 체포된다.

이후 조직은 민국독립단 등과 연합해 광복군사령부를 구성하게 된다.

여러분들도 반갑습니다.

사령장 조맹선

류허현 삼원보에선 같은 시기 또 다른 독립운동가들의 모임이 있었다.

ㅇ 삼원보

경학사, 부민단으로 이어져온 신민회 계열 중심의 조직이다. 기존 조직을 개편해 한족회를 조직하고,

서간도 일대 한인들의 자치조직.

한족회

산하에 군사 조직으로 군정부를 구성하기로 한다.

남만주 독립운동의 총본영을 자부한다.

독판 이상룡

참모부장 김동삼

사령관 지청천

그런데 임정이 안공근, 김병헌을 보내 명칭에 이의를 제기했다.

지금은 모든 세력이 하나로 모여 임시정부를 출범시키는 마당인데,

군정부란 명칭은 오해를 살 수 있습니다.

무슨 얘긴지 잘 알겠소, 바꾸리다.

그리하여 서로군정서로 개칭해 출범한다.

서 로 군 정 서

서로군정서는 산하의 신흥학교를 신흥무관학교로 개편해 본격적으로 독립군 양성에 나섰다. 일대의 많은 열혈 청년들이 소문을 듣고 신흥무관학교로 찾아왔다.

피끓는 조선의 청년이라면!

신흥무관학교는 화려한 교관들로 더욱 유명했다. 일본 육사 출신의 김광서(김경천),

1911년 일본 육사 기병과를 최우등으로 졸업했죠.

지청천(이청천),

3·1 후 김광서 선배와 만주로 망명했죠.

원난 무관학교를 수석으로 졸업한 이범석 등이 청년들을 가르쳤다.

신흥무관학교 졸업생들은 의용대를 조직해 국내로 들어가서는 삼수군 영성 주재소를 습격하고

친일파 군수를 처단하기도 했다.

일제의 간도 침입이 본격화되면서 신흥무관학교는 폐교된다(1920년 8월).

지청천의 지휘하에 서로군정서로 편성된 300여 사관생도들은 밀산으로 이동하고

채찬이 이끄는 부대는 서간도에 남아 보민회 등 밀정 세력 차단 활동을 벌였다.

대한독립군비단은 함경남도 출신들을 중심으로 창바이현 (장백현)에서 조직되었다.

국내에 지국을 두어 민심과 정세를 살피고 군자금을 모집하는 한편,

무장투쟁에도 적극적이었다.

이영식이 이끄는
제1중대는

1921년 7월 국내로 들어가 평북
후창군에서 일본군 소대와 교전해
11명을 사살하고,

며칠 뒤엔 속신면 부근에서
일본군 한 개 중대를 만나
25명을 사살하기도 했다
(《독립신문》 보도).

대한독립군비단은 1921년 10월 태극단,
광복단 등과 함께 임시정부 산하
대한국민단으로 재편되었다.

대한국민단

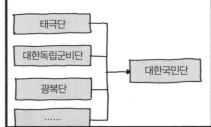

태극단

대한독립군비단 ──→ 대한국민단

광복단

......

광복군사령부는 기원독립단, 민국독립단, 청년단연합회,
한족회 등의 대표들이 모여 통합을 의결하면서 만들어진
조직이다.

광복군사령부

상해 임시정부의
산하 단체로!

지역별로 군영을 두었는데,

제1영장 변창근
제2영장 오동진
제3영장 홍식
제4영장 최시흥
제5영장 최찬
제6영장 김창곤

이후 제2영을 이끌던 오동진의 주도 아래 광복군총영으로 거듭난다.

광복군총영

광복군총영은 국경 지대를 중심으로 무장투쟁을 적극 벌여나갔다.

1920년에만 주재소 습격 50회 이상, 100명에 가까운 일본 경찰 사살 등의 성과를 거두었다.

1920년 8월엔 미국 의원단이 입국한다는 사실을 파악하고는

저들에게 조선의 독립 의지, 투쟁 의지를 넘겨줍시다.

대원들을 신의주, 평양, 선천, 서울로 잠입시켰다.

대원들은 신의주 철도호텔, 평남도청, 평양경찰서, 선천경찰서, 선천군청 등에 폭탄을 투척했다.

이때 평양 쪽 폭탄 투척을 맡은 이들 중엔 여성도 있었다. 안경신, 33세.

일찍이 3·1혁명에 참여했다가 유치장 생활도 했던 그녀는 국경을 넘었고 광복군총영에 가담했던 것.

아무리 생각해도 독립으로의 길은 무력투쟁 밖에 없겠기에.

그녀는 평양경찰서에 폭탄을 던졌는데 불발되고 말았다.

동지들은 서간도로 돌아갔지만,

그녀는 7개월간 도피하다가 검거되었다. 그녀의 품엔 생후 일주일 된 아기가 있었다.

독한 것! 임신 중에 폭탄을 던진 거비.

세상은 그녀를 여자폭탄범이라 불렀다.

女子爆彈犯

법정에서도 시종 당당했던 그녀는

조선 사람이 독립운동을 해서 잘 살겠다는 것이 무슨 죄란 말이냐?

제1심에서 사형선고를 받았고,

피고 안경신 사형!

女子爆彈犯 安敬信은 死刑宣告

항소심에서 10년 형으로 감형되어 7년간 옥살이한 뒤 가출옥으로 나왔는데 이후의 행적은 전해지지 않는다.

이상은 서간도 방면의 독립군들이고 다음은 북간도 방면.

서일은 1911년 지린성 왕칭현에서 항일의병을 규합해 중광단을 조직했다.

무장투쟁을 꿈꾸었지만 무기를 제대로 갖추지 못해 어려움을 겪었다.

3·1혁명이 발발하자 서일은 본격적인 무장투쟁을 위해 중광단의 토대 위에 정의단을 조직했다.

김좌진을 초빙해 군사훈련을 강화하고 독립군 사령부임을 천명했다가

임정의 요청에 따라 대한북로군정서로 개칭했다.

삼림지대에 병영을 짓고

사관 연성소도 두었다.

1920년 당시 1,000명이 넘는 대원과

기관총 7문을 비롯해 상당한 무기까지 확보한 최대 규모의 독립군 부대였다.

연성소 소장 김좌진은 신흥무관학교 교관 이범석을 초빙하는 등 연성소 강화에 힘썼고,

1920년 9월 제1기 졸업생 수가 300명 가까이 되었다.

1910년대 초까지 무장투쟁을 계속해온 홍범도는 이후 연해주 등지에서 암중모색을 이어오다

3·1혁명 이후 대한독립군을 편성하고 근거지를 북간도로 옮겨왔다.

연해주는 일본군 점령상태라 ...

그러고는 본격적인 무장투쟁에 나선다.

1919년 8월 압록강을 건너 혜산진 일본군 수비대를 공격했고,

이어 9월엔 갑산군 금정 주재소를 습격했으며,

10월엔 평북 자성군에 진출해 3일 동안 일본군과 교전했다.

적 70여명 사살.

전투력은 우리가 최강!

대한국민회군은 지린성 옌지(연길)에서 창설된 부대로 옌지, 허룽, 왕칭, 훈춘 등 북간도 4개 현을 기반으로 한 대한국민회 직할부대다.

대한국민회군

왕칭
옌지
훈춘
허룽

사령관은 대한제국 교련관 출신인 안무.

왕칭현 봉오동에서 신한촌 건설을 이끈 최진동은

3·1혁명 후 자신의 자위단을 토대로 대한군무독군부를 꾸렸다.

대한군무독군부

홍범도는 북간도 독립군의 통합을 꾀했다.

다함께 힘을 모아 제대로 싸워봅시다.

먼저 대한국민회 측과 접촉해 통합을 실현하고

행정, 재정은 대한국민회가,

군무는 홍범도 동지와 안무 동지가 맡고,

항일전을 수행할 시엔 홍범도 동지가 북로 정일(征日) 제1사령관 작함으로 지휘.

이어 대한군무독군부와의 통합을 이루었다.

그리하여 탄생한 것이 대한북로독군부다.

대한북로독군부

이 밖에도 대한신민단,

기독교인 중심의 부대라네.

대한신민단

대한의군부, 대한정의군정사, 대한의민단 등의 독립군 조직들이 생겨났다.

대한의군부
대한정의군정사
대한의민단

주재소 습격 등 소규모 전투를 벌여나가던 독립군들은

일본군의 본격적 공세를 마주하게 된다.

봉오동전투

보통은 한 개 군에 한 개 경찰서를 두었으나

함경북도와 평안북도는 달랐다.

46개 군에 63개의 경찰서, 17개의 파출소, 505개의 주재소, 138개의 출장소를 두었지.

주재소 주변에 참호와 철조망을 설치했고,

압록강과 두만강 강안 곳곳에도 참호가 자리했다.

경비 전화 가설을 늘려 독립군의 진공에 신속 대응이 가능토록 했다.

피융   쨍그랑
씅
피융

그만큼 독립군 부대들의 소규모 진공 작전은 일제 측에게 골칫거리였다.

적의 규모는? 알았어. 바로 지원보낸다.

실제로 독립군과 일본 군경의 충돌은 1920년대 전반 동안 매년 백수십 차례에 달했다.

1920년 6월 4일 새벽, 대한북로독군부 한 개 소대와 신민단 독립군 한 개 소대가 종성군 헌병 초소를 습격했다.

화가 난 일본군은 즉각 한 개 중대에 10여 명의 헌병을 더한 추격 부대를 보냈다.

그렇게 불법적으로 월경한 일본군이 허룽현 삼둔자에 이르렀고

뭐야? 젠장, 그림자도 안 보이잖아.

탕

탕

저쪽이다!

맹추격한다!

와

매복한 독립군의 공격에 참패를 당했다(삼둔자전투).

그냥 넘어갔다간 대일본제국군의 위신이 땅에 떨어진다.

반면 독립군들은 기세등등해서 더욱 도발해 나서겠지.

제19사단 사단장은 야스카와 소좌에게 보복을 명한다.

보병 및 기관총대 한 개 대대를 줄테니 월강해서 박멸해 버렷!

하이!

적들의 움직임을 파악한 홍범도는

적극적 전투를 꾀한다.

승리의 요체는 요지를 점하고 적을 유인해 공격하는 데 있소이다.

주민들을 급히 대피시키고

일본군 진입이 예상되는 곳에 아군을 5개 부대로 나누어 매복시켰다.

적들을 유인하는 일을
맡은 이는 홍범도 부대의
소대장 이화일.

6월 7일 이른 아침,
일본군 전위 중대가 들어서자

이들을 유인하기 위한 교전을
벌였다.

탕탕탕

덤벼라
이자식들아!

그런데 너무 열심히 싸워서 일본군이 도주하고 만다.

엥?
이게
아닌데.

작전실패?

이내 대열을 재정비한 일본군 본대가
다시 나타났다.

와

그러곤 독립군이 매복해 있는 봉오동
골짜기로 깊숙이 들어섰다.

탕

유리한 고지에 자리 잡은 독립군의 공격에
정예를 자부하는 일본군은 고전했다.

3시간에 걸쳐 계속된 격전은

우뢰를 동반한 갑작스러운 우박과 폭우로 중단됐다.

고지를 점령한 일본군은

다른 일본군 부대를 독립군으로 오인해 사격을 가하기도 했다.

날이 개고

처참한 패배를 확인한 일본군은

일대에 남아 있던 부녀자 16명을 살해하고 퇴각했다.

봉오동전투에 대한 양측의 발표는 판이하다.

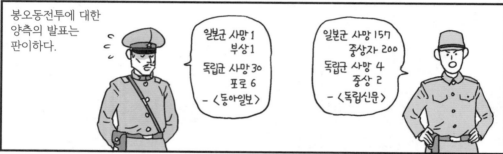

일본군 사망 1
부상 1
독립군 사망 30
포로 6
- 〈동아일보〉

일본군 사망 157
중상자 200
독립군 사망 4
중상 2
- 〈독립신문〉

참패를 숨겼지만 일본군은 사실 경악했다.

독립군들이래봐야 화승총 든 한말 의병들 수준인 줄 알았는데···

독립군은 전술 운용이 뛰어났고,

유인에, 매복에, 지형지물 활용에···

용감했으며,

무엇보다도 무기가 달라져 있었다.

러시아 혁명군을 괴롭혔던 체코 용병이 철수하면서

싸게 주는 거요. 땡처리로다.

독립군들은 최신예 무기들을 구입할 수 있었다.

무기 구입을 위한 모금 규모도 엄청났다.

독립전쟁에 써주세요.

1920.5 까지 대한국민회 17만원

대한군정서 13만원

대한군무독군부 13만원 등등…

제법 현대화되고 조직화된 군대가 되고 말았어.

더 자라기 전에 확실히 싹을 밟아버려야.

하지만 그러려면 대규모 군대가 국경을 넘어야 할 텐데 괜찮을까요?

괜찮도록 만들어야지.

청산리전투

1920년 10월 2일 새벽, 일군의 마적 부대가

훈춘 시내를 습격해 사람들을 죽이고

일본영사관 분관에 불을 질렀다.

일본인 십수 명이 목숨을 잃었다.

조선군 사령부는 이렇게 논평했다.

이는 단순히 마적단이 아니라 과격파의 소행인 듯.

독립군의 소행으로 덮어씌우려는 모양.

〈매일신보〉는 연일 출병을 정당화하는 주장을 폈고,

마적단의 소위로 훈춘이 열화맹염에 빠졌으며 마적은 여자까지 참살하고…

지방 주민이 극히 혼란해지자 영사관 분관에서는 구원병의 파견을 요구…

1920년 10월 7일 일본 내각 차원의 간도 출병이 결정되었다.

이어 중국 측에 간도에서 군사작전을 행할 것임을 일방적으로 통고했다.

10월 17일 자정을 기해 간도 일대에서 군사 작전을 실시할 것이오. 일본제국군은 2개월 내의 최단 시일 안에 군사작전을 종료할 테니 그리 아시오.

그런데 이 훈춘사건은 일본 측이 출병 명분을 확보하기 위해 마적 두목 장강호와 사전에 꾸민 일이다.

한바탕 휘저어 주면 돼. 대가는 두둑이 챙겨줄 테니.

이미 8월에 불령선인 초토 계획을 확정하고 준비해온 일본군은

독립군인지 뭔지…

2만여 명에 달하는 대규모 병력을 출병시킨다.

제19사단 9,000명
제14사단 4,000명
관동군 1,200명
북만의 시안(서안) 대대 1,000명
…

다 죽었어!

한편 일본군은 중국 측을 압박했고,

불법 무장 세력인 독립군 색출에 협조해 주셔야죠. 자체 토벌대도 꾸리고.

그... 그럽시다.

맹부덕 부대가 꾸려졌다.

조선독립군 토벌!

이에 대한국민회 측은 맹부덕 부대와 비밀 교섭에 들어갔고,

귀 측의 사정은 잘 알겠습니다. 하지만 정말로 저놈들을 위해 우리와 싸울 것은 아니죠?

그게... 우리로선 마냥 무시할 수도 없고...

비밀 협약을 이끌어냈다.

독립군은 시가지나 국도 상에서 무장해 행진하지 않는다. 중국군은 행동에 앞서 사전 통보한다. ...

대한국민회는 즉각 이 사실을 각 독립군 부대에 알리고 근거지 이동을 권고했다.

이와 같이 중국군과는 합의가 됐으니 충돌이 없도록 ...

이에 각 독립군은 백두산 방면으로의 이동을 결정했다.

옌지
훈춘
룽징
안투
허룽
백두산

독립군들은 10월, 대거 안투현(안도현) 일대로 모여들었다.

일본군 대부대가 도강을 시작했습니다. 싸울 것인지, 피할 것인지를 결정해야 합니다.

논란 끝에 우선 싸움을 피하기로 하고 부대들을 이동시키기로 했다.

그런데,

적들이 이미 코앞에 이르렀다. 추격을 떨쳐버리기가 어려운 상황, 일전을 감행한다.

김좌진은 자신이 지휘하는 북로군정서 본대와

이범석이 지휘하는 후위대를 청산리 백운평 골짜기에 나누어 매복시켰다.

깊고도 험한 계곡.

온다!

적 선발대가 계곡 안으로
들어오자

김좌진 부대는 맹공을 퍼부었다. 기관총 4문을 갖춘 부대다.

일본군은 심한 타격을 입고 도주했다.

10월 21일 백운평전투다.

홍범도 부대도 인근 산 높은 곳에 매복한 채
적의 동정을 살피고 있었다.

마침내 포위망 안으로 들어온 일본군.

독립군의 거센 공격에 패퇴한다.

완루구전투다.

10월 22일 새벽, 얼다오(이도) 갑산촌에 다다른
김좌진의 북로군정서군.

저…
장군님!

천수평 마을에
적 기병대가
머물러 있다고
합니다.

그래?

지금 시간이면
잠들어 있을 터.
치자!

김좌진의 예상대로 민가에서 잠자던 일본군 기병 중대는
김좌진 부대의 기습을 받고

탕 타타타 탕   탕 타탕

히힝히힝!

궤멸된다(천수평전투).

김좌진은 부대를 어랑촌 고지로 이동시켰다.

10월 23일 오전 일본군이 공격에 나섰다.

치열한 공방전이 벌어지는 사이

홍범도 부대가 옆 고지에 진을 치고 일본군의 배후를 쳤다.

전투는 하루 종일 이어졌다.

어둠을 타서 북로군정서는 서북 방면으로,

홍범도 부대는 안투현 방면으로 이동했다.

양 부대는 이동 중에도 만록구전투, 고동하전투를 치렀다.
6일에 이르는 이 일련의 전투가 독립투쟁사에 빛나는 청산리전투다.

〈독립신문〉은 1,200명,
〈요동일일신문〉은 2,000명으로
일본군 전사자 수를
기록하고 있다.

전쟁에 참가한 독립군 대원은
총 2,000~4,000명으로,

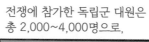
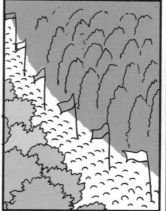

실종자까지 포함해
독립군의 피해 규모는
100~300명 정도로 추산된다.

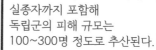

물론 일본군은 고작 몇 명만 전사한 것이라 기록하고 있는데

백운평 전투에서 병사 4명, 어랑촌 전투에서 보병 1명, 기병 2명 전사...

일본영사관의 비밀 보고는 좀 더 사실에 가깝다.

연대장 1명, 대대장 2명, 소대장 9명을 비롯해 모두 900여 명의 사상자가 발생...

일본군의 피해가 막대했음을 알 수 있는 것은 이후 그들이 보인 폭거로 짐작해볼 수 있으리라.

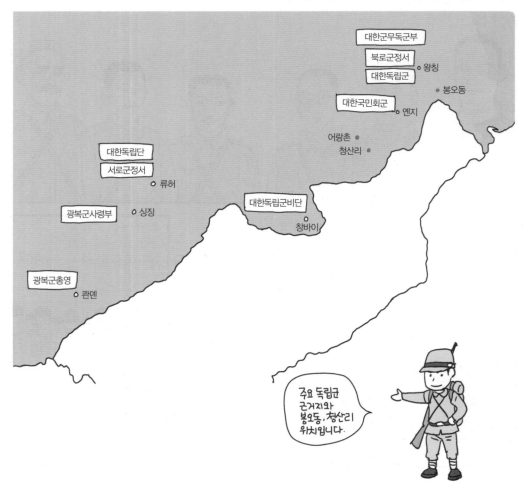

대한군무독군부

북로군정서

대한독립군   ○ 왕칭

대한국민회군   ● 봉오동

              ○ 옌지

어랑촌 ●

청산리 ●

대한독립단

서로군정서   ○ 류허

대한독립군비단

광복군사령부   ○ 싱징   ○ 청바이

광복군총영   ○ 콴뎬

주요 독립군 근거지와 봉오동, 청산리 위치입니다.

경신참변

봉오동과 청산리 양대 전투는
이전 소규모 습격전과는
전혀 다른 모습이었고

스스로에게도 한껏 자신감을 안겨주었다.

되네!

그러나 현실은 현실.

독이 오를대로 오른
적들이 포위를 풀지
않고 있고

수적으로나
무장에서 월등한
적들을 상대로
계속 싸우는 것도
무리 외다.

독립군단은 밀산으로의 작전상 후퇴를
결정한다.

이만
밀산

그러나 밀산도 장기 주둔엔
적절치 않았다.

무엇보다도
한인 사회 기반이
약해.

연해주로
들어갑시다.

그게
좋겠습니다.

독립군들은 단일한 대한독립군단으로 재편되었다.

파리강화회의 김규식과는 동명이인입니다.

총사령 김규식

참모장 이장령

여단장 지청천

부총재 홍범도

부총재 김좌진

부총재 조성환

총재 서일

대한독립군단은 1921년 초 러시아 이만으로 들어갔다.

독립군단을 뿌리 뽑기로 작정하고 무리수를 두어가며 대부대를 동원했던 일본군.

전장! 체면이 말이 아니네.

북수전을 벌이려 해도 이놈들은 죄다 튀어버렸으니… 으~ 열받아.

엉뚱한 방향으로 복수를 꾀한다.

연해주 방면에서 들어온 일본군 제14사단 휘하 부대는 룽징 북방의 장암동에 이르렀다.

전 주민은 교회 앞으로 모인다!

두려움에 떠는 주민 중 청장년 남자 33명을
교회 안에 꿇어앉히고

짚단을 채워 불을 질렀다.

뛰쳐나오는 이들은 총검으로
찔러 죽였다.

일본군이 돌아간 뒤에야 사람들은
타 죽은 가족들을 수습해

장례를 치렀다.

며칠 후 그들은
다시 돌아왔다.

지난 번 파묻은 시체들을 남김없이 한 곳으로 모은다. 실시!

사람들은 언 땅을 파 시신을 다시 꺼내야 했고,

일본군은 그렇게 한데 모은 시신들 위에 짚단을 덮고 석유를 부어 다시 태웠다.

시신들은 숯을 넘어 거의 재가 되었다.

허룽현 송인동에선 14명을 학살하고

태워버렸다.

백운평전투 패배를 안긴 백운평 마을에선 남자들이라면 어린아이까지 집에 가둔 채 불을 질렀다.

화악...

이런 식의 살육을 간도 일대의 마을마다 돌며 반복하였다.

그 밖에도 여러가지를 했지. 아기를 총검에 꿰어다니고

얼굴 가죽을 벗기고

강간은 거의 일상사구

현지 취재에 나선 〈동아일보〉 장덕준 기자는 여관에 묵었다가 일본인들의 부름을 받고 나간 뒤 행방불명되었다.

최초의 순직 기자인 장덕준과 조난 기사

몇 개월 사이 3,000채가 넘는 가옥, 41개의 학교, 16개의 교회가 불타고

3,000명이 넘는 조선인이 살해되었다.

타 타 타 타—

이에 대한 소문은 만주는 물론

집은 다 불태우고 남자는 씨를 말렸다잖아.

마을이 통째로들 사라졌대.

조선으로도 급속히 퍼져 나갔다.

인간 사냥도 아니고 인간 도살이지 뭐야?

왜놈들은 좌우간 사람도 아녀.

쌀

이에 〈매일신보〉는 연일 다음과 같은 기사를 쏟아냈다.

1920년 12월 12일 자엔 일본군 당국자의 다음과 같은 주장을 게재하기도 했다.

... 우리 군인은 온전하여 참학한 행동을 좋아하지 않고 적대자에 대해서도 항상 한 방울의 눈물을 나누는 미덕을 가졌다는 것은 과거의 역사를 살펴보더라도 명백한 터이다.

불태워 죽인 일에 대해선 군대가 우리나라 국풍에 따라서 후한 뜻으로 죽은 자를 화장한 것을 오인한 것이다.

반면 일본군들은 이때의 보복을 자랑하듯 사진을 찍고,

자~찍습니다. 웃어요~

찰칵

사진첩을 만들어 전리품인 양 병사들에게 나누어 줬다.

일본군의 만행은 룽징 제중병원 원장 마틴과 선교사들의 조사 결과가

중국과 일본의 신문에 보도되면서 세상에 알려졌다.

하여간 독한 종자야!

자유시의 비극

쫓긴 독립군은 밀산을 거쳐 이만에 들어왔다.
극동공화국 측은 독립군을 반겼다.

환영합니다.
우리는 당신들의
독립투쟁을
지지합니다.

그런데 이때는 아직 일본군이
연해주에 남아 있는 상황.

철수하기로 협정을 맺었는데
괜히 자극했다가 철수를
거부할 지도 모르니…

극동공화국은 무장해제 후
자유시로의 이동을
제안했다.

우리가 무장한 조선의
독립군을 후원하는 것이
일본군 측에 알려지면
곤란할 것 같소.

그래서 말인데 우선 무장을 해제하고
보다 안전한 알렉세예프스크 (자유시)로
이동합시다. 그곳에서 우리가 더나은
무장을 책임지겠소. 물론 식량과
군복 등도 제공될 것이오.

무장해제 요구에 서일, 김좌진, 이범석의
북로군정서는 거부하고 만주로 돌아갔지만,

만주로!

북로군정서

최진동의 총군부, 안무의 국민회군대, 홍범도의
대한독립군과 박두희가 이끄는 북로군정서 일부는
요구를 받아들였다.

자유시로!

무장해제 요구가 계기가 되었겠지만 소비에트러시아를 바라보는
입장 차이가 행보를 갈랐을 것이다.

못 믿어. 무장을
해제했다가
약속을 안 지키면?

사회주의도
왠지 믿음이
안 가고.

오늘 우리에게
근거지를 제공하고
우리의 항전에
도움을 줄 수 있는
나라는
소비에트러시아 뿐.

이념은
그 다음
문제.

자유시엔
이들 독립군보다 먼저
각지에서 몰려든
한인 무장 부대들이 있었다.

연해주에서 활동하던 부대로는
다반군대,

다반
군대

최니콜라이

한인사회당
적위군에 가담했고
이후 재건되어
하바롭스크
해방 전투에
참여했지.

말하자면
상해파.

이만군대,

이 만
군 대

이만 일대의
한인 농촌을
근거지로 활동했네.

우리도
상해파.

김표도르

독립단군대가 있었고,

조맹선 부대의
후신이지만
상해파랑
가까워.

독 립 단
군 대

박그레고리

최재형의
아들
최파샤

아무르주에서 활동했던 부대로는
니항군대(사할린대대)와,

니 항
군 대

트라피친이 이끄는
니콜라옙스크 해방전투에
주도적으로 참전했지.

박일리야

김민선

대한국민의회 측 지도하에 있는 자유대대가 있었다.
니항군대와 자유대대는 특히 사이가 좋지 않았다.

자 유
대 대

알다시피 우리는
이르쿠츠크파.

우리는
상해파!

오하묵

최고려

다반군대나 이만군대도 상하이파 계열이어서 상하이파 세력이 압도적 우위인 상태였지만,

니항군대
다반군대
이만군대

여기다 독립단군대는 물론 북간도에서 온 독립군 부대들도 우리와 우호 관계!

자유대대 뒤엔 이르쿠츠크파 전로한인공산당이, 이르쿠츠크파 뒤엔 코민테른이 있었다.

러시아 내 공산주의자들은 이르쿠츠크 전로한인공산당의 지도를 따를 것!

코민테른의 결정이야.

하지만 치타 한인부가 이르쿠츠크 전로한인공산당의 지도를 거부하면서 독자적으로 전한공산당 창당에 나서고,

투쟁의 전통으로 보나 세력으로 보나 한인들의 지지 기반으로 보나 우리가 중앙이고 저들이 지방이어야지.

아무리 코민테른의 지시라 해도 받아들일 수 없어.

이르쿠츠크 전로한인공산당 역시 독자적인 전한공산당 창당 작업을 진행 중인 상황이었다.

치타 한인부를 중심으로 상하이파는 공산당 창당 작업과는 별도로 한인 군대의 통일 작업에도 뛰어들었다.

자유시에 모인 부대들을 중심으로 전한의병대회를 열어 통합 지휘부를 구성하자!

임시군사위원회를 구성해

임시사령관 박창은

극동공화국과의 교섭을 담당하는 한편,

무기, 식량, 피복을 제공해 줄 것.

오케!

통합 한인 군대를 대한의용군으로 명명하고 자유시에서 75킬로미터 떨어진 마자노프로 주둔지를 옮겼다.

이어 1921년 3월 전한의병대회를 3일간 열고 전한군사위원회와 총사령부를 조직했다.

전한군사위원회 군사위원
이용, 채영, 한운룡,
장기영, 박일리야

대한의용군 사령부 간부
홍범도, 안무, 서일,
조욱, 지청천, 이용,
채영, 최진동, 오하묵

조선혁명 만세!

전한의병대회

이르쿠츠크에서도 통합 한인 부대를 지휘할 고려공산군 군정의회를 조직했다.

총사령관 갈란다라시윌린
위원 김하석, 채성룡
사령관 오하묵

아직 창립 전이니 임시군정의회로.

임시군정의회는 이르쿠츠크의 합동 민족 부대 600명을 이끌고 자유시로 왔다.

때를 같이해 재러시아 한인 부대에 대한 지휘권이 극동공화국에서 코민테른으로 이관되는 결정이 내려졌다.

이번 결정서의 의미는

코민테른, 러시아공산당, 소비에트러시아 정부, 나아가 극동공화국 정부까지 우리를 유일무이한 한인 무장부대의 지휘부로 인정한다는 뜻.

마자노프에 주둔 중인 이른바 대한의용군은 지체없이 우리의 지휘를 받아야!

고려공산군 임시군정의회

대한의용군 측은 군정의회를 지휘부로 받아들이지 않았다.

우리는 의병대회를 통해 아래로부터 구성된 한인부대의 진짜 지휘부! 낙하산 식으로 임명된 당신들의 대표성을 인정할 수 없소.

대한의용군

홍범도와 최진동이 양측을 중재하기 위해 움직였지만

이러다가 무슨 사달이 나지.

역부족이었다.

군정의회

대한의용군

그사이 이르쿠츠크와 상하이에서 각기 고려공산당 창당대회가 치러졌다.

1921년 5월 5일~21일 이르쿠츠크에선 85명의 대표자가 참여한 가운데 고려공산당 창립대회가 열렸다.

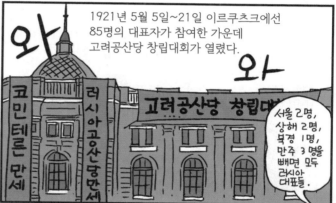

와

와

코민테른 만세

러시아공산당만세

고려공산당 창립대

서울 2명, 상해 2명, 북경 1명, 만주 3명을 빼면 모두 러시아 대표들.

상하이파 계열도 20명 정도 있었지만 소수파여서 힘을 쓰지 못했다.

고려공산당 창립

대회는 상해파 핵심들에 대한 제명 조처를 결정했고

심지어 이동휘 선생도 제명하려다 반발이 커서 취소했지.

대회는 초기 이르쿠츠크파 인사들, 대한국민의회 인사들, 러시아 밖에서 참가한 대표들 위주로 중앙위원회를 구성했다.

위원장 한명세
중앙위원 김만겸, 김철훈, 김하석, 남만춘, 서초, 안병찬, 유동열, 이성, 장건상, 최고려

짝 짝 짝

각지에 지방위원회를 두기로 했다.

러시아에 여러개, 국내에 3개, 그 밖에 만주와 상해, 일본에 각 1개를.

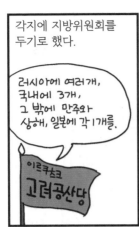

이르쿠츠크 고려공산당

특히 상하이지방위원회를 중시했고

위원 김만겸, 여운형, 조동호

상하이 중심의 고려공산청년회 중앙총국을 조직했다.

책임비서 박헌영

1921년 5월 20일~23일 상하이에서도 같은 이름의 창립대회가 30여 명의 대표가 모인 가운데 열렸다.

극동 한인부 대표들이 이르쿠츠크파에 의해 투옥된 때문에 참석하지 못했고

이르쿠츠크 당대회에 참석한 우리측 대표들도 참석하지 못했지.

김철수 등 국내 대표 8명과 일본 대표 2명이 참석했다.

우리 8명은 사회혁명당 사람들이오.

중앙총감부 위원장 이동휘를 중심으로 지도부가 구성되었다.

고려공산당 창립대회

위원장 이동휘

중앙총감부 위원
김립(비서부장), 김철수(재무),
최팔용, 이봉수, 장덕수,
홍도, 주종건, 김하구, 박진순,
한형권, 김규면, 이용

군사부 위원
김동한, 박일리야, 박그레고리,
이용, 김규면

중앙총회 아래 전국총회, 아령총회, 중령총회를 두었고, 국내부인 전국총회엔 9명의 위원을 두었다.

전국총회엔 9명의 위원을 두었는데 내지부 중앙위원이라 불렸죠.

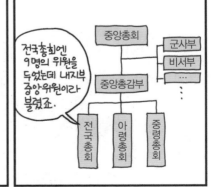

중앙총회 — 군사부 / 비서부 / …
중앙총감부
전국총회 / 아령총회 / 중령총회

한편 당 창립 후 이르쿠츠크파 당에선 정식으로 고려군정의회를 조직했다.

총사령관 갈란다라시월린
군정위원 유동열, 최고려

유동열?

최고려

신민회와 한인사회당을 이동휘와 함께 했던?

정답!

1921년 6월 6일 갈란다라시월린 이하 고려군정의회 지도부가 자유시에 도착했다.

변화된 현실을 수긍한 홍범도, 안무가 이끄는 부대는 마자노프를 떠나 자유시로 들어왔다.

어쨌든 이 쪽이 합법적 지도부.

이 명에서 활동하려면 따라야.

이제 자유대대, 합동 민족 군대, 대한독립군군대, 국민회군대가 고려혁명군 명의로 통합되었다.

고려 혁명군

옛 깃발은 제출하고 각 부대는 편제된 곳으로!

갈란다라시월린은 마자노프로 가서 대한의용군을 집결시키고 자유시로의 이동을 명했다.

알다시피 여러분에 대한 합법적 지휘권은 고려군정의회와 사령관인 나 갈란다라시월린이 갖고 있소.

고려 혁명을 위해 몸바칠 각오가 돼 있으니 나를 믿고 자유시로 이동해 단일한 고려혁명군 건설에 협조해주시오.

운신의 폭이 좁아든 대한의용군이 요구 조건을 내걸었다.

1. 당신들이 체포한 그레고리예프 연대장과 김민선 동지를 석방할 것
2. 우리에 대해 적대 활동을 펴온 최고려, 김하석, 오하묵을 해임할 것

이 두 가지 요구가 받아들여진다면 고려혁명군으로의 통합에 협력하고 지휘도 받도록 하겠소.

첫 번째 요구는 수용하겠다. 하지만 최고려 동지 등과 관련한 요구는 부당하다고 생각한다.

대한의용군은 북간도로의 복귀를 택했다.

아무래도 러시아령에서 우리가 운신할 공간은 이제 없지 싶소.

그렇소이다. 저들은 최고려, 오하묵 같은 자들을 우리 전체보다 귀중히 여기는 듯하오.

힘들더라도 북간도로 돌아가서 싸웁시다.

그럽시다!

그러나 대한의용군의 북간도행을 고려군정의회의 요청을 받은 러시아 기병대가 막고 나섰다.

이때 석방된 그레고리예프와 김민선이 대한의용군 지휘부를 설득하고,

우리끼리 무력충돌하는 상황만은 피해야지 않겠소?

다시 갈란다라시윌린을 찾아 협상했다.

자유시로의 이동을 설득하겠소.

좋소. 그렇게만 한다면 우리도 책임을 묻지 않고 안전을 보장하겠소.

군정의회 주도하에 양측 통합 장교대회가 열리고 대회는 고려공산당과 고려군정의회에 충성한다는 결의를 이끌어냈다.

고려공산당 만세!   고려군정의회를 중심으로

그러나 대한의용군 지휘관들은 도저히
승복할 수가 없었다.

그 자들과는 절대로 …

이들은 피로 쓴 요구서를 제출했다.

최고려 김하석 오하묵의
축출을 요청합니다.
수용되면 충성을 다할 것을
맹세합니다.

이어 양측 전군이 참여한
전군대회가 열렸다.

대회에서도 최고려 등
3인에 대한 축출 요구가
터져 나왔지만
군정의회 측은 거부했다.

꼭 그래야만 한다면
차라리 내가 사임하겠소.
그걸 원하시오?

아니오!

군정의회는 각 부대에
편제 명령서를 하달했고

대한의용군 측은 거부했다.

이게 뭐야?
우리 쪽을 빼서
저 쪽에 붙이고,

한마디로
대한의용군
축소 명령서군.

대한의용군

갈등은 평행선을 달렸고

군정의회는 지도부 회의를 열어 무장해제를 결정했다.

이제 우리는
더 이상 대화와
협상에 따른 통합은
불가능하다는
판단을 내렸소.

그리고 …
동지들의 뜻에 따라
반혁명적인 행태를
일삼는 이른바
대한의용군에 대해
무장해제를
결정합니다.

6월 28일 새벽 1시, 자유시 수비대를 끌어들인 고려혁명군이 대한의용군 주둔지로 향했다.

장갑차를 비롯한 각종 중화기를 갖춘 부대다.

대한의용군 측은 긴급 군회를 열었으나

무장해제에 응할 것인가?

끝내 무장해제 요구를 받아들이지 않기로 했다.

죽으면 죽었지 무장해제는 받아들일 수 없소.

옳소

그렇소. 왜놈과의 전투를 통해 얻은 무기이고, 인민이 피땀흘려 마련해준 무기인데 내려놓으라뇨?

결국 새벽 6시, 공격 명령이 내려졌다.

꽈꽝

양측 간의 공방은 하루 종일 이어졌다.

해가 지고 나서야 진압군은
돌격에 나섰고

대한의용군은 진압되었다.
이른바 자유시사변, 흑하사변이라 불리는 사건의 전말이다.

이날의 상황에 대한 기록들은 상이하다.

재북간도 반일 단체 성토문 기록 :
사살 72명, 익사 37명, 힘다해 사망 200여 명,
행방불명 250명, 체포 917명

고려군정의회 발표 :
사망 37명, 도망 50명, 포로 900명

전로 고려혁명군대 연혁 :
사망 36명, 도망 30명, 행방불명 59명, 포로 864명

〈독립신문〉 :
사살 40명, 탈출 1000여 명, 포로 900명

대략 40~100명 전후가
사살되고,

상당수가 독립투쟁
전선에서 이탈했음을
알 수 있다.

왜놈들과
싸우려고
잡은 총인데
...

반면 진압군 측은 고려혁명군과
극동공화국군이 각각 한 명
사망한 게 피해의 전부였다.

화력의 차이를 고려한다 해도 피해 정도의 차이가 너무 컸다.
대한의용군이 적극적으로 응전하지 않았음을 보여주는 대목이다.

1,000명 전후의 포로들은 다음과 같이 처리되었다.

364명
무죄방면 후
고려혁명군
편입.

428명
강제 노동형

재판 뒤
징역형
8명.

이송 과정이나
강제노동지에서
탈출하다 죽은
이들도 있지.

본래 한인 통합 부대를
결성한 이유는 이러했으나

단일한 지휘 아래
국경 일대에서
일본군과 제대로
전쟁을!

극동비서부의 판단 아래

협상 중
일본을 자극하지
말아야.

통합 고려혁명군은 이르쿠츠크로 이동했다.

이러려고
통합했나 하는
자괴감이…

총 1,750명이
이동했으니
반으로 줄었군.

이르쿠츠크에서 고려혁명군은
한 개 여단으로 재편되고
갈란다라시월린에 이어 오하묵이
연대장이 되었다.

사관학교도 세워져 200명의 생도를 가르쳤다.
교장은 지청천이 맡았다.

자유시 사건은 독립운동 진영에 적잖은 충격을 안겼다.

우리편끼리 전투를?!

북간도 단체들은 연명으로 성명을 내어 규탄했고,

우리는 지금 눈물을 뿌리며 붓을 들어 동포들에게 참혹하고 비분한 사실을 고한다…

상하이파 공산당도 적극 가세하면서 이르쿠츠크파에 대한 비난 여론이 비등하자

동지에게 총질을 하다니!

이르쿠츠크파도 적극 반론에 나섰다.

그게 어디 우리들 만의 잘못이야?

이후 양측은 성명서, 팸플릿, 〈독립신문〉 투고 등을 통해 자신들의 주장을 펼쳐나갔다. 이르쿠츠크파와 상하이파 주장의 요지는 다음과 같다.

이 사건은 오랜 병폐에서 나온 것으로 한국 독립운동계 내부의 모순이 표출된 것이다. 즉, 상해임시정부와 대한국민의회, 상해파와 이르쿠츠크파 공산당의 군권 쟁탈전에서 발생된 일이다. 따라서 유혈사태의 책임은 대한의용군 사령부와 고려혁명군정의회 양 쪽에 있고, 특히 유혈충돌의 직접적 책임은 명령 불복을 선동한 대한의용군 측에 있다. 비극적 결과를 거치긴했지만 이를 통해 한인 무장부대가 통일되는 긍정적 결과도 얻었다.

4,000여 명의 독립군이 한 자리에 모인 것은 치타 한인부와 한인사회당의 노력의 결과다. 그런데 대한국민의회 간부들이 개입하여 이르쿠츠크파 공산당과 결합해 권권 쟁탈의 야심을 드러냈다. 사태의 책임은 남의 권리를 빼앗기 위해 군정의회를 조작해 파란을 일으키고 유혈 사태를 일으킨 가해자 측에 있다. 대한국민의회와 이르쿠츠크파 고려공산당 책임자들과, 코민테른 극동비서부장 슈미아츠키, 고려혁명군정의회 사령관 갈란다라시윌린을 징벌해야 한다.

경성을 뒤흔든 김상옥

총독 암살의 특명을 받고 잠입한 김상옥은
종로경찰서 투탄 사건으로 인해 경찰에게 쫓기는
신세가 되었다. 수백 명의 경찰을 상대로
총격전을 벌여 십여 명의 경찰을 살상하고
마지막 남은 한 발로 자결한 그의 장렬한 모습은
의열단의 상징이 되었다.

경성

상하이

황포탄 의거

일본의 육군대장 다나카 기이치의 방문 소식에 의열단의
최정예 요원인 김익상, 오성륜, 이종암이 저격에 나섰다.
불행히도 저격은 실패했고 영국인 여성이 숨지면서
의열단의 투쟁 방식에 대한 안팎의 비판이 뒤따르기도 했다.

제4장

의열단

의열투쟁은 3·1혁명 이후 주요한 투쟁 양식으로 자리 잡았고,
김원봉은 본격적인 의열투쟁을 위해 1919년 의열단을 결성한다.
거듭된 실패와 처절한 성공이 교차하는 가운데 의거는 계속됐고,
신채호가 작성한 조선혁명선언은 의열단의 정신이 된다.
하지만 의열투쟁에 대한 안팎의 비판과 의열단의 다양한 구성은
노선에 대한 내부 논쟁을 불러왔고, 결국 분화 및 노선 변경으로 이어졌다.

도쿄

관동대학살
1923년에 일어난 일본 관동대지진 이후 일본은 조선인이 폭동을
일으킨다는 유언비어를 조직적으로 유포시키며 6,000여 명의
조선인 및 일본인 사회주의자 등을 학살했다.

| 1923 | 의열단 '조선혁명선언' 발표
관동대지진 | 1924 | 조선노농총동맹 창립
제1차 국공합작 | 1925 | 이승만 탄핵
쑨원 사망 |

의열단의 결성

의열단의 이름은 '천하의 정의로운 일을 맹렬히 실행함'이란 공약의 문구에서 한 글자씩 따서 지은 것이다.

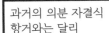
義烈

의열투쟁은 오늘날에 와서 그 이름을 얻었는데 적극적, 무력적 형태의 개인적 혹은 조직적 투쟁을 이른다.

과거의 의분 자결식 항거와는 달리

장인환·전명운 의거,

안중근 의거,

이완용을 찌른 이재명의 의거 등으로 이어오던 투쟁은

3·1혁명 이후에 와서 주요한 투쟁 양식으로 자리 잡는다.

비폭력 투쟁 만으론 한계가 분명하기에 ...

외교론에 상당히 기울었던 임정도 독립 전쟁 노선을 천명하며 작탄투쟁을 방략의 하나로 제시했다.

나아가 임정 기관지 〈독립신문〉은 사설에서 칠가살(七可殺) 이론을 펴며

우리의 적이 누구뇨?
전시의 적에게는 사형이 있을 뿐이랴,
과거 일 년간 우리는 저들에게 회개의 기회를 주었으니…
동포여! 용감한 애국자여!
주저할 것 없이 죽일 자는 죽이고 태울 자는 태울지어다.
저들은 양심이 없는 금수이니 금수의 흉악한 자에게는 죽음밖에 줄 것이 없나니라…

죽어 마땅한 일곱 부류를 나열했다.

1. 적괴 : 총독, 정무총감, 적의 유력 정치가, 학자, 신문기자, 종교가, 헌병, 경관 등
2. 매국적 : 이완용, 송병준, 민원식, 선우순, 유일선 및 협성구락부
3. 창귀 : 고등 정탐 혹은 형사로서 선우갑, 김태석, 김극일
4. 친일 부호
5. 적의 관리
6. 불량배 : 독립운동을 해하는 자, 애국금 횡령꾼, 배반자, 이간자 등
7. 모반자

사이토 총독에게 폭탄을 던진 강우규의 의거는 1920년대 의열투쟁의 신호탄과도 같았다.

꽈 꽝

1920년 1월 4일 회령에서 룽징으로 가는 현금수송대가 있었다.

말 탄 순사 2명이 호위하는 수송대는 습격을 받는다.

탕 탕 탕

순사 중 한 명은 총을 맞아 현장에서 죽고 다른 한 명은 다음 날 죽는다.

수송하던 현금 15만 원 (오늘날의 구매력으로 환산하면 수십억 원 이상)은 고스란히 털렸다.

주도자들은 간도에서 무장투쟁을 목적으로 조직된 철혈광복단 단원들.

협조자였던 조선은행 룽징출장소 사무원 전홍섭이 고문 끝에 실토하면서

일본 경찰은 주도자들의 윤곽을 파악할 수 있었다.

철혈광복단은 확보한 돈으로 체코 병단과 교섭해 다량의 무기를 구입하려 했는데,

참으로 장한 일을 하셨소.

그 돈이면 수천 명을 무장시킬 수 있을 것이오. 체코군과의 흥정은 걱정 마시오.

하필 교섭의 담당자로 내세운 이가 앞서 본 밀정 엄인섭이었다.

그의 밀고로 관련자들은 대부분 검거되었고 돈도 대부분 압수되었을 뿐 아니라, 주도자 4명이 처형되었다.

서로군정서 등 독립군 조직들도 의열투쟁을 주요 방략의 하나로 수용했다.

친일 부호로부터 군자금을 빼앗거나

친일파 처단엔 작탄투쟁이 제격이지.

친일파인 민원식을 처단한 양근환의 의거 또한 널리 알려진 의열투쟁.

대구고보를 나오고 일본에서 유학하던 서상한.

달성친목회를 조직했던 서상일의 동생이오.

영친왕 이은이 일본 황족 집안과 혼인한다는 소식에 분개한 그는

이는 식민지배를 영구히 하려는 음모.

폭탄 거사를 준비한다.

훈례식장에 우편집배원으로 가장해 들어가서 사이토 총독과 이완용을 폭살하고, 가능하면 내무성이나 경시청 건물을 폭파한다.

불꾼

일본인 학생들을 시켜 폭탄을 제조하게 하고 성능 시험까지 마쳤는데

콰앙

함께했던 조선인 학생이 밀정이었다.

드르륵

이 일로 그는 징역 4년을 선고받았다.

본격적인 의열투쟁은 의열단의 몫이다.

약산 김원봉. 밀양 출신으로

보통학교에 다니던 14세 소년 시절, 천황의 생일인 천장절 날 학교 화장실에다 일장기를 꽂아두어 학교를 발칵 뒤집은 바 있다.

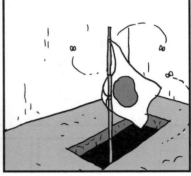

민족주의자인 전홍표가 세운 밀양의 동화학교로 옮겨 민족의식을 더욱 키운 그는 서울 유학, 무전여행 등을 거쳐

1918년 9월 난징의 진링대학으로 유학을 간다.

독립투쟁을 함께하기로 맹세한 친구 김두전, 이명건과 함께.

맹세하면서 이름도 새로 지었지. 나는 약산(若山)! 산처럼이란 뜻.

나는 약수(若水)! 물처럼.

나는 여성(如星)! 별처럼. 나와 김두전은 이후 김약수, 이여성으로 불렸지.

상하이의 지사들이 파리강화회의에 대표를 보내려는 움직임에 비판적이었던 그는

쓸데없는 짓! 그런 일로 독립이 될 리가 있나?

만주의 신흥무관학교를 찾아간다.

함께했던 벗인 김약수와 이여성은 3·1혁명 후 귀국했고 이후 사회주의자의 길에 들어선다.

신흥무관학교에서 폭탄 제조법 등을 배우고

뜻을 함께할 동지들을 얻은 그는

1919년 11월 10일 지린성 파호문 밖 한 중국인의 집에서 의열단을 결성한다. 주요 구성원은 신흥무관학교 출신들과 3·1혁명 후 망명한 열혈 청년들, 그리고 고향인 밀양의 벗들이었다.

구축왜노! 광복조국! 타파계급! 평균지권!

다음은 의열단 공약 10조.

1. 천하의 정의로운 일을 맹렬히 실행함
2. 조선의 독립과 세계의 평등을 위하여 신명을 희생함
3. 충의의 기백과 희생정신이 확고한 자라야 단원이 됨
4. 단을 세운 뜻을 우선시하고 단원의 의리를 지킴을 급무로 함
5. 의백(義伯 : 단장) 1인을 선출하여 단을 대표토록 함
6. 언제 어디서든 매월 1차씩 사정을 보고함
7. 언제 어디서든 부름과 모임에 반드시 응함
8. 죽음을 피하지 않고 단의를 위해 목숨을 바침
9. 하나가 아홉을 위하여, 아홉이 하나를 위하여 헌신함
10. 단의를 거스르거나 배반한 자는 처살함

임정처럼 칠가살을 정했고,

1. 조선총독부 이하 고관
2. 군부 수뇌
3. 대만 총독
4. 매국적
5. 친일파 거두
6. 적탐(敵探)
7. 반민족적 토호열신
   (土豪劣紳)

파괴 대상 다섯 곳을 두었다.

1. 조선총독부
2. 동양척식회사
3. 매일신보사
4. 각 경찰서
5. 기타 왜적 중요 기관

단원들은 결사의 각오를 갖춰야 했고,

작전 중 목숨을 잃을 수도 있소.

주변 정리는 진작 마쳤습니다.

폭탄 제조법은 필수 교양이 되었다.

폭약, 뇌관, 도화선만 있으면 어디서든지.

결성과 동시에 의열단은 맹렬히 의열투쟁을 벌여나간다.

의열투쟁의 서막

의열단은 곧바로 행동에 돌입했다.
상하이에서 폭탄 3개를 제조해

안둥을 거치며 옥수수 화물 속에 넣고
밀양의 화물 운송점으로 보냈다.

폭탄은 뜻을 함께하는 미곡상이 마루 밑에
숨겨두었는데

밀정의 제보로 탄로 나고 말았다.

김원봉과 의열단은 위축되지 않았다.
폭탄 13개 분량의 폭약과 권총을 사들여 같은 방법으로
부산에 보낸다.

그리고 거사를 담당할 단원들이
속속 입국했다.

의열단 조직에 산파 역할을 했다고 알려진 황상규,

김원봉의 고모부라오. 여덟 살 많은.

부단장 곽재기를 비롯해

의백 김원봉을 제외한 초기 단원 대부분이 국내로 들어온 것.

그러나 거사 예정일을 앞두고 경기도 경찰부 경부 김태석이

회합 장소를 급습했다.

모두 꼼짝 맛!

현장에 있던 단원들은 물론 협력자들까지 대거 검거되고 무기들도 죄다 압수되고 말았다.

검거된 20명 중에서 15명이 기소되고 12명이 유죄판결을 받았다. 이 사건은 밀양폭탄사건으로 세상에 알려졌다.

곽재기, 이성우 8년!

황상규, 윤세주, 김기득, 이낙준 신철휴 7년!

윤치형 5년, 김병환 3년 …

의기는 충천했고
계획도 거창했으나
결과는 참담했다.

김원봉은 낙담하기보다 즉각 다음 작전을 준비한다.

경찰에게 복수도 하고
우리 의열단이 건재함을
보여주려 함입니다.

잘 알겠습니다.
반드시
성공하겠습니다.

부산 출신으로 상하이에서
입단한 박재혁.

폭탄을 건네받은 그는 나가사키를
경유해 부산으로 들어왔다.

부산경찰서장이
고문서에 관심이
많다지.

고서상인데요,
커한 물건이 있어서
서장님께 보여드리고
싶습니다만,

잠시만요.

부산경찰서

서장실에 안내되어 서장을 마주한 박재혁은

어렵게 구한
물건입니다.
서장님께서도 아마
깜짝 놀라실겁니다.

호오! 이거
기대되는걸.
어디 보세.

탁

폭탄을 꺼내 들었다. 그리고 의열단 전단을 들어 독립투사를
괴롭힌 죄를 준열히 꾸짖은 다음

폭탄을 내리쳤다.

일본인 경찰 2명이 현장에서 즉사하고

서장은 병원으로 이송되는 도중 사망했다.

그 자신도 무릎에 중상을 입고 투옥되었는데

단식으로

자결했다.

의열단의 첫 암살 파괴 계획에 참여했다가 검거를 피한 이종암, 김상윤은

검거망을 피해 다니며 밀양 후배인 최수봉,

폭탄 제조에 능한 고인덕을 포섭한다.

고인덕이 폭탄을 제작하고 최수봉이 투척하기로 했다.

밀양경찰서 서장이 부하들을 정렬시키고 훈시하고 있을 때 창문을 통해 폭탄을 던졌다.

챙그랑

불발.

탁

두 번째 탄을 던졌으나

뻥

소리만 컸지 위력은 약했다.

놀랬잖아.

민가로 피한 최수봉은

체포 직전 자결을 시도했으나 성공하지 못했다.

목적을 달성하고 나면 자결하려 했는데 네 놈들에게 잡혀 욕을 당하니 분하다.

1921년 7월 사형에 처해졌다.

연이은 의열단의 의거에 민심은 격동했고,

의열단...

의열단...

속이 다 시원

졸업하면 나도...

일제 통치기관들은 전전긍긍했다.

이어 1921년 9월엔 총독부의 간담을 서늘케 한 의열단의 의거가 나온다.

주역은 김익상.

비행사가 될 요량으로 광둥에 왔는데, 비행학교가 폐쇄돼 버렸네.

베이징에 갔다가 김창숙을 만나고

의열단이라고 들어보셨소?

물론입니다. 진정한 조선의 애국 청년들 모임으로 알고 있습니다.

의백 김원봉을 만나보겠소?

의열단에 가입하게 된 사내.

義烈團

그가 맡은 임무는 총독부 폭파와 총독 암살.

꾹…

권총 2정과 폭탄 2개를 품고 열차에 올랐다.

열차에서 검문하자 옆자리의 일본 여인과 자연스레 부부처럼 보이도록 행동하여 검문을 피하고

경성역에서도 어린아이를 안고 그 일본 여인과
담소하며 나와 의심을 피했다.

1921년 9월 12일 남산 총독부.

뭔가?

전기 설비
수리 신청을 받고
왔습니다.

청사 안으로 들어간 그는 2층으로
올라가

첫 번째 방에 폭탄을
던졌다.

휙 이

그러나 불발.

조용…

다음 방에 던진
폭탄은
대단한 위력을
보였다.

꽝

올라가시면
안돼요. 콜록
위험합니다.

우ㄹㄹ

재치있게 현장을 피한 그는

일주일 만에 무사히 베이징으로 귀환했다.

폭발로 인한 인명 피해는 없었지만 일제의 충격은 컸다.

총독부, 그것도
청사 안에서
폭탄 테러가…

게다가
범인이 누군지는
윤곽조차 잡지
못하고 있어.

총독부가 이 사건의 주역 김익상을
알게 된 것은 6개월 뒤의 일이다.

이놈이었어?

이것 봐라
이 자가
상해에 오네.

누구?

육군 대장
다나카 기이치!
육군대신으로
있으면서
시베리아 출병을
주도했고,

간도출병과
경신참변도 다
이자의 허락하에
이뤄졌지.

이런 자에겐
걸맞은 환영이
준비돼야지.

필리핀을 방문했다가 귀국길에
상하이에 들른다는 보도를 접한
의열단은 그의 암살을 결정했다.

누가
자원하겠소?

제가
하겠습니다.

아니요,
이번 일은
제가,

두 분은
참으시죠.
이 일은
제 몫이외다.

작전에 지원한 이는 의열단의 최고 정예들인
김익상, 오성륜, 이종암.

글쎄, 이번 일은
제가 합니다.

김동지, 이 일만큼은
제게 양보하시죠.

어허! 제가
한다잖습니까?

아무도 양보하지 않아 결국 셋이 같이
결행하기로 했다.

다나카가 배에서 내려
걸어나올 때 제 1선은
오성륜 동지가,
혹 실패하게 되면
제 2선 김익상 동지가,
그래도 실패하면
적당한 때를 봐서
제 3선 이종암 동지가,
됐습니까?

1922년 3월 28일
상하이 황포탄 부두.

하선한 다나카가 몇 걸음을 옮기자

오성륜의 총구가 불을 뿜었다.

탕

불행히도 한 영국 여인이 다나카를 앞질러 가려고 나오다
변을 당하고 만다.

이어서 김익상이
총을 쏘았지만

간발의 차이로 빗나가고

피! 융

피! 융

폭탄을 던졌지만

불발되고 말았다.
천하의 김익상이
안전핀 뽑는 걸
깜빡한 것.

이에 제3선인 이종암이
폭탄을 던졌다.

이종암이 던진 폭탄은 다나카가 탄 차의 바퀴에
맞았으나 터지지 않았고

옆에 있던 영국 군인이 재빨리 발로
걷어내버렸다.

거사는 그렇게 실패로 끝났다.
이종암은 혼란을 틈타 현장을
빠져나왔지만

오성륜과 김익상은 영국과 중국 경관에게 체포되어
일본 경찰에게 넘겨졌다.

심문 과정에서 김익상이
총독부 사건의 주인공임이
드러났고

친일 경부 김태석이
상하이로 와서
한 달간이나
고문, 취조를 맡았다.

나가사키로 압송되어
사형선고를 받은 김익상은

감형되어 21년 만에
석방되었는데

얼마 안 있어 찾아온 일본인
형사가 어디론가 데려간 후

행방이 묘연하다.

오성륜은 같은 방에 있던 일본인 사상범과 협력해

탈출에 성공한다.

홍콩으로 피한 그는 소련으로 갔고 동방노력자공산대학에서 공부했다.

이듬해 블라디보스토크로 와서는 적기단에서 활동하다가

이후 중국공산당에서 활동을 이어간다.

한편 오성륜의 총에 맞은 여인의 남편은 탈출하기 전에 오성륜을 찾아와

이렇게 말했다지만

당신으로 인해 아내를 잃어 마음이 아프지만 조선 청년들의 의기에 배운 것이 많습니다.

!…

무고한 희생자의 발생으로 인해 상하이에서 의열단에 대한
여론은 나빠졌다.

아무리 뜻이
좋다해도 이건
아니지.

조선인들의 처지와
이룩고자하는 바는
이해하지만 방식이
너무 지나쳐.

맞아. 조선의
독립운동가들은
너무 과격해.

이런 여론을 일본 총영사관이
활용한다. 공동 조계, 프랑스 조계
당국에 압력을 가했고,

불경한 조선인들을
방치한 결과를 보시오.

양 조계 당국은 받아들인다.

한인 독립운동가들이
앞으로 총기류 휴대,
사용 등 불온한 행동을
보이지 못하도록
단속을 강화하겠다.

주중 미대사관 공사도 거들었다.

조선인 독립당이
목적을 달성하기위해
공산주의자들 같은
잔혹한 방식을 취함은
미국은 물론 세계
어느 나라도 찬성하지
않을 것이다.

임시정부까지 자신들의
무관함을 적극 변명해야 할
정도로

이번 일은
우리와 아무런
관련이 없음을
분명히 밝힙니다.

상하이의 공기는 나빠졌지만 의열단의 기세는 꺾이지 않았다.

열혈 김상옥, 의문의 황옥

김원봉은 임정 재무총장 이시영과 제휴해 협동작전을 세운다.

폭탄 거사와 유인물 살포로 적들의 경계망을 무너뜨린 뒤 부호들로부터 의연금을 징수할 생각입니다.

그렇게 되면 임정의 재정도 얼마간 숨통이 트일 것입니다.

음⋯

좋소. 같이 합시다.

폭탄 투척과 의연금 징수는 김상옥과 안홍한이,

폭탄을 받아 보관했다가 이들에게 전해줄 이로는 국내의 사상운동가 김한이 선정되어 동의를 얻어냈다.

염려 마시오.

김상옥, 안홍한은 권총과 실탄, 격문을 휴대하고

농부로 변장해 압록강을 건넜다.

수백 리를 걸은 그들은 정차 중인 석탄 수송차에 승차해

덜컹덜컹

일산역에서 내린 다음 다시 걸어서 마침내 서울로 들어왔다.

그런데 의열단 측에 김한이 일본 경찰에 매수되었다는 정보가 돌면서 변화가 생겼다.

사실이면 낭팬데...

거사용 폭탄을 보내는 것은 보류합시다.

이를 모른 채 김상옥은 옛 동지들을 만나 거사 계획을 진행했다.

1월 초에 총독이 제국의회에 참석하려고 나올테니 경성역에서 해치우고 이어서 총독부와 주요 관공서를 폭파하는 겁니다.

김상옥은 수시로 경성역에 나가 답사하며 연락을 기다렸다.

하지만 연락은 오지 않고 그사이 종로경찰서에 폭탄이 터지는 사건이 발생한다.

쾅

〈매일신보〉기자 등 민간인 5명만 부상을 입고 경찰들은 해를 입지 않았군.

김상옥은 3·1혁명 후 본격적으로 항일운동에 뛰어들었고

암살단을 꾸려 활동해 보려 했지만 잘 안됐지.

국내에선 아무래도····

검거망을 피해 상하이로 망명, 임시정부에서 일하면서 의열단에도 가입했던 인물.

나 같은 이가 많았다오. 심지어 공산주의나 무정부주의 단체 등 3중 4중의 적을 둔 동지들도 있었는걸.

뭐, 독립에 도움이 된다면야!

뭐? 김상옥이를 본 자가 있어?

그 자네! 폭파범은.

김상옥을 종로경찰서 폭파범으로 확신한 경기도 경찰부는 마침내 그의 은신처를 찾아내 포위한다.

김상옥은 경찰 한 명을 사살하고

맨발로 눈 쌓인 남산을 가로질러 도주했다.

동대문경찰서가 김상옥의 동지들을 고문해 두 번째 은신처를 알아냈다.

1923년 1월 22일 새벽,

무장경찰대 400명이 일대를 완전 포위했다.

양손에 권총을 든 김상옥은

무려 3시간을 싸웠고

일본 경찰 15명가량의 사상자가 발생했다.

이제 한 발 남았네.

마지막 한 발로 자결한 김상옥은 이미 11발의 총탄에 맞은 상태였다.

이후 김한, 안홍한 등 관련자들이 대거 검거되었고

5년에서 1년 6개월 사이 징역형을 선고받았다.

땅 땅 땅

변절 혐의를 받았던 김한은 동료들 중 최고형인 5년 형을 받았고,

출소 후에도 사회주의 운동, 항일운동을 이어가다가

1930년 소련으로 망명했다.

잘못 된 정보였었네.

김상옥의 거사를 진행하는 와중에 의열단은 별도의 대규모 암살 파괴 계획을 꾀하고 있었다.

총독부, 동척, 조선은행, 주요 철도 등의 기관, 시설들을 파괴하고

총독, 정무총감, 경무국장 등의 요인들을 대거 암살한다.

의열단의 총력을 쏟아 벌이려고 하는 이번 거사에서 무기 반입과 결행을 책임진 이는 김시현.

밀양폭탄사건으로 1년간 복역한 후 상하이로 건너와 이르쿠츠크파 고려공산당원이 된 인물이다.

김시현은 1922년 7월 서울로 잠입해 경기도 경찰부 고등과 경부이자 고려공산당 비밀당원 황옥을 만난다.

대대적인 거사 계획이 있소. 동지의 협조가 필요하오.

이에 황옥은 종로서 폭탄사건 범인 수사를 명목으로 톈진으로 가 김원봉과 폭탄 반입 방책을 논의했다.

황옥은 경부라는 신분을 십분 활용해 다음의 무기와 선전물을 서울로 무사히 운반했다.

대형 시한폭탄 6개,
방화용 소형 척탄 17개,
암살용 소형 척탄 13개,
권총 5정,
실탄 155개,
'조선혁명선언' 360부,
'조선총독부 각 관공리에게' 550매

인력거 타서 압록강 철교를 건너고, 신의주에선 철도 화물을 활용하는 등의 방법으로 이때 안둥현 일본영사관 경찰은 총독부 경무국에 다음과 같은 보고를 올렸다.

황옥 경부의 행동이 심히 의심스럽게 사료됩니다.

또한 신의주에선 무기를 일시 보관했던 이가 밀고하면서

평북경찰서도 경기도 경찰부에 급전을 보냈다.

황옥을 체포해야 하겠습니다.

이때 총독부 경무국은 평북 경찰부에 이렇게 답신을 보냈다.

국외의 고려공산당과 의열단원들을 국내로 대거 유인해 일망타진하려는 공작 차원에서 황옥으로 하여금 공산당에 접근하고 거짓 협력토록 한 것.

서울에 도착한 김시현은 황옥으로부터 피신하라는 전갈을 받았으나 미처 피하지 못하여 체포되었고,

황옥을 비롯해 관련자 18명 전원이 검거되었다.

의열단 사상 가장 규모 있게 준비했던 무기들도 모두 압수되었다.

황옥과 김시현이 10년 형을,

나머지는 대부분
5~8년 형을
선고받았다.

다만 황옥은 1년 뒤
가출옥되었다가 3년이 지나
재수감되고 다시 몇 달 후에
가출옥됐다.

영화 〈밀정〉의 모티프가 된 인물
황옥, 그는 과연 어느 편이었을까.

경찰 측에서 고려공산당에 프락치로 심은 인물이라기보다는
경찰의 신분이면서도 자발적으로 비밀 공산당원이 된 인물임은
분명해 보인다.

다만 그의 정체가 이미 경찰 측에
노출되었고, 경찰의 의열단 일망타진
작전에 유용하게 쓰인 것으로 보인다.

그리고 재판 과정에서
동료들과 달리
극구 변명하는 모습을
보인 데서나

가출옥된 데서 보여지듯이
어느 시점부터는 적극
협력의 길로 나선 것이
아닐까 싶다.

하이!
…하이!

조선혁명선언

성공보다 실패가 더 많았지만
목숨을 돌보지 않은 의열단원들의 용감한 투쟁은
의열단의 성가를 크게 높여주었다.

의열단!

의열단!

상하이파나 이르쿠츠크파 공산당은 물론
만주의 독립운동 단체들도 종종 제휴를 청해왔고,

함께
합시다.

손잡고
일 한번
벌입시다.

흠...

또한 개별적으로 입단하는 경우도
많았다.

나는
이르쿠츠크파
공산당원
의열단원

나는
상해파
공산당원
의열단원

나는
임정
간부이자
의열단원

1922년 겨울 김원봉은 베이징의 신채호를 만난다.

선생님께서
의열단의 정신을
글로 써주셨으면
합니다.

기꺼이!

그리하여 나온 것이 조선혁명선언이다.

朝鮮革命宣言

조선혁명선언 표지와 첫 장

흠... 좋구나!
일본을 강도로
규정하고,

자치론, 참정권론,
문화운동을 호되게
비판하며,

임정의 외교론은
물론이고
독립전쟁론까지
비판하고 있군.

신채호의 사상이 집약되어 있는 조선혁명선언은 다음과 같이 끝맺고 있다.

...

민중은 우리 혁명의 대본영이다.
폭력은 우리 혁명의 유일한 무기다.
우리는 민중 속에 가서 민중의 손을 잡고
끊임없는 폭력 - 암살, 파괴, 폭동으로써
강도 일본의 통치를 타도하고,
우리 생활에 불합리한 일체 제도를 개조하여
인류로써 인류를 압박하지 못하며
사회로써 사회를 수탈하지 못하는
이상적 조선을 건설할지니라.

4256년 1월　일 의열단

의열단원들은 이 선언문을 항상 지니고 다녔고 혁명가로서의 자부심을 더욱 높일 수 있었다.

1923년 하반기에 접어들면서 의열단은 여러 지역 단체들과 손잡고 다시 대규모 거사를 계획한다.

독립군 단체들과 제휴한 남만주 거사 계획,

안봉선 (안동-봉천 (단둥-선양)간 철도) 파괴를!

베이징의 천도교계 지사들과 손잡고 벌이려 했던 국내 거사 계획,

결사대원 16명을 투입하기로!

일본 거사 계획 등.

일왕 폭살을 포함해 총공격을!

그러나 어느 것도 제대로 진행되지 못했다.

준비해두었던 폭탄이 일본 경찰에게 압수되고,

재정 확보를 위해 국내로 잠입했던 대원들도

양복

밀고로 속속 체포되고 만다.

의열단이 극심한 재정 부족에 처했을 때 관동대학살 소식이 전해진다.

1923년 9월 1일
일본 도쿄 인근에서
대지진이 발생했다.

십수만 명이 사망, 실종되고 가옥 수십만 채가 파괴되거나 불탔다.

살아남은 이들은 패닉에 빠졌고

당국은 계엄령을 선포해 군대를 투입했다.

그리고…

비탄과 패닉에 빠진 인민들이 정부에 대한 분노로 폭발하기 전에 터뜨릴 다른 곳을 마련해줘야.

총독부
정무총감을
지냈던
내무대신
미즈노 렌타로

내무부는 전국의 지방장관과 총독부 등에 전문을 보낸다.

도쿄 부근의 진재를 이용해
조선인이 각지에서 방화하는 등
불령한 목적을 이루려고 하여
현재 도쿄 시내에는 폭탄을 소지하고
석유를 뿌리는 자가 있다…
조선인의 행동에 대하여서는
엄밀한 단속을 가해주기 바란다.

일부 신문에
보도되면서

조선인들이!!

내용은 더욱 증폭되어 유언비어 형태로 떠돌기 시작했다.

들었어? 조선진들이 우물에 독을 풀고 방화, 약탈을 일삼는다는 거야.

빠가야로 조센진들! 그냥 둘 순 없잖아.

당연하지. 복수를 하자고.

공포와 분노로 범벅이 된 일본인들은 자경단을 조직해 조선인 사냥에 나섰다.

남녀노소 구분 없이 평등하게 조선인은 다 죽인다.

단지 조선인이란 이유만으로

조선진이닷!

곳곳에서 참혹하게 죽어갔다. 먹고살기 위해 타국 땅에 와서 갖은 차별과 수모를 견디며 고된 노동을 마다 않던 이들이다.

조선인임을 부정하면 어려운 발음을 해보게 한 다음

じゅうごえん ごっせん 해봐.

쥬고엔…

서툴면 죽였다. 타이완인이나 사투리가 심한 지방인들이 죽는 사례도 있었다.

그렇게 수천의 조선인들이 학살되었다.

치안 유지에 나선 군과 경찰은 학살 행위를 방조했을 뿐만 아니라

오히려 기회를 틈타 사회주의자, 무정부주의자 등 반정부 세력들을 제거하도록 유도하기도 했다.

그 자들은 비록 일본인이지만 일본을 망하게 하려는 자들로 조센진과 똑 같은 자들이야.

아!…

이 참혹한 사건은 임정의 특파원이 조사해 〈독립신문〉에 소개되었고

이 개새끼들!

일선동화니 뭐니 떠들어대더니 하는 짓들 봐라.

빠드드득

의열단도 분노했다.

義列……

그냥 넘어갈순 없지.

그러나 재정 상황이 너무나 열악했다.

전처럼 규모있는 조직적 거사는 불가능하오.

한 두 명의 희생적 거사 밖엔…

♪♪♪

거사에 자원해 나선 이는 안동 출신으로 상하이파 고려공산당 당원인 40세의 김지섭.

곧 제국의회가 열리니 의사당 방청석에 앉았다가 대관들을 처치해 대학살에 희생된 원혼들을 위로하는 겁니다.

염려 마십시오.

소형 수류탄 3개와 경비 40엔을 받았다.

미안합니다. 이것 밖에…

괜찮습니다.

김지섭은 석탄 운반선 석탄 창고에 몸을 숨겨

12일 만에야 일본에 닿는다. 평양을 경유하는 배였던 것이다.

여관에 투숙해 겨우 기운을 차린 그는 시계, 담요까지 모두 처분해 15원을 마련했다.

그 돈으로 도쿄행 기차에 몸을 실었는데…

이런! 의회가 휴회 중이네.

경비는 다 떨어졌고 검문이라도 받는 날엔 몸에 지닌 수류탄이 탄로나고 말 터.
…

도쿄에 도착해 시내 지도를 구입한 그는 계획을 변경한다.

그래. 기왕 터트릴 거면 일왕이 있는 곳에 터트리자.

황궁 앞 니주바시.

이봐! 거기 뭐야?

붙잡히기까지 갖고 있던 폭탄 3개를 모두 던졌지만

모두 불발.

도화선이 눅눅해 기능하지 못했기 때문이다.

젠장!

비록 성공하진 못했지만 일본 정가는 발칵 뒤집혔다.

어떻게 황거 앞에서 이런 일이!!

경시총감, 경무총장, 관할 경찰서장이 면직되고,

보도는 통제되었다.

조센진이 황거 앞에다 폭탄을 던졌대.

잉? 신문에서 못 봤는데.

붙잡혔을 때 그의 수중엔 고작 3전만이 남아 있었다.
재판 과정에서도 시종 당당하게 대일 항전의 당위성을 설파했던 그는

조선독립은 절대적 요구!

최후의 일인이 최후의 일각까지 싸울 것이다!

무기징역을 선고받았고 복역 중 1928년 2월 옥사한다.

의열단의 노선 변화

1923년 즈음 의열단의 위세는 당당했고

의열단

상해 청년운동의 중심은 단연 의열단!

임정은 뭐 내분으로 정신없고...

각양각색의 인물들이 동거하는 양상이었다.

이르쿠츠크파 고려공산당

무정부주의

상하이파 고려공산당

임시정부

초기 조직원

다양한 구성은 내부 논쟁을 불러왔다.

우리의 노선은 과연 옳은가?

무슨 소리요? 옳다고 여겨 가입한 거 아니었소?

논쟁을 증폭시킨 일은 공산 계열 단체인 적기단과의 제휴 문제였다.

합작은 위험만 크고 실속가 없다고 보오.

동감! 적기단은 코민테른의 꼬붕!

무슨 소리? 말 조심하오. 조선 해방을 위한 투사들의 모임이오.

자자, 색깔은 달라도 합작하는 게 거사에 도움이 되지 않겠소?

뚜렷한 입장 차이는 의열단의 분화를 가져왔다. 의열단 내 상하이파 고려공산당계를 대표하는 윤자영.

3.1 관련해 1년간 옥고를 치렀고.

바로 앞에 본 김지섭의 폭탄 의거를 지원하기도.

서울에서 사회주의 청년운동을 하다가 상하이로 들어왔지.

1924년 4월 윤자영은 의열단을 탈퇴하고 상하이청년동맹회를 조직하는데,

상하이파 사회주의자들을 비롯해 임시정부, 의열단의 민족주의자들까지 대거 참여해 의열단의 위세를 능가하게 된다.

나아가 상하이청년동맹회는 선언문을 통해 기존의 운동 노선을 비판하는데 특히 의열단의 노선에 대한 비판이 신랄했다.

그동안 독립운동의 주요 노선으론 실력론, 외교론, 좌향론, 공포론이 있어왔는데…
이것(공포론, 곧 의열단 노선)은 암살과 파괴를 독립운동의 유일한 방법으로 하여 적 괴수를 암살하고 적의 시설물을 파괴하여 강도 일본을 축출하자는 것이다.
현재 한국의 운동은 그 파괴의 목적물이 개인 또는 건물에 있지 않고
정치상, 경제상 기타 각 방면의 현상과 제도, 조직,
그 이민족의 통치권을 파괴하는 데 있다…
그(개인의 암살과 건물의 파괴) 의의 및 가치를 인정하는 바이나
그것으로써 독립운동의 유일 최대의 전체적인 방침이라고 과장할 것은 못 된다.
이 공포론의 주장은 그 주종을 혼동한 것 같다.
이는 이상주의, 자유주의, 기타 개인적 허무적 경향을 조성하게 된다.

의열단 측에서는 격하게 반발했다.

이자들이 장난하나?

찾아가 따지고

윤자영과 동맹회를 공격하는 전단을 만들어 뿌렸지만

동맹회로 향하는 열혈 청년들의 발길을 돌리지 못했다.

의열단 내에서도 자기 노선에 대한 의구심이 커졌다.

냉정히 돌이켜보자면 성공보다 실패가 많았고 충격효과는 컸을지라도 실제적 효과는 별로였지 않소?

조선혁명선언은 민중과의 폭력적 결합을 말하지만 현실을 봅시다.

우리가 희생적 투쟁을 벌여나가면 민중들이 자극받고 감화되어 폭동 형태의 봉기를 일으키리라 기대했지만 민중은 꿈적도 않고 있소.

반면 사회주의자들은 대중과 함께하는 대중투쟁을 일으키고 있지요.

노동자들의 파업투쟁, 소작인들의 소작쟁의, 청년들의 대중운동이 눈부시게 성장하고 있단 말이오.

직전까지만 해도 이와 같이 의열단의 투쟁에 자부심을 내보였던 김원봉.

우리 동포가 조국광복운동을 개시한 이래
혹은 임시정부를 조직하고, 혹은 광복군대를 조직하고
혹은 공산당과 제휴하고 혹은 국민대표회의를 개최하는 등
여러가지 궁책을 강구함이 이미 몇 해인데
그간 무엇을 얻은 바가 있었는가?
돌이켜보면 실로 이것은
선조와훤(蟬噪蛙喧 : 매미와 개구리가 시끄럽게 운다는 뜻)으로
모두 일시의 공소(空騷)에 그쳤다.
…
조국을 위해 이 대임(혁명)을 완수할 수 있는 자는
우리 의열단을 버리고 다른 데서 구할 수 없다.

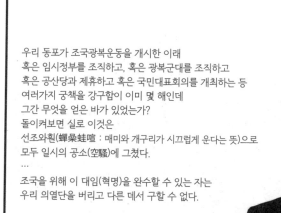

하지만 그는 변화를 꺼리는 사람이 아니다.

독립투쟁에 도움이 되는 길이라면!

김원봉과 의열단 지도부는
지난 암살파괴운동 노선에 대한
재검토에 들어갔고,

1925년 노선 변경을 결정하게 된다.

조직과 기율을 구비한
대중적 무장투쟁으로!!!

다음은 김원봉이 뒷날 회고하며 한 말이다.

7년에 걸친 끝없는 폭력도 결국 민중을 각오시키지는 못하였다.
민중을 각오시키는 것은 오직 탁월한 지도 이론이다. 교육과 선전이다.
그 밖에 다른 길은 없다. 혁명은 곧 제도의 변혁이다.
몇몇 요인의 암살과 몇 개 기관의 파괴로는 결코 제대로 변혁할 수 없다.
제도를 수호하는 것은 곧 군대와 경찰이다.
이들의 무장 역량을 해제할 수 있어야 비로소 혁명은 달성되는 것이다.
그러하려면 전 민중이 단결하여야 하고 조직되어야 한다.
전 민중의 무장투쟁이 아니고는 강도 일본을 구축할 도리가 없다.

그런데 의열단 성원 모두가
노선 변경에 동의한 것은 아니다.
창단 멤버인 이종암.

그는 분개했고 기존의 의열단을 지키고자 했다.

그 동안
목숨바쳐 싸운 게
잘못된 노선에
따른 것이라고?

제대로 된
투쟁으로
비판과 회의,
모두 잠재워주마!

1925년 7월 폭탄 2개, 권총, 조선혁명선언서 100매를 가지고 홀로 입국했다.

1 만원을 모금하고 도쿄로 가서 폭탄 거사를!

옛 동지들을 만나며 모금 활동을 벌이다

경찰에게 체포되고 만다.

당당하게 재판에 임했던 그는

우리가 일본의 압박에서 벗어나려면 혁명을 할 수밖에 없지 않소?

13년을 선고받아 복역하던 중 결핵을 앓게 된다.

콜록 콜록

위중해져서 1930년 5월에 가출옥되었으나

한 달 뒤 35세를 일기로 세상을 떴다. 밀양 출신으로 의열단의 창단 멤버였으며 밀양경찰서 폭탄투척사건의 배후이자 황포탄 의거의 주역이었던 그다.

이승만 상하이 도착

이승만은 대한민국임시정부 대통령에 뽑혔지만 여전히
미국 하와이와 워싱턴 등지에 거주하고 있었다.
이에 대한 비판이 거세지자 1920년 상하이에 들어왔으나
계속되는 비판에 분개해 6개월 만에 다시 상하이를 떠난다.

초기의 임시정부 청사

사진은 상하이 프랑스 조계지에 있던
대한민국임시정부의 청사로서, 안창호가
미국의 대한인국민회로부터 자금을 지원받아
마련한 곳이었다.

상하이

제5장

임시정부의 내분

출발부터 갈등이 있었던 임시정부는 본격적인 내분을 겪는다.
특히 이승만에 대한 내부의 불만이 높아지면서, 워싱턴회의가 성과 없이 끝난
1923년 1월 임시정부의 근본적 개혁을 위한 국민대표회의가 개최된다.
하지만 긴 논의에도 개조파, 창조파, 임정고수파의 이견은 좁혀지지 않고,
창조파는 새 정부 조직 시도가 실패하면서 파국을 맞는다.
이후 임시의정원에서는 이승만 임시대통령의 탄핵안이 상정된다.

박은식

임시정부 의정원은 '임시대통령
이승만 탄핵안'을 통과시킨 후,
박은식을 대통령으로 선출했다.
이에 박은식은 국무령제
헌법개정안을 통과시키고
서로군정서 총재 이상룡을
국무령으로 추천한 뒤
스스로 대통령직을 사임했다.

1923	1924	1925
의열단 '조선혁명선언' 발표	조선노농총동맹 창립	이승만 탄핵
관동대지진	제1차 국공합작	쑨원 사망

갈등의 출발

기대했던 파리강화회의가 성과 없이 끝나고

김규식

일제의 탄압으로 연통제와 교통국 조직도 속속 무너졌으며,

재정은 갈수록 열악해져 갔다.

자체의 수익 기반도 없고 성금도 안 들어오고 ···ㅠㅠ

출발부터 이런저런 갈등을 내보였던 임시정부는

대한민국 임시정부

오래지 않아 본격적인 분란에 휩싸이게 된다.

대한민국 임시정부

임시정부는 구성이 다양했다. 출신 지역으로 보면 기호 지역과 서북 지역 출신이 많았다.

양측은 두루 개신교 계열이 다수였지만 출신 성분이 달랐다.

기호파

우린 전통적인 명문가이거나 최소한 양반 출신.

서북파

우린 명문가와는 거리가 멀고 양반 출신도 드물지.

차별의 땅이었으니.

이념적으론 민족주의 계열과 사회주의 계열이,

사회주의 계열은 나 이동휘가 이끄는 한인사회당을 말한다는 거.

민족주의 계열은 다시 만주 중심의 독립전쟁파,

결국 독립은 독립 전쟁으로 쟁취해야.

안창호를 중심으로 한 실력양성파,

독립 전쟁에 반대하지 않지만 먼저 그럴 실력을 키워야.

이승만이 주도하는 외교론자들로 나뉘었다.

독립 전쟁? 말이 되나? 강대한 일본을 상대로 독립을 얻는 길은 더 강대한 미국을 상대로 외교를 잘해서만 가능!

이 외에도 신민회 계열, 신한혁명당 계열, 대한협회 계열 등등의 분파들이 혼재했다.

심지어는 노론, 소론, 남인, 북인까지.

초기 두드러진 주요 인사로는 이승만, 안창호, 이동휘가 있다.

이승만은 상하이에 없었지만 대통령이란 지위와 기호파의 지지를 배경으로 영향력이 막강했다.

이동휘는 사회주의자였지만 민족의 독립을 우선 과제로 삼았기에 임정에 참여했고 국무총리를 맡았다.

안창호는 출범 과정의 여러 갈등을 조정해가며 사실상 임시정부 수립의 산파 역할을 담당했다.

그리고 베이징엔 임시정부를 반대하는 신채호, 박용만, 이회영 등이 있었다.

나는 이승만을 대통령으로 추대하는 것을 보고 손을 뗐지.

신채호

나 역시 하와이에서 이승만으로부터 숱하게 당한 사람! 임정의 초대 군무총장에 위촉됐지만 거부했다오.

박용만

나는 처음부터 정부 형태의 조직을 반대했다네. 내부 권력 투쟁으로 흐를 게 뻔히 보였으니까.

이회영

만주 쪽의 무장투쟁 세력은 임시정부를 지지하긴 했지만 이즈음에는 임시정부에 관심 쏟을 여력이 없었다.

봉오동전투 청산리전투 경신참변이 숨가쁘게 이어지던 때인지라…

임정의 처사에 분개하여 통합을 거부하고 떠난 대한국민의회는 사회주의로 노선을 전환한 터였다.

임정과 손잡고 총리 자리를 차지한 이동휘는 믿을 수 없고, 이동휘와 대립하는 이르쿠츠크 쪽 사회주의자들과 손잡기로.

분열의 진앙지는 안팎의 임시정부 반대 세력, 비판 세력이 아니라 이승만이었다.

이승만에 대한 임시정부 내 불만의 소리가 커져가더니

위임통치 논란에다,

대통령이 되고도 정부가 있는 이곳 상해로 올 생각도 않고,

구미위원부를 세워 동포들이 내는 성금을 장악한 것도 그렇고,

그냥 둬선 안 되는 거 아녀?

1920년 2월 임시정부 차장들이 집단 의견을 낸다. 대통령 칭호를 승인하고 통합 체제가 출범한 지 고작 한 달여 만의 일이었다.

이승만 대통령을 퇴진시키고 이동휘 대통령, 안창호 국무총리 체제로 가야!

안창호의 반대로 무산되었지만

나는 찬성하…

그렇게는 안 되요.

뒤에 차장들은 다시 이승만 불신임안을 제출한다.

더 이상 이런 분위기를 방치해서는 곤란하겠다고 여긴 이승만이 마침내 상하이로 왔다(1920년 12월).

1921년 1월 이승만이
주재한 첫 국무회의.

위임통치가 각하와
임시정부의 위신을
떨어뜨리는 요인이
되었습니다.

각하께서
위임통치 청원이
독립을 고의로
부정한 것이 아니란
성명을 발표해

분위기를 진정시켜
주셨으면 합니다.

그럴 필요가
무어 있겠소?
됐소이다.

각하께서 이 곳에 있지 않아
일의 집행에 어려움이 많았습니다.
이후로 상해를 떠나시게 될 땐
행정결재권을 위임해주셨으면
합니다.

그렇게는
곤란합니다.

이승만은 고압적 태도로 일관했고,

이동휘는 총리직을 사임하고
임정을 떠나버렸다.

분란은 더욱
증폭된다.

척
지익

달그락
달그락

국민대표회의

1921년 2월 박은식, 원세훈, 김창숙, 남형우 등이 임정의 향방을 좌우할 성명을 발표한다.

아 동포에게 고함!

임정의 무능과 분열을 비판하면서 근본적인 개혁을 위해 국민대표회의를 열자는 거네.

국민대표회의에서 임정의 진로를 결정하자는 건데 공감이 가는군.

맞아, 반향이 크겠는걸.

이보다 앞서 베이징 세력은 1920년 9월 군사통일촉성회를 발족시켜 활동해오고 있었다.

신채호
이회영
박용만
신숙

독립군에 대해 통일적 지휘를 맡을 조직이 필요해.

그들은 즉각 국민대표회의 지지 입장을 밝히는 한편,

국민대표회의를 열어 새로운 진로를 모색하자는 주장을 적극 지지한다.

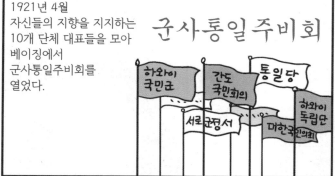

1921년 4월 자신들의 지향을 지지하는 10개 단체 대표들을 모아 베이징에서 군사통일주비회를 열었다.

군사통일주비회

하와이 국민군
간도 국민회의
통일당
서로군정서
대한국민의회
하와이 독립단

이때 하와이 독립단 대표가 이승만의 위임통치 청원 사실을 구체적으로 폭로하고

박용만이 이를
증언하였다.

하와이 대표의
발언은 명백한
사실이외다.

격앙된 참가자들은
이승만을 성토하고,

우리는 이승만씨를
우리의 대통령으로
인정할수 없습니다.

옳소!

임정과 임시의정원 불신임을 결의했으며,
국민대표회의 소집을 결정한다.

국민대표회의를 열어
민의를 한 데 모으고
새로운 지도 조직을
세웁시다.

와
짝 짝 짝

이런 분위기에 맞서 이동녕, 조완구, 윤기섭, 김구 등은
임시정부 절대 옹호를 내걸고 협성회를 조직한다.

이승만 대통령
지지!

협 성 회

임시정부
사수!

하지만 협성회의 목소리는
힘을 얻지 못했다. 1921년 5월
만주 어무현(액목현)에 만주 지역
독립운동가들이 모였고,

국민대표회의에
힘을 실어주는
다음과 같은 결의를 했다.

위임통치 청원이 사실로 확인된 이상
주창자들에게 퇴거를 명할 것!
임정 개조안이 받아들여지지
않을 경우, 간도에서 파견한
의원들을 소환한다.

주도 인물이 김동삼,
여준 등의 민족주의자들로
북경 세력과는 달리
임정 지지 세력이잖아.

이쯤 되면
대세가
정해진
셈이지.

이어 상하이에서도 국민대표회의 소집을
요구하는 연설회가 열렸고,

국민대표회의 소집에 대하여! ‥‥

여운형과

쇠약해진 임시정부를
되살리기 위해선
국민대표회의가
열려야!

안창호도 나서서 지지 연설을 했다.

국민대표회의로 ‥

상하이에 들어와 6개월, 자신에 대한 비판이 갈수록
커져만 가자 이승만은 분노했고,

이런 꼴을
보여주고 싶어서
나를 상해로
불러들였나?

하와이로 떠나버린다.

국민 대표회의를
열자는 것은
불순하기 짝이 없는
노릇이다!

이에 국민대표회의
소집 요구는 더욱 탄력을
받게 되고,

미국으로
돌아갔다고?
무책임한
처신이군.

국민대표회의를
빨리 열어야.

국민대표회의주비회가
만들어진다(1921년 8월).

국민대표회의주비회

상하이와 베이징의 대표들이 모여 구체적인 협의에 들어가는데

언제?

참가 대표 선정은?

필요경비 조달은?

새로운 현안이 떠오르면서 우선 정지 상태가 된다.

뭐? 워싱턴회의? 그게 뭐?

1921년 7월 윌슨의 뒤를 이은 미 대통령 하딩이 워싱턴회의를 제안하자

동아시아 제 문제를 해결하고 균비경쟁 문제를 해소하기 위한 회의를 엽시다.

구미위원부 임시위원장 서재필은 이시영에게 편지를 보냈고,

이번 회의에서 한국 문제를 다룰 가능성이 크다고 사료됩니다.

임시정부 국무회의가 열렸다.

다른 의견이 없으면 모든 활동을 구미위원부에 일임하도록 하십시다.

이미 상하이를 떠난 이승만은 처음엔 신중한 태도를 보이다가

지난 파리회의도 아무 소득이 없었는데···

마음을 바꿔 적극적 행보를 보인다.

동아시아 문제를 처리한다 했으니 어쩌면···

여기서 성과를 내면 시끄럽게 떠드는 자들도 다 잠재울 수 있어. 워싱턴으로 가자!

스스로 대표단장을 맡아서는, 국무총리 대리이자 외무총장인 신규식과 국내의 지인 이상재에게 편지를 보내 분위기 조성을 당부했다.

재정 모금 활동과 제2의 3·1 운동 같은 대규모 시위를 일으켜 세계의 이목을 끌어주시오.

이승만, 서재필, 정한경 등의 대표들은 하딩 대통령과 관계자들에게 참가 허용을 요청하는 청원서를 보내고,

정한경

이승만   서재필

시민들을 상대로 선전 활동에도 적극 나섰다.

한국친우회도 적극적인 후원 활동을 보였다.

그 결과 60여 미국 신문에 한국 관련 기사가 실리긴 했지만,

논조도 상당히 우호적이고.

미국은 한국 대표단을 무시로 일관했다.

이번 회의에서 가장 중요한 과제가 야심이 큰 일본의 군축을 이끌어내는 일인데

한국 문제를 거론해 저들을 자극해서야 안 되지.

그렇게 워싱턴회의 역시 아무 성과 없이 끝나고 말았다.

개조파, 창조파, 임정고수파

워싱턴회의가 성과 없이 끝나자 잠복해 있던 국민대표회의 소집 요구가 다시 빗발친다.

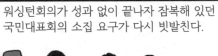

이승만 OUT!

국민대표회의 소집하자!

그리하여 1922년 9월 1일에 열리기로 공고되나 경비 부족으로 미루어지다가

국민대표회의 개최

-------- 장정연기
일시 : 1922.9.1
장소 : --------

1923년 1월에야 열릴 수 있었다. 한형권이 소련에서 추가로 받아온 20만 루블 덕이었다.

오! 한동지!!

회의엔 만주, 노령, 미주, 상하이, 베이징 등지에서 135개 단체의 대표 158명이 참석했다.

이 중에서 125명이 최종 대표로 확정되었죠.

의장에 김동삼,
부의장에 안창호, 윤해를 뽑고
회의는 장장 4개월에 걸쳐
계속되었다.

대표단은 선서문과 선언문을 발표해 나아갈 방향을 밝혔지만

대동일치! 결정에 절대복종!

국민의 완전한 통일!

3월 9일 신이진 등 19명이 개조안을 발표하자

첫째 … 둘째 … 셋째, 본 국민대표회의는 대한민국 임시정부의 조직, 방법, 헌법, 제도, 정책 및 기타 일체를 실제 운동에 적합하도록 개선할 것을 결의한다.

즉각 반발이 일었다.

거 무슨 망발이오? 해소라니? 어떻게 만든 정부인데!

그건 아니죠. 그 동안 임시정부가 보여온 문제점들은 개선이 아닌 해소를 요구하고 있소이다.

옳소!

맞는 말이오, 문제가 있으면 고치면 되지 허문다는 건 당치도 않소.

회의는 개조파와 창조파로 나뉘게 된다.

改造!

創造!

임시정부는 전민족적 항쟁인 3·1 운동의 결과물, 개조하면 돼!

천만에! 임정은 더 이상 전체 민족운동을 지도할 역량도, 명분도 없소. 새로이 전체 민족운동을 이끌고나갈 조직을 건설하는 게 해답이오.

3월 21일, 의장이 개조안을 상정하려 하자

이상의 개조안을 상정하…

뭐 하자는 거요?!

창조파가 본회의에서 퇴장하여 회의 지속이 불가능해졌다.

모든 걸 원점에서 시작해야지.

임정의 개조를 전제로한 회의엔 참여하지 않겠소.

이후 비공개회의를 이어갔지만 이견은 좁혀지지 않았다.

개조파로는 안창호, 여운형 등 임시정부 내의 개조파,

이동휘, 윤자영 등 상하이파 고려공산당,

김동삼, 이진산 등 서로군정서, 한족회 등의 서간도 세력이 있고,

창조파로는 신채호, 박용만, 신숙 등 베이징통일회의와

김만겸 등 이르쿠츠크파 고려공산당 세력, 윤해, 문창범 등 대한국민의회 출신들이 있다.

4월 들어 회의가 재개되었으나 대립은 여전했다.

5월, 서로군정서와 한족회 등 서간도 세력은 자파 대표들에게 철수를 명한다.

Come back!

O.K!

6월, 개조안이 끝내 기각되자 개조파 57명은 성명을 내고 대표회의 탈퇴를 선언했다.

자칫 한 민족에 두 국가가 생기는 우려가 있어…

창조파 39명은 독자 회의를 갖고 독자적인 정부 수립 방침을 채택하여 헌법 초안을 기초하고 새 정부 조직을 세웠다.

국호는 한!

이에 내무총장 김구는 내무령 제1호를 내렸고

소위 창조파의 행위는 반역임을 천명한다. 신국호의 결정은 민국에 대한 모반이다.

개조파를 비롯해 각지에서 경고 성명이 이어졌다.

새 정부의 구성 작업을 지체없이 중단하라!

새 정부 결성은 민족운동을 분열시키는 이적 행위!

분열 행위 규탄한다!

창조파는 블라디보스토크로 옮겨 정부를 출범시키려 했는데,

우리는 조선민족의 총의에 기초해 구성된 정부로 합법성과 정통성을 지니며…

됐고!

소련 정부가 승인해주지 않아서

창조파 만의 기구를 어찌 인정하겠나? 망명정부는 범민족적인 통일전선이 돼야.

글고 일본 땜에 신경 쓰여서 조선 망명정부를 우리 영내에 두기는 곤란해.

베이징으로 돌아와야 했다. 그렇게 창조파의 신정부는 자연 와해되었다.

독촉

창조파에 참여했던 세력의 권위도 추락하고.

국민대표회의가 준비되고 열리는 동안 소수파였던 임시정부고수파는 창조파의 무리수로 회생의 기회를 안게 되었다.

휴~~

임시정부고수파 신규식은 상하이 지역 독립운동의 선구자이자, 이동휘가 임시정부를 떠난 뒤엔 외무총장으로서 총리 직무를 맡았다.

임시정부의 내분이 격화되는 것을 지켜본 그는

· · · · · ·

XXX
XXX

25일간 말도 않고 음식을 거부하다가 마지막 유언을 남기고

나는 가겠소. 여러분들, 임정을 잘 간직하고 3000만 동포를 위해 전력해주오.

세상을 떴다.

을사년, 경술년에도 자결을 시도했었는데 기어이···

이승만의 탄핵과 임시정부의 혼란

임시정부는 살아남았지만 권위와 위상은 크게 쪼그라들었다.

지금이라도 문제를 바로 진단하고 해결해야 하오.

동감이오.

현 상황이 초래된 일차적인 원인은 이승만 대통령께 있질 않습니까?

그렇습니다. 이승만씨를 대통령 자리에 이대로 두고는 문제가 해결될 수 없습니다.

우리 정부의 존립을 좌우하는 문제이지요.

1923년 4월 조덕진 등 의정원 의원들은 대국쇄신안과 이승만 대통령 탄핵안을 제출했다.

탄핵 발의 사유

1. 공무도 없이 정부 소재지를 떠나 정무를 지체시키고 시국을 수습하지도 못함
2. 국무원의 동의나 각료의 연서도 없이 교령을 남발함
3. 행정 부서를 정돈하지 못하고 법률을 준수하지도 못하면서 또한 준수토록 만들지도 못함
4. 구미위원부 설치와 그 직원, 주미 공사 임명을 마음대로 이행함
5. 외국공채 사용권과 구미위원부 재정을 마음대로 독점함

먼저 임시헌법 개정안이 상정되어 토론에 부쳐졌고

핵심은 대통령제를 고쳐 권력을 국무원과 의정원으로 분산시킨 데 있습니다.

이듬해인 1924년 4월엔 이동녕이 국무총리를 맡아 내각을 조직했다.

내무총장 김구
외무총장 조소앙
재무총장 이시영

친 이승만 내각인걸.

그리고 1924년 9월 임시의정원은 다음과 같은
결정을 내렸고

임시대통령이 직소에
귀환하기까지를 유고로
결정하고 국무총리를
임시대통령 대리로
선임한다.

이승만은 보복 조치를 취했다.

상해에 보내던
독립 자금의 송금을
중지한다.

President Syngman Rhee

1924년 12월 임시의정원은
박은식을 국무총리 겸
대통령 대리로 추대했고,

이승만은 이렇게 반발했다.

한성정부약법 제 6조에
'본 약법은 정식국회를 소집해
헌법을 반포하기까지
이를 적용함'으로 돼 있는데
이에 대한 명백한
위반이오.

헐~
아직도 한성정부
대통령으로
생각하고 있네.

이 보세요.
각하를 대통령으로
선임한 것은
한성정부가 아니라
임시의정원이외다.

이승만의 대응은 임시정부 내
그의 입지를 더욱 좁힐 뿐이었다.

임시정부 자체를
부정하는 발언
아닌가?

우리도 더 이상은
옹호해주기 힘들게
됐군.

박은식은 내각을 새로 구성했고

내무총장 이유필
법무총장 오영선
학무총장 조상섭
재무 겸 외무총장 이규홍
교통 겸 군무총장 노백린
노동국총판 김갑

반이승만
내각에
가까워요.

구미위원부 폐지령을 내렸다.

구미위원부의 재정 업무는 대한인국민회와 하와이 교민 단체에 넘길 것!

임시대통령 이승만 탄핵안이 정식으로 임시의정원에 상정되고

상정 이유

1. 인구세를 독단으로 처리해 헌법 제14조에 서약한 사항을 위반한 것
2. 사사로이 통치 영역을 두 군데로 나눠 미주 지역 정무를 임시정부에서 분리시킨 것
3. 한성에서 선포된 약법을 내세우며 자신을 선출한 헌법과 임시의정원을 노골적으로 부인한 점

1925년 3월 탄핵심판위원회는 이승만의 면직을 결정했다.

주문
임시대통령 이승만을 면직함

사실 및 이유
이승만은 외교에 언탁(言託)하고 직무지를 떠나 5년간 원양일우에 편재하면서
난국 수습과 대업 진행에 하등 성의를 다하지 않았을 뿐 아니라
허무한 사실을 제조 간포하여 정부의 위신을 손상하고 민심을 분산시켰음은 물론
정부의 행정을 저해하고 국고 수입을 빙의하여 의정원의 신성을 모독하고 공결(公決)을 부인하며
심지어는 정부의 행정과 재정을 방해하고 임시헌법에 의하여 의정원의 선거에 의해 취임한
임시대통령으로서 자기 지위에 불리한 의결이라 하여 의정원 결의를 부인하고
한성 조직 계통이라 운운함과 같음은 대한민국의 임시헌법을 근본적으로 부인하는 행위다.
여사 국정을 부인하고 국헌을 부인하는 자를 하루라도 국가원수의 직에 두는 것은
대업 진행을 가할 수 없으며 국법의 신성을 보유하기 어려울 뿐 아니라
순국 제현도 명목(瞑目)할 수 없는 바이며 또한 살아 있는 충용의 소망이 아니다.
고로 주문과 같이 심판함.

1925년 3월 11일
임시대통령 이승만 심판위원장 나창헌
동 위원 곽헌, 채원개, 김현구, 최석순

흥!

나는 한성정부의 대통령이오. 이번 임시대통령의 면직 처분은 상하이 일부 인사들이 파괴를 시도한 위법적이고 망령된 태도요.

이승만은 구미위원부도 폐지하지 않고 동포로부터 거둔 애국금, 성금도 계속 관할했다.

때문에 미주 지역 한인 사회는 반목을 거듭했죠.

탄핵이란 비정상적 방식으로 초대 임시대통령이 교체된 것은

탄핵

애초 헌법에 원인이 있었다.

임시대통령에게 막강한 권한을 부여하면서 임기 규정을 두지 않았다는.

따라서 문제가 생겨도 스스로 하야하거나 탄핵의 방식으로 쫓아내는 것 외엔 길이 없었지.

임시의정원에 의해 정식 대통령으로 선출된 박은식은

곧바로 헌법 개정안을 의정원에 제출했다.

골자는 대통령제를 내각제인 국무령제로!

국무령의 임기는 3년!

헌법개정안

새 헌법이 통과되자

땅 땅 땅

박은식은 서로군정서 총재였던 이상룡을 국무령으로
추천하고 임시의정원에서 선출되자

곧 사임했다. 이미 병색이 완연했던 터.

독립협회, 〈황성신문〉 주필, 계몽운동을 거쳐
상하이 망명, 동제사, 신한청년당, 독립신문사 사장 등
독립운동의 한복판을 헤쳐왔고,

《한국통사》, 《한국독립운동지혈사》 등을
저술해 식민 사학에 대항했던 그는

대통령에서 물러나고 3개월 뒤 세상을 떴다.

서간도에서 들어와 국무령에 오른
이상룡은 독립군 지도자들을 중심으로
내각을 구성했다.

이탁, 김동삼,
오동진, 이유필,
윤세용···

그러나 국무원들 대부분이 상하이로 부임하지 않는 데다

상하이 독립운동 진영의 여전한 갈등 상황에

이상룡은 베이징으로 거처를 옮겨버려서 면직되었다.

이어 양기탁, 안창호가 국무령으로 추천되나 모두 고사한다.

미안하지만 나는 부덕하여 …

이것이 1925년 대한민국 임시정부의 냉엄한 현실!

규모도 위신도 크게 쪼그라든 …

임시정부는 1926년 7월 홍진이 취임하면서 정돈이 된다.

홍진은 취임하면서 당시 독립운동가들의 여망을 담아 3대 강령을 내걸었고, 이에 따라 이후 유일당운동이 전개된다.

1. 비타협적 자주독립의 신운동을 촉진할 일
2. 전 민족을 망라한 공고한 당체(黨體)를 조직할 일
3. 전 세계 피압박민족과 연맹하여 협동전선을 조직하는 동시에 또한 연락할 만한 우방과 제휴할 일

독립군가

<1절>

신대한국 독립군의 백만 용사야
조국의 부르심을 네가 아느냐
삼천리 삼천만의 우리 동포들
건질 이 너와 나로다

<2절>

원수들이 강하다고 겁을 낼 건가
우리들이 약하다고 낙심할 건가
정의의 날센 칼이 비끼는 곳에
이길 이 너와 나로다

<3절>

너 살거든 독립군의 용사가 되고
나 죽으면 독립군의 혼령이 됨이
동지야 너와 나의 소원 아니냐
빛낼 이 너와 나로다

<4절>

압록강과 두만강을 뛰어 건너라
악독한 원수 무리 쓸어 몰아라
잃었던 조국 강산 회복하는 날
만세를 불러보세

<후렴>

나가 나가 싸우러 나가, 나가 나가 싸우러 나가
독립문의 자유종이 울릴 때까지 싸우러 나아가세

1910년대부터 널리 불린
대표적 독립가로 작자는 미상이다.
미국 남북전쟁 때의 군가 겸 찬송가의
선율을 차용하여 만들어졌다.
현재까지도 많이 불리는 독립군가다.

암태도 소작쟁의

전라남도 신안군 암태도 소작인들은 암태소작인회를
조직해 1923년 8월부터 약 1년간 지주 문재철과
이를 비호하는 일제에 대항해 소작쟁의를 벌였다.
쟁의는 소작인 측의 승리로 일단락됐다.

암태도

진주

조선형평사 포스터

1923년 진주에서
양반인 강상호, 신현수,
백정인 장지필, 이학찬 등을
필두로 80여 명이 모여
형평사를 설립하고 백정에 대한
차별 철폐운동에 나섰다.

제6장

신사조와
대중의 진출

코민테른 결정서에도 불구하고 상하이파와 이르쿠츠크파는 결합을 이뤄내지 못한다.
한편 국내에서는 청년 사회주의자들을 중심으로
화요파, 서울파, 북풍파 등의 그룹이 만들어지며 사회주의 운동이 전성기를 맞는다.
부산 부두 노동자 파업, 암태도 소작쟁의 등의 대중투쟁이 전개되고
청년·여성·형평운동 등 각계의 대중운동이 성장한다.

박열과 가네코 후미코
박열은 일본으로 건너가
아나키즘 단체인
흑도회, 흑우회 등에서
활동했고, 1923년
불령사를 조직해 본격적인
의열투쟁을 추진했다.
이후 일본 천황 폭살을 위한
폭탄 반입 계획이 드러나
대역사범으로 구속됐다.
아내 가네코 후미코 역시
박열과 함께 항일 활동을
전개했다.

도쿄

| 1923 | 의열단 '조선혁명선언' 발표 | 1924 | 조선노농총동맹 창립 | 1925 | 이승만 탄핵 |
| | 관동대지진 | | 제1차 국공합작 | | 쑨원 사망 |

해외파 사회주의 운동

1921년 중반 현재,
코민테른 극동비서부의 후원을 받는
이르쿠츠크파의 우세가
분명해 보였다.

1921년 6월
자유시의 소식을 접한
상하이의 이동휘는
분개했고,

도저히
묵과할 수
없어.

박진순, 이극로와 함께
모스크바로 떠났다.

이르쿠츠크에서
잘못한 일이면

모스크바에서
바로잡아야지.

먼 길을 돌아 9월에야 모스크바에 도착한 이동휘는
코민테른에 저간의 상황에 대한 보고서를 제출하는
한편,

1919.3부터 지금까지
한국혁명운동의 전과정에
우리가 한 행동

고려공산당 대표단

레닌과의 면담을 신청했다.

만나시겠답니다.

아!
...

레닌은 이동휘의 주장에 상당한 공감을 보였고,

코민테른 내에 한국 문제를 논의하기 위한
한국위원회가 구성되기에 이른다.

한국위원회는 다음과 같이 한국 문제에 대한 결정서를 발표했다.

코민테른 극동비서부는 이크파를 편파적으로 지지해 갈등을 격화시켰음이 명백하다.

자유시의 충돌 문제는, 유혈충돌의 불가피성을 알면서도 사태를 끝까지 끌고간 대한의용군 지휘부 그레고리예프와 박일리야가 책임을 져야 한다.

단, 고려군정의회 측도 러시아공산당 극동총국 책임비서 박애를 체포하고, 대한의용군의 불신임을 받은 대한국민의회 간부를 중용하고, 무장해제를 명한 잘못이 있다.

결정서는 또한 양당 어느 쪽도 정식 당으로 인정하지 않았다.

따라서 어느 쪽도 코민테른의 지부로 받아들일 수 없다.

한국내의 단체들까지 망라한 당대회를 소집할 것. 그때까지 양측 동수의 대표자로 구성된 임시중앙위원회를 구성할 것.

이르쿠츠크파 쪽과 극동비서부 책임자 슈미아츠키가 강력히 반발했지만 받아들여지지 않았다.

무슨 이런 말도 안 되는…

비긴 듯 보였지만 이렇게 이동휘 일행은 외교를 통해 그간의 수세 상황을 일거에 만회했다.

이르쿠츠크의 잘못이 과연 모스크바에서 시정되는군요.

하하

이즈음 사실 이크파는 극동민족대회 (극동인민대표대회) 대표자 파견 준비로 여념이 없었다.

극동민족대회는 코민테른에서 워싱턴회의에 대항해 마련한 회의.

극동민족대회

대회 주관은 극동비서부. 아뿔싸 개최지는 이르쿠츠크.

그러니 우리가 바쁠 수밖에.

본래 이르쿠츠크에서 열기로 했다가 연기되면서 장소도 모스크바로 바뀌었다.

1921.11에 열리기로 했었는데 이때까지 각국 대표들이 도착하질 못해서···

개최지 변경 소식에 참가자들은 환영했고,

와우!

한국 측 참가자의 일원인 여운형도 이렇게 감격을 표현했다.

모스크바! 레닌이 사는 곳! 신흥 러시아의 혁명 지도자를 눈 앞에서 볼 수 있는 곳!

대회는 1922년 1월 21일, 144명의 동아시아 대표자들이 참가한 가운데 시작되었다.

이 중에서 한국 대표단은 23개 단체 대표 52명이었다. 가장 큰 규모였다(대회 중 4명이 추가되어 총참석자는 56명이었다).

공산당 대표자들 말고도 조선노동 대표 6명을 비롯해 국내 대표 13명, 상해 지역 민족운동 세력 대표로 독립신문사에서 2명 등 8명,

광복군총영 대표 2명, 서간도 대표 7명 등 다양합니다. 물론 이르쿠츠크파 관련자가 절대 다수였지만,

최고령 참가자는 나 홍범도구만.

16명의 의장단이 선출되었는데, 한국 몫으론 김규식과 여운형이, 그리고 각국 청년 단체 대표로 김단야가, 각국 여성 단체 대표로 김원경이 뽑혔다.

파리강화회의에서 입장조차 거부당했던 김규식은

한국을 대표해 연설했다.

과거엔 워싱턴이 민주주의와 반영의 중심지이고 모스크바는 차르 전제와 제국주의적 팽창의 표상이었습니다. 지금은 역전되어 모스크바는 세계 프롤레타리아 혁명운동의 중심지로서 극동 피압박 민족의 대표자를 환영하고 있는 반면, 워싱턴은 세계 자본주의적 착취와 제국주의적 팽창의 중심으로 존재합니다…

한국대표단이 모스크바에 온 이유는 하나의 불씨, 즉, 세계제국주의, 자본주의 체제를 재로 만들어버릴 불씨를 얻고자 해서입니다.

코민테른 의장 지노비예프는 연설 중 한국에 대해 상당한 관심을 표명하기도 했다.

워싱턴회의는 미영프일의 흡혈귀 동맹, 한국은 마치 지구상에 존재하지 않는 것처럼 한국이란 단어는 워싱턴에서 한마디도 언급되지 않았다.

대회는 아시아 지역에서의 통일전선을 강조했고,

이에 따라 한국 대표단도 토론을 거쳐 다음과 같이 의결했다.

- 조선에서는 아직 계급운동이 시기상조임
- 계급운동자는 독립운동을 후원, 지지해야 함
- 상해임시정부는 명칭만 과대하고 실력이 따르지 않으므로 개혁이 필요함

민족주의자와의 비타협을 내걸었던 이르쿠츠크파 쪽도

사회주의 혁명이 우리의 목표! 민족주의자들은 부르주아의 대변자로 타도의 대상. 상해임정도 마찬가지.

이후 노선을 변경하고는

당면 과업은 민족해방혁명! 이를 위해 민족주의자들과 통일전선을!

우리가 늘 해오던 주장인 거 알랑가 몰라.

이력국

상하이의 국민대표회의에 참가한다.

다만 이르쿠츠크파는 창조파의 입장을 고수한 반면,

이르쿠츠크파이지만 임정의 수립부터 함께 해왔던 여운형은 개조파의 입장에 섰다.

코민테른의 결정서에도 불구하고 상하이파와 이르쿠츠크파는 화학적 결합을 이뤄내지 못한 채

자! 악수하고~

이후로도 계속 부딪혔다.

어쪽! 기어코 해보겠다?

꾸우욱…

흥! 아직도 맛을 덜 봤구만.

하지만 양측의 영향력은 급격히 추락했으니.

?!

국내 사회주의 운동의 급성장이라는 새로운 환경 때문이다.

국내 사회주의 운동의 성장

3·1혁명의 경험은 각계각층의 대중들에게 민족적, 근대적 각성을 안겨주었다.

문화통치로 열린 공간을 통해 크고 작은 청년 단체를 위시한 대중 단체들이 생겨났고,

1920년엔 조선노동공제회,

조선노동공제회

노동사회 지식 계발, 저축 장려, 품성 향상, 환난 구조, 직업 소개, 일반 노동상황 조사를 강령으로.

계몽주의, 노사협조주의를 내세운.

조선청년연합회가 잇달아 조직되었다.

조선청년연합회

116개 청년단체의 연합체로.

사회혁신, 지식을 널리 구할 것. 건전사상으로 단결, ··· 산업진흥, 세계문화 공헌 등을 강령으로.

그 중심엔 청년 사회주의자들이 있었다.

사회주의가 소개되기 시작한 것은 오래되었지만

유럽의 사회당은···
귀천과 빈부를 평등하게 하는 것을 주의(注意)로 삼기 때문에···
– 〈한성순보〉 1884년 1월 18일 자

새로운 사조로 자리 잡은 것은 3·1혁명 이후다.

사회주의

사회주의

사회주의가 갑자기 대세가 됐네.

러시아혁명의 성공과
사회주의 정부의 안착,

펄럭
펄럭

사회주의 러시아 정부와 코민테른의 식민지 민족해방투쟁에
대한 연대와 지지 입장을 지켜보며

우리에 대한
지지 입장을 밝힌
대국은 사회주의
정부인 러시아밖에
없잖아.

반면 민족자결주의를
내세웠던 미국을 봐.
워싱턴회의에서 보듯
제국주의 국가일 뿐.

독립을 열망하던 청년들은
사회주의에서 길을 찾았다.

제국주의와
맞서 싸우려면
사회주의로
무장해야!

그리고 그들은 3·1혁명을 통해 대중의 혁명적 힘을 경험했다.

독립을 가져올
동력은 바로
대중들에게
있구나!

와

와

결론! 대중을
사회주의로
무장시켜서,
일제를 타도해
독립을 이룩하고
계급해방도
이뤄내자!

초기 국내 사회주의 운동
진영에서 두각을 나타낸
그룹은 상하이파다.

김명식

장덕수

1920년 6월 김철수, 김명식,
윤자영, 최팔용, 장덕수 등은
서울에서 사회혁명당을 조직했고,

이듬해 상하이에서 열린 상하이파
고려공산당 창립대회에 대표를
파견했다.

고려공산당 창립대회

이후 이들은 상하이파 공산당 국내부로서 조선노동공제회, 조선청년연합회에서도 지도적 역할을 수행했다.

이들은 상하이파 공산당의 입장에 따라 민족주의 진영에 대해 제휴 노선을 견지했고 〈동아일보〉의 문화운동론에 동조했다.

〈동아일보〉와의 결합은 그들의 영향력을 더욱 키워주었다.

그러나 상하이파의 전성기는 6개월에 불과했다.

1922년 1월 김윤식이 죽자 민족주의 진영은 그의 장례를 사회장으로 치르려 했고 상하이파도 동의했다.

이에 신흥 사회주의자들이 격렬히 반대에 나섰고,

이후 그들은 서울청년회와 조선노동공제회에서 상하이파 집행위원을 제명시켜버린다(1922년 6월).

사기공산당 OUT!

그렇게 상하이파는 몰락했다. 이후 상하이파는 기존 노선을 고수하는 우파와 문화운동론을 폐기한 좌파로 나뉜다.

좌파는 신생활사 창립에 참여해 〈신생활〉을 창간하고 사회주의 선전활동을 전개합니다.

국내의 상하이파를 무너뜨린 건 오랜 숙적 이르쿠츠크파가 아니다.

이르쿠츠크파는 자유시사건으로 신뢰를 잃고 영향력이 미미했습니다.

뒷날 화요파, 서울파, 북풍파를 이루게 되는 신흥 사회주의 세력이었다.

1920년 3월 서울에서 김한, 신백우, 정재달 등 15명이 모여 사회주의 비밀 그룹 조선공산당을 조직하고,

조선공산당

합법 활동을 위해 무산자동지회를 따로 조직했다.

무산자동지회

무산 자동 지회

이들은 사회주의 운동 진영 내에서 중립당이라 불렸다 (화요파의 출발).

김한

윤덕병

신백우 등

(앞에서 보았듯이) 의열단 김상옥의 투쟁과 관련해 → 뒷날 투옥됨

1920년 3월 도쿄에선 상하이파 사회혁명당과는 또 다른 사회혁명당이 조직되었고,

사회혁명당

1922년 2월 서울에서 대표자회의를 가지며 국내 활동에 뛰어들었다. 합법 활동 기구론 신인동맹회를 조직했다(서울파의 모태).

신인동맹회

신인동맹회

주도 인물은 김사국, 김사민 형제.

나라를 생각하라 사국(思國) 인민을 생각하라 사민(思民)

아버지가 지어주신 이름이죠.

1922년 3월 중립당과 김사국 그룹은 통합조선공산당을 조직하고,

(통합) 조선공산당

무산자동지회와 신인동맹회도 무산자동맹회로 통합되었다.

무산자동맹회

양 세력의 통합으로 대중운동에 막강한 영향력을 갖게 됩니다. 상해파를 무너뜨린 것도 바로 이들이죠.

김원봉과 함께 중국으로 망명했다가 귀국한 김약수는

정태신 등과 조선노동공제회에서 마르크스주의 소조를 꾸려 활동하다가

일본으로 건너가 박열 등과 흑도회를 조직했다.

흑도회

김사국

하지만 흑도회는 무정부주의와 사회주의의 노선 차이가 분명해지면서 해체된다.

사회주의 　　　　무정부주의

김약수 등은 따로 북성회를 조직하고(1922년 12월) 1923년 봄부터 국내로 들어와 순회강연을 여는 등 활동을 이어간다(북풍파의 시작).

북성회

이들 각 세력은 강연회, 기관지 등을 통해 사회주의를 적극 퍼뜨려나갔고,

조선민족의 나아갈 길

대중운동 속에서 세력을 경쟁적으로 확대해갔다.

소작료를 인하하
무사자며 단결하라!

이즈음엔 〈동아일보〉나 〈조선일보〉도 사회주의나 러시아혁명 관련 기사를 적극 쏟아냈다.

한편 코민테른의 통합 결정에 따라 1922년 10월 베르흐네우딘스크에서 고려공산당 연합대회가 열렸다.

고려공산당 연합대회

이번엔 상하이파 위주로 대회가 진행됐고

고려공산당 대회이므로 러시아공산당 당원은 의결권을 가질 수 없소.

뭐라곳? 우리 이르쿠츠크 쪽 당원 상당수가 러시아공산당 당원인 걸 알고 이러는 거잖아?!

이르쿠츠크파는 대회 거부를 선언하고 나와 따로 대회를 치렀다.

고려공산당 연합대회
고려공산당 대회

다시 코민테른 집행위원회가 개입했다.

양당은 모두 해산할 것!

고려공산당 건설 문제는 집행위원회가 직접 개입한다.

블라디보스토크에 고려총국 (꼬르뷰로)을 설치해 고려공산당 창립과 통일전선체 건설을 주관할 것이다.

고려총국 위원은 보이친스키, 이동휘, 한명세.

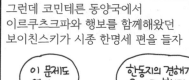

그런데 코민테른 동양국에서 이르쿠츠크파와 행보를 함께해왔던 보이친스키가 시종 한명세 편을 들자

이 문제도 역시…

한동지의 견해가 옳다고 봅니다.

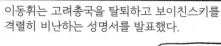

이동휘는 고려총국을 탈퇴하고 보이친스키를 격렬히 비난하는 성명서를 발표했다.

꼬르뷰로는 당파적 의정권 쟁탈전에 열중하고 있는 정치적 야욕자와 간통하고 있다. 꼬르뷰로는 고려 혁명운동 중앙 기관의 자격을 상실했다.

고려총국이 무의미해진 상황. 코민테른 집행위원회는 재차 한국위원회에 새로운 결정을 내린다.

코민테른은 고려공산당 창당을 위해 전권위원을 파견한다. 전권위원이 도착하는 즉시 꼬르뷰로는 해체한다.

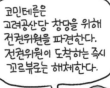

그렇게 고려총국은 해체되지만,

전권위원 이델손이오.

꼬르뷰로는 오늘로 해체합니다.

베르흐네우딘스크 당대회에서 고려총국 해체에 이르기까지 외부적 흐름은 국내 사회주의 세력 판도에 큰 영향을 끼쳤다.

러시아에서 불어오는 바람이 세긴 하네.

아무래도 코민테른이 주도하는 일이니까.

휘 잉

먼저 베르흐네우딘스크 당대회 참가 문제로
통합조선공산당이 분열했다.

상해파도
이르쿠츠크파도
진정한 공산당으로
볼 수 없소.
괜시리 참가해봐야
들러리만 설 뿐이오.

무슨 소리요?
분열을 해소하고
하나된 당을
세우고자 함인데
참가해야 옳소.
더욱이 코민테른의
권장 사항 아니오?

불참파는 김사국 중심의
옛 사회혁명당 그룹,

참여파는 옛 중립당 세력이다.

불참파는 서울청년회를 중심으로 활동했기에
이때부터 서울파라는 이름을 얻었다.

서울청년회는
거의 우리
마당이었단
말씀.

그만큼
청년 운동에 대한
우리의 영향력이
컸단 얘기지.

서울청년회

서울파는 1923년 1월 고려공산동맹을 결성하고

고려공산동맹

19개 세포의
대표자들이
모여 결성.

1923년 3월
전조선청년당대회를 개최했으며,

이에 기반해 이듬해엔
조선청년동맹의 결성을 주도한다.

조선청년동맹

한편 고려총국은 김재봉을 전권위원으로 파견해 각 공산주의 그룹의 통합을 꾀했다.

아! 김형. 그 동안 어디 갔었소? 통 안 보이던데.

사실은 코민테른 쪽의 임무를 받고 왔소. 뭐냐면 …

여기엔 중립당과 김약수의 복성회 그룹, 씨씨당, 국내 이르쿠츠크파, 상하이파 우파 등이 참여하면서 고려총국 국내부가 조직되었다.

고려총국 국내부

책임비서 김재봉
중앙간부 김약수, 신백우, 이봉수, 원우관

서울파랑 상해파 좌파는 빠졌군.

그러나 고려총국이 해체되면서 김약수 그룹은 까엔당을 조직하고

까엔당

책임비서 김약수

합법단체론 건설사를 설립했다.

건설사 → 북풍회

북풍이 한번 불면 빈대들을 쓸어버리듯 맑스주의 사상으로 …

이로부터 북풍파라는 이름이.

혹은 북풍회파.

중립당은 씨씨당과 결합했고 합법단체인 신사상연구회를 화요회로 바꾸었다.

신사상연구회 → 화요회

火曜會

맑스의 생일이 화요일이어서.

어쨌든 드디어 화요파로 불리게 된다는 거.

화요회에는 상하이에서 돌아온 박헌영, 김단야를 비롯해 조봉암, 김찬 등이 합류한다.

조선청년동맹을 주도하면서
대중운동에서 주도성을 보인
서울파는

북풍파, 상하이파, 중립당과 두루 교섭해 통합공산당소집준비회를
구성했다(1924년 3월).

모처럼 사회주의 그룹 간에
형성된 통합 분위기는

대중운동에도 긍정적 영향을 끼쳐 조선노농총동맹의 탄생을
가져왔다.

직전까지만 해도
서울파, 화요파,
북풍파 모두 각기 다른
전국적 노동단체를
준비하던 중이었는데

통합공산당쇼집준비회가
구성된 덕에
단일 조직으로 출범할수
있었지요.

조선노농총동맹
창립총회
↘

이때 블라디보스토크에서도
고려총국이 해체되고 고려공산당창립준비위원회
(오르그뷰로)가 설립됐다.

같은 시기, 같은 목적을 내세우고 사실상
같은 이름으로 출범했기에 국내부는
통칭 13인회라 불렸다.

13인회

서울파

고려총국국내부

북풍파

화요파

상해우파

신생활사

각파 대표
13인의
모임이므로.

이 중에서
중앙위원은
6명.

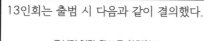

13인회는 출범 시 다음과 같이 결의했다.

공식적 연락 관계를 확립할 때까지
본 조직국에 의해 창립될 우리 공산당은
코민테른과 또한 별개의 망명 공산주의자들과 함께
모든 그룹들의 분리주의적 연행과
망명 공산주의자들 및 코민테른과의 상호 관계를
무조건적으로 금지한다.

외지 세력 배척론을 일관되게
견지해온 서울파의 입장이
반영된 결의다.

먼저 국내
사회주의자
중심의 당을!

오르그뷰로는 이백초, 정재달,
이성을 차례로 전권위원으로
파견한다.

정재달

13인회와의 논의를 희망했지만 13인회는 만남 자체를 거부했다.

전달했습니다만
만나기 어렵겠다는
입장을 보이셨습니다.
조직의 원칙이니
이해바랍니다.

할 수 없이 전권위원 정재달은
개별 그룹과의 접촉에 나섰고,

취지는 이해하오만
너무 경직된 원칙
아닙니까?
해외 양 세력과
국내 세력이 통합해
당을 건설하자는 것이
코민테른의 뜻입니다.

13인회에서 상대적으로
소외되었던
화요파를 필두로,

사실
그렇긴 하죠.

북풍파, 상하이파 우파,
서울파 일부까지 접촉에 응했다.

결국 해외 세력 배제 방침을 고수한 쪽은 서울파 본류와 신생활사로 대표되는 상하이파 좌파 일부뿐이었다.

양측의 기본 입장은 대략 이와 같다.

서울파

국내 당대회를 열어 통일공산당을 창당한 뒤 코민테른에 가입한다. 물론 창립대회도 당연히 국내에서. 해외파가 국내와 동등한 지분을 갖는 건 있을 수 없어.

국내를 대표하는 13인회와 해외파 및 코민테른을 대표하는 오르그뷰로가 함께 통일공산당을 창건한다.

문제가 없었던 건 아니지만 해외파 공산주의자들을 배제하는 것 또한 분파주의!

화요파 등

서울파가 원칙 위반을 문제 삼으면서 모처럼의 단합체였던 13인회는 결국 해체의 길을 간다.

해외파 및 코민테른과의 접촉 금지는 합의된 원칙 아니오?

애당초 부적절한 원칙이었소.

그렇소!

이후 당건설 과제는 서울파를 배제한 채 화요파 중심 그룹에 의해 진행된다.

국내운동 자주파로서 청년운동, 노동운동 등에 가장 큰 지분을 갖고 있는 서울파는 서울파대로

조선청년동맹 조선노동 서울청년회 서울청년회

당건설 사업에 뛰어든다.

그런데 지도자인 김사국의 건강이 급격히 악화됨

쿨럭 쿨럭

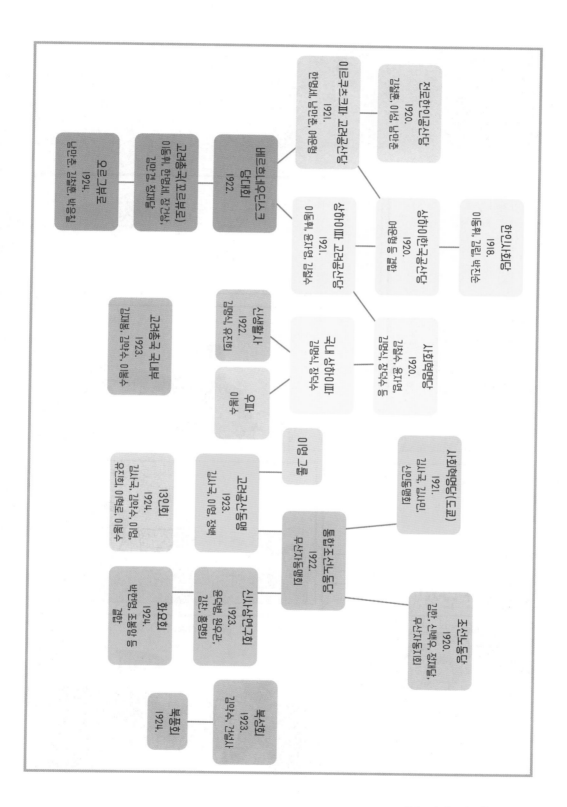

노농대중의 진출

여전히 산업화의 정도는 낮았지만 강점 초에 비해선 공장도, 노동자도 많이 늘었다.

조선노동공제회에서 조선노농총동맹으로 이어지는 전국적 노동단체,

조선노농총동맹
1924~1927

조선노동공제회
1920~1924

사회주의자들의 강연 등 선전 활동으로 인해 노동자들의 의식이 크게 성장했다.

의식의 성장은 노동자들을 투쟁으로 이끌었다. 주로 임금 인상이나 노동조건 개선 등 경제투쟁의 양상을 보였지만,

같은 일을 해도 일본인 월급의 절반 밖에 안 되고

못살겠다

노동지간 단축!

그나마도 툭하면 밀리기가 일쑤.

이렇게는 못 살지.

어쩔 수 없이 반일 민족해방투쟁의 성격을 띠게 된다. 상대인 자본가가 주로 일본인이고,

민족차별조단!

임금인상!!

탄압의 주체가 총독부 경찰이기 때문이다.

대표적인 노동자투쟁으로는 1921년 9월에 있었던 부산 부두 노동자 파업을 들 수 있다.

1920~1921년 경제공황으로 손해를 본 운송업자는 임금을 크게 낮춰 손해를 보전하려 했다.

젠장~ 지난 달에 30%나 깎아놓곤 또 20%를 깎는다고?

아주 죽으라는 얘기 아녀? 이대로 가만 있어야 돼?

이에 석탄운반부 노동자 1,000여 명이 40% 임금 인상을 내걸고 파업에 들어갔다.

다른 화물부의 노동자들도 같은 요구를 내걸고 파업을 예고했다.

들어주지 않으면 우리도 어쩔 수 없소이다.

그러나 고용주들은 끝내 불응했고,

맘대로들 해봐. 손실이 큰데 어쩌라고?

회사가 살아야 노동자도 사는 거지.

부산 노동자 5,000여 명이 일제히 파업에 돌입했다.

경찰이 파업 주도 노동자 20여 명을 체포했지만,

파업은 이어졌다.

돌겠네. 파업으로 인한 손실이 너무 커.

결국 고용주들은 노동자 대표와의 협상에 나왔고, 양측은 10~15%의 임금 인상에 합의했다.

우리의 요구사항에 비해선 많이 부족해.

이깟 놈이랑 마주앉아 논의하고 악수하고 … 아! 존심 상해.

흡족한 결과는 아니었어도 승리는 승리.

짝 짝 짝

하지만 더 이상의 하락을 막고 조금이라도 올렸으니 …

맞다. 이 정도도 어딘데?

소식을 들은 인근의 노동자들은 고무되었고,

우리 같은 노동자들도 힘 합쳐 싸우니까 되네!

그러게!

일대에 파업 도미노를 만들어냈다.

툭 툭

와 와 와

1923년 여름에는 서울 고무공장 노동자들의 연대 파업이 있었다. 여성노동자들은 파업에 더해 아사동맹을 맺고 철야 단식 농성까지 결행했다.

4개 공장 연대 파업에서 시작해 서울 지역 전체 고무공장 노동자들의 연대 파업으로 이어졌죠.

餓死同盟 …

파업 참가자에 대한 해고, 불고용 협박에 철야 단식농성으로.

노동단체는 물론 각계 사회단체, 일본의 노동단체들까지 지지와 연대를 표했으며 신문들도 성원에 동참했다.

정오에 불볕에 흘린 땀을 거두기도 무섭게
불의의 소나기도 맞았고
베치마적삼에 스며든 빗물이 마르기도 전에
음습한 저녁 이슬까지 맞아가며
일백오십여 명 직공들은
아카시아 그늘에서 밤을 새웠다…
- 〈동아일보〉 기사 중

직후에는 평양의 양말공장 노동자 1,000여 명의 한 달에 걸친 파업투쟁이 있었고,

1925년 2월에는 경성전기 전차장들의 파업이 있었다.

그 밖에도 크고 작은 파업투쟁이 이어졌지만 대개의 일본 자본가들은 요지부동이었고,

맘대로들 해 짤리고 싶지 않으면.

총독부 경찰은 언제나 자본가 편이었다.

화팅!

그런 만큼 성과는 작았어도 투쟁을 통해 노동자들의 민족의식, 계급의식은 크게 성장했다.

노동자가 사람답게 사는 세상을 만들어야!

그러자면 원수 왜놈들을 이 땅에서 몰아내야!

농촌에서는 소작쟁의가 잇달았다.

소작료를 인하하

식민지 지주제의 확립으로 지주들은 점점 더 토지를 넓혀갔고, 소작인들은 갈수록 높아가는 소작료와 불안한 소작권으로 고통받았다.

안팎의 여러가지 상황 변화로 인해 올해부터는 부득불 소작료를 올리기로 했네.

수용할 수 없는 작인들은 소작을 그만 두면 될 걸세. 인상된 소작료로도 소작하겠다는 사람들은 많으니.

생존권의 위기에 몰린
소작인들은 시위, 농성,

타작 거부, 소작료 납부 거부
등으로 저항했다.

이 시기 대표적인 소작쟁의로는
1923년의 암태도 소작쟁의가
있다.

암태도에만 140정보,
인근 자운도와 전북 고창에까지 모두
700여 정보의 농지를 소유한
대지주 문재철.

그는 일제의
식민지정책에 편승해
대지주로 성장한 인물.

일본으로 쌀을 수출해
돈을 벌고 번 돈으로
논을 사고 더 많은 쌀을
생산해 더 많이 수출하고
더 많은 논을 …

1920년대 들어 일본의 저곡가
정책으로 수익이 줄자

고통이 3군.
모름지기 고통이란
나누는 게 사람 사는
정이지.

소작료를
올리자.

소작료를 대폭 인상했다.

6~7할로
올리라고?
5할도 심한데
이건 순
날강도 아녀?

우리 보고
다 죽으란
얘기 아녀?

이에 소작농들은 박복영, 서태석의 주도로
암태도 소작회를 만들고 소작료 인하를
요구했다.

소작료를 4할로.
받아들이지 않을 경우
타작을 거부할
것입니다.

우리도
삽시다.

문재철은
전면 거부하고

니들이 미쳤구나.
그렇게는 못하겠다.

목포 경찰이 몰려와 무력시위를 했다.

저벅 저벅 저벅

소작인들은 굴하지 않고 벼를 논에 세워둔 채
그해 겨울을 보냈다.

이것들이
진짜…

봄이 되어서야 타작하고는
4할만 소작료로 냈다.

그리고 문재철 아비의 송덕비를 파괴하기로 하고
이를 저지하려는 지주 쪽 사람들과 난투극을 벌였다.

지켜보던 경찰은 이를 빌미로
소작인 수십 명을 체포하고
13명을 구속했다.

그러자 소작인들은 아사동맹을 맺고
목포서와 광주재판소로 600여 명이
몰려가 농성을 벌였다.

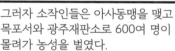

전국 사회단체의
지원과 모금이
잇따랐고,

암태도 농민들의
의로운 투쟁을
도웁시다 ~

〈동아일보〉를 비롯한 신문들도 소작인 편이었다.

'대지를 요로 삼고
창공을 이불삼아
입은 옷에 흙이 묻든지 말든지
쫄아드는 창자야 끊어지든지
말든지 오직 집을 떠날 때
작정한 마음으로 …'

아! 이렇게
싸우고 있구나.

소작인들
화이팅!

이쯤 되자 총독부 측도 물러설 수밖에 없었다.

구속자들은 모두
석방할 것이오.

목포경찰서가 서장실에서
문재철과 소작인 측 대표 박복영을 중재했다.
명백한 소작인 측의 승리였다.

- 소작료는 4할로 한다.
- 지주는 소작인회에
  2,000원을 기부한다.
- 구속 중인 인사들에 대해
  쌍방은 고소를 취하한다.
- 파괴된 송덕비는
  소작인회에서 복구한다.

이에 자극받은 인근의 임자도나
자은도 등지의 소작인들도 쟁의를
일으켜 상당한 성과를 거두었다.

우리도
암태도처럼!

4할
소작료!

소작료 인하

1920년에 일어난 소작쟁의는
15건에 불과했으나
1925년 204건으로 크게 늘어났다.

쟁의건수

204

1116 164

15 27 24

1920 '21 '22 '23 '24 '25 연도

초기엔 조선노동공제회 소작부의 도움을 받았으나

곳곳에
소작인회나
소작조합은
생겨났지만

전국 단위의
농민 조직이
따로 없어서.

1924년에는 조선노농총동맹으로, 1927년에는 다시
조선노동총동맹과 조선농민총동맹으로 분리될 정도로
농민들의 독자적 역량도 성장했다.

조선노농총동맹

조선노동총동맹

조선농민총동맹

이제 당당한
농민 조직을 갖게
되었다오.

청년운동, 여성운동, 형평운동

대중운동에서 가장 활발했던 부문은 청년운동이다.

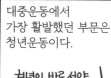

청년이 바로 서야 민족이 살아난다!

1920년에 116개 단체가 모여 조선청년연합회를 결성했고,

조선청년연합회

1924년에는 사회주의자들의 주도 아래 조선청년동맹으로 발전한다.

조선청년동맹

이 시기 청년운동의 진행은 사회주의 운동의 진행과 궤를 같이한다. 상하이파, 서울파, 화요파, 북풍파 등이 전체 흐름을 좌우했고,

상해파
Feat. 동아일보

서울파
(서울청년회)

화요파
(신사상연구회)

북풍파
(북성회)

그들의 이합집산이 고스란히 청년 대중운동에도 반영되었다.

초기엔 상해파가 주도하고

이어 서울, 화요파 연합군이 상해파를 밀어내고

서울파가 단독으로 주도하고…

3·1혁명의 촉발과

확산에 한몫했던 학생들은

청년운동과는 다소 행보를 달리했다.
1920년 5월 조선학생대회를 개최했는데

조선학생대회

불순한 모임 아냐?

조선학생대회

철저히 감시하고 있습니다.

〈동아일보〉가 제창한 문화주의 사조를 따르는 모습이었다.

각기 전공 학업에 전력하고

남는 시간에 서로 단합해 지식 교환, 환난상구, 품성 도야하고 자성을 합해 우리 학생계에 건실한 풍기를 확립하리라!

강연 활동은 종종 민족의식을 고취하는 방향으로 흘러 경찰의 제지를 받기도 했다.

이후 중학교 교장들의 항의를 받아들여

중학생으로 학생대회에 참가한 자는 퇴학시킬 것!

조선학생대회를 해체하고 전문학생 위주의 조선학생회를 조직했다 (1923년 2월).

조선학생회

애들은 가라.

하지만 사회주의 청년운동이 고양되고 조선청년동맹이 출범하면서 영향을 받게 된다.

조선청년동맹

조선학생회

사회주의 계열 학생들이 중학생까지 포괄하는 조선학생총연합회를 발족시킨 것(1924년 10월).

조선학생총연합회

하지만 조선학생회 주류 학생들이 반발하면서 영향력은 확보하지 못했다.

분열주의자!

조선학생총연합회

그러자 사회주의 계열의 학생들은 다른 방향을 찾았다.

사회주의를 이해하는 학생들이 너무 적어.

학생대중에게 사회주의 사상을 전파하는 것이 중요하고

그걸 담당할 핵심들의 준비, 육성이 먼저야.

이들이 찾은 새로운 방향은 사상단체의 조직이다. 가장 먼저 등장한 것은 북풍회 계열이 주도한 공학회다(1925년 5월).

공학회

우리는 63명의 정예 분자.

하지만 일제 경찰의 해산명령에 따라 6개월 만에 해산되고

내세운 강령이 불온해!

주력 멤버들은 다시 서울학생구락부를 조직한다.

서울학생구락부

서울파 계열의 학생들은 경성학생연맹을,

경성학생연맹

화요파 쪽에서는 조선학생과학연구회를 각각 조직했다.

조선학생과학 연구회

과학? science?

아니, 사회과학! 사회주의 의미로 썼지요.

이들 학생 사상단체들은 월례회, 독서회, 강연회 등으로 세력을 확장시켜나갔고,

6·10만세운동의 주역으로 성장했다.

특히 우리 조선학생과학연구회가 역할을 했지?

3·1혁명에서 보인 여성의 활약은
이후 여성의 사회참여에 대한 예고였다.

신교육을 받은 여성의
상당수는 여성들을 계몽하는
일에 뛰어들었다.

19세에 과부가 된
차미리사는 기독교를
받아들인 뒤

중국, 미국에
유학했다.

귀국 후엔 〈여자시론〉을 창간하고
조선여자교육회를 만들어
여성 계몽에 앞장섰다.

조선여자교육회

1921년에는 강연단을 꾸려 87일간
60여 곳의 지방 도시를 돌며
순회강연을 함으로써 뜨거운 반응을
이끌어내기도 했다.

그 밖에도
신앨버트가 조직한
조선여자청년회,

조선여자
청년회

신숙경이 주도한
반도여자청년회,

반도여자
청년회

김활란 등이 앞장선
YMCA조선여자기독교절제회 등의
계몽운동 조직들이 만들어져 활동했다.

YMCA조선여자
기독교절제회

물산장려운동에 적극 참여한
중류층 부인들의 토산품애용부인회
등의 움직임도 있었다.

이 시기 여성계몽운동의 방향은 가부장적, 봉건적 굴레에서의
탈출이었지만 한계 또한 분명했다.

여성계몽운동에 앞장선
신여성들 또한 기존의
인식과 질서를 뛰어넘지
못한 때문이다.

그런 면에서 나혜석은 특별하다. 최초의 여성 서양화가로 유명한
그녀는 여성, 특히 조선 여성의 처지에 깊은 문제의식을 가졌다.
일찍이 일본에 유학하던 1914년, 열아홉의 그녀는 〈학지광〉에
이렇게 썼다.

현모양처는 이상을 정한 것도
반드시 가져야 할 바도 아니다.
여자를 노예로 만들기 위해
부덕(婦德)을 장려한 것이다.

여러 남성들과 염문을 뿌렸던 그녀는
결혼할 때 다음과 같은 조건을
내걸었다 한다.

뒷날 프랑스에서 최린을 만나 사랑에 빠지면서
남편과 이혼하게 되어 세인의 비난을 받았는데,
〈삼천리〉에 '이혼 고백서'를 발표해 남성들의 시각을
비판했다.

조선 남성의 심사는 이상하외다.
자기는 정조 관념이 없으면서
처에게나 일반 여성에게 정조를 요구하고
또 남의 정조를 빼앗으려 합니다…
남편의 아내가 되기 전에,
내 자식의 어미이기 전에
첫째로 나는 사람인 것이오…
조선의 남성들아. 그대들은 인형을 원하는가?
늙지도 화내지도 않고 당신들이 원할 때
방긋방긋 웃기만 하는 인형 말이오.
나는 그대들의 노리개를 거부하오.

사회주의 바람은
여성계에도 어김없이 불었다.

그들은 계몽운동식 민족주의 진영의 여성운동을 비판하면서
1924년 5월 조선여성동우회를 조직했다.

조선여성동우회

조선여성해방

신사회건설

집행위원으로 선출된 이는
허정숙, 주세죽, 박원희.

허정숙은 민족적, 진보적 변호사로 이름난
허헌의 딸이다.

일찍이 일본, 중국에
유학했으며
사회주의를 수용했다.

여성단발운동, 반기독교
강연 활동 등으로
이름 높았고 화요계
임원근과 결혼했다.

주세죽은 3·1혁명에 참여한 후
상하이로 유학해 사회주의를
접했고,

허정숙의 소개로
박헌영과 결혼했다.

내가
주례도 서고
신접살림도
마련해 줬지.

여운형

박원희는 서울파의 수장
김사국의 부인이다.

남편과 함께 간도로 가서 조직 활동을 하다가 체포돼
몇 달간 구금되기도 했던 사회주의 활동가로
연설과 조직에 능했다.

청년운동, 학생운동, 여성운동 모두
대중 사업 방식은 유사했다. 강연과

야학 등이 주된 무기. 신문물을 접할 기회가 흔치 않은
노동자, 농민, 여성 들은 적극적으로 반응했고,

수백 명이 모인 열띤 강연회는
늘 경찰의 주시를 받아야 했다.

야학은 노동자, 농민,
여성들을 문맹에서
탈출시키는
장이었을 뿐 아니라

눈이 번쩍

민족의식을 고취하고
사회주의 사상을
전파하는 장으로
쓰이기도 했다.

주먹이 불끈

이 시기 특기할 만한 대중운동으로 또한 형평운동이 있다.

衡平
運動

오랜 세월 천민으로 천대받아온 백정들은 신분제가 무너지면서 남다른 교육열을 가졌다.

고등교육을 받고 출세해야 진정한 신분해방 된다. 죽어라 공부혀!

그러나 차별은 여전했고 학교의 벽도 높았다.

어디 백정놈의 새끼가 같이 학교 다닐 생각을 하나? 꺼져!

시꺼!

학교 세울 때 기부금도 솔찬히 냈는디…

이런 상황을 지켜보던 진주의 지식인 강상호, 신현수가 가까운 백정들에게 항거를 제안하고 호응을 이끌어낸다.

세상 바뀐 지가 언젠데 여태 이런 대접을 받고 산단 말인가?

자기 권리는 스스로 싸워 찾아야지 않겠는가?

두 분 선생님께서 도와만 주신다면!

백정 출신으로 메이지 법대를 중퇴한 인텔리 장지필도 적극 호응하고 나섰다.

좋습니다 제대로 한번 싸워 보죠.

그리하여 신현수 회장, 강상호 부회장, 장지필 총무 체제의 형평사가 경남 진주에서 결성된다(1923년 4월). 형평운동의 출발이다.

형 평 사

공평은 사회의 근본이고 애정은 인류의 본량이다.
그런고로 우리는 계급을 타파하고 모욕적 칭호를 폐지하며 교육을 권장하여
우리도 참다운 인간이 되기를 기함이 본사의 주지(主旨)다.
비(卑)하고 빈(貧)하고 열(劣)하고 약(弱)하고 천(賤)하고 굴(屈)한 자는 누구였던가?
아, 우리 백정이 아닌가?
그런데 이 같은 비극에 대하여 우리 사회의 태도는 어떤가?
소위 지식계급에서 압박과 멸시만을 하였도다.
…
우리도 조선 민족 이천만의 일인이라, 갑오년 유월 법령으로써
백정의 칭호가 없어지고 평민이 된 우리다.
애정으로써 상호부조하여 생활의 안정을 도모하고 공동의 번영을 기하려 한다.
이에 40여 만이 단결하여 본사의 목적인 그 주지를 천명히 표방코자 하노라.

모욕적 호칭의 폐지, 교육 장려, 형평 중학교 설립,
형평 잡지 발간 등을 내세우며 출발한 형평사를

백정도 사람이다!

모욕적 호칭 폐

전국의 백정들은 물론

종교계, 사회단체, 언론 등이 지지해 나섰다.

진주의 백정 동포가 궐기하여
형평사라는 단체를 조직하고
계급타파운동을 시작하려 한다고 들었다.
이것은 말할 것도 없이
시대에 적합한 행동이라 생각된다.
운동의 철저한 노력을 백정 동포에게 원하며…
– 〈조선일보〉 1923년 5월 3일 사설

그런데 반대운동도 만만치 않았다.

양반의
고장인 우리
진주에서 천한
백정들이!

감히 백정이
우리 농민이랑
동급이 되겠다고

진주 외에도 양반 고향이라는 예천, 안동
등지에서 반대운동이 격렬했다.

형평사를 해체하라!

형평사 지지자도 백정이다!

백정들의 고기 불매한다!

형평사 해체

그럼에도 형평운동의
확산 속도는 빨랐다.
전국 각지에서 지사, 분사가
만들어졌다.

형평사 ○○지사   형평사 △△지사

형평사 ※※지사

1년 만에
지사가 12개,
분사가 67개
꾸려졌다우.

이듬해인 1924년 형평운동은 내부 노선 차이로 분쟁을 겪고

백정해방운동은 다른 계급운동과 결합해 함께 가야!

본부도 서울에 두는 게.

무슨 소리? 말 그대로 우리는 백정해방운동에만 전력해야!

형평사의 출발지가 진주인데 진주에 둬야.

대회를 따로 여는 등의 분열상도 보여주었다.

형평사 혁신동맹 창립총회 -천안

형평사 전국대회 -전주

하지만 통일 압력이 보다 커서 1925년 서울에서 양측 합동으로 전조선형평대회를 개최해 분열을 극복해냈다.

본부 산하에는 지부 조직들 말고도 형평청년회, 형평학우동맹, 형평여성회 등이 만들어졌고

백정들에 대한 차별이나 폭행 사례에 공동으로 대응하면서 단단히 뿌리를 내렸다.

이후 조선공산당 사건 등으로 많은 피해를 입지만 상당 기간 동안 무시 못할 대중 단체로 입지를 유지했다.

형평사 기관지 창간호

무정부주의 투쟁

처음 사회주의는 무정부주의와 혼재되어 들어왔고, 초기엔 무정부주의 바람이 상당했다.

조선 선각자들의 이목을 사로잡은 것은 크로폿킨의 상호부조론.

아나르코코뮤니즘의 대이론가이자 혁명가인 크로폿킨은 이렇게 주장했다.

상호부조론은 사회진화론의 영향을 받았던 선각자들을 다시금 일깨워줬다.

3·1혁명 후 사회주의와 함께 무정부주의도 빠르게 소개되었지만

국내에선 그다지 세력을 형성하지 못했다.

1925년 4월 결성을 준비했던 흑기연맹이 그나마 눈길을 끌 만한데 모두 검거돼버렸고,

이후 무정부주의자들의 영향력은 더욱 미미해졌다.

무정부주의의 약세는 그 자체의 이념과 조직 원리에 기반한다.

우리는 개인들 간의 자유연합을 기본으로 한다.

개인의 자유를 저해하게 될 중앙집권적 조직은 부정한다.

일사불란한 투쟁을 요구하는 노동운동, 농민운동에서 힘을 갖기 어려웠다.

지식인이나 전위조직의 지도를 거부하고

민중 스스로의 투쟁으로 스스로를 해방해야!

반면 대중운동과 결합된 사회주의 세력은 빠르게 힘을 키워갔고,

무정부주의자 상당수도 사회주의로 전향해갔다.

착취 없는 세상을 만들려면 아무래도 이쪽이…

대중운동과 유리된 해외 지역에서는 무정부주의 세력이 나름의 존재감을 보였다.

중국 영역에서는
신채호, 이회영 등이 무정부주의를
앞장서서 받아들였다.

베이징에서 반임정 활동을 펼쳐온 신채호는 1922년을 전후해
무정부주의 노선을 확고히 한다.

나 역시
젊은 날엔
사회진화론의
영향을 많이
받았지.

그 사이
사회주의에도
관심을 가져봤지만
역시 아나키즘이
조선독립과 미래를
위한 최선의
선택이라는
결론에.

독립군에 의한 무장투쟁 노선에도 회의를 품고
테러적 직접행동론을 펴나가게 된다.

조선혁명선언은
이 즈음 나의 생각이
집약된 것이지.

일찌감치 무정부주의적 입장에서 임시정부에
반대했던 이회영은 서간도 개척의 경험을 살려
근거지 확보에 나섰다.

혁명을 하려면
근거지가 있어야.

융딩강(영정하) 하천 부지를 개간해
상호부조의 원리로 꾸려가는
이상촌을 건설하려 한 것인데,

거기서 나오는
수익으로 생활하고
혁명자금도 …

소요 자금 확보에 실패하면서
유야무야되고 말았다.

국내로
들어갔지만
모금엔
실패했습니다.

이후 이회영과 정화암, 이정규, 이을규 등은
재중국무정부주의자연맹을 결성한다(1924년 4월).

재중국무정부주의자연맹

무정부주의에 입각해 가장 눈부신 활동을 보인 세력은 단연 의열단이다.

하지만 테러적 직접행동론을 내세웠던 의열단은 앞서 본 대로 안팎의 비판에 시달리고는

무고한 사람을 죽게 만든 테러리스트들!

대중과 동떨어진 우리의 노선은 분명 문제!

1924년 이후 공산주의, 무정부주의, 민족주의 세력으로 분열된다.

일본에서도 무정부주의 흐름이 있었는데 1921년 11월에 결성된 흑도회가 단연 눈길을 끈다. 김약수, 정태신, 박열, 김사국, 조봉암 등이 망라된 조직으로

흑도회

사회주의 인사들과 무정부주의 인사들의 연합체라 하겠다.

사회주의 계열인 김약수, 정태신은 이미 1921년 5월에 재일본공산단체를,

김사국 등은 1921년 10월에 사회혁명당을 조직한 터였다.

흑도회의 깃발 아래 회원들은 연설회, 노동절 시위 참여 등의 공동 활동을 벌였고,

니가타현 조선인 노동자 학살 사건 진상 규명과 규탄 투쟁에도 적극 참여했다.

니가타현의 조선인노동자 학살사건이란 댐 건설에 동원된 조선인 노동자들이 가혹한 노동과 처우를 견디지 못해 탈출하다가 학살된 사건으로,

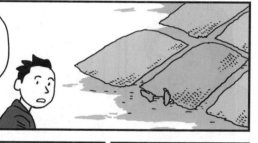

낚시꾼에 의해 시체가 발견되고 신문에 보도되면서 드러난 사건입니다. 재일 조선인들과 사회단체들에 의해 규탄이 이어졌고

국내 사회단체도 진상 조사를 위해 조사원을 파견하고 〈동아일보〉도 특파원을 보내 사건을 보도했습니다.

그러나 무정부주의와 사회주의 간 노선 차이가 불거지면서 흑도회는 분열한다.

흑우회의 리더인 박열은 부인인 가네코 후미코와 함께 흑도회 기관지를 주도하면서 선전 활동을 펴왔다.

경북 문경 출신으로 3·1혁명 후 1919년, 열여덟의 나이로 일본에 건너와

고학을 하며
항일의 길을 모색했고,

무정부주의에서
답을 찾은 인물.

그가 지은 시에 매료된 부인 후미코는

개새끼

나는 개새끼로소이다.
하늘을 보고 짖는
달을 보고 짖는
보잘것없는 나는
개새끼로소이다.
.
.
.

호적에도 오르지 못한
불우한 출생.

아홉 살에 조선의 고모부 댁으로 가서
갖은 천대를 받으며 궂은일을
도맡아 해야 했다.

조선인 머슴을 보며
동질감을 느낀 그녀는

3·1혁명에 격하게 공감했다.

아! 가슴이
뛰는구나! 조선이나
나나 똑같이
차별받고 억압받는
처지!

억압에서
벗어나고
사람답게 사는
길은 저렇게
싸우는 데 있어.

그래서?

그 길로 귀국해서
도쿄로 와 고학하다가
당신을 만난 거지.

나랑 비슷한
때에 도쿄로
왔구만.

우린
천생연분이니까!

박열은 흑도회 시절에도 별도로 의거단(이후 철권단, 혈권단, 박살단 등으로 이름이 바뀜)을 만들어 활동했다.

우리가 무엇을 하는 조직이냐?

너 같이 일제에게 아부떠는 자, 민족운동을 배반한 자를 응징하는 조직이다.

그리고 1923년 4월에는 불령사를 조직한다.

저놈들은 우리를 불령하다고 하는데 그렇다면 진짜로 불령한 것이 뭔지를 보여줍시다.

직접행동으로 권력을 무너뜨리는 겁니다.

그들은 그해 10월에 있을 황태자 결혼식을 거사일로 잡았다.

천황제야말로 모든 압제의 뿌리!

천황과 황태자를 한꺼번에 해치우는 겁니다.

준비 과정에 관동대지진이 일어나고

조선인, 사회주의자, 무정부주의자에 대한 테러, 검거 열풍 속에 구금된다.

조사가 진행되면서 천황과 황태자 암살을 준비한 사실이 드러났다.

리·리... 리얼리?!

일본 사회는 발칵 뒤집혔다. 19명이 검거되고 일본 언론은 연일 대역 사건이라고 떠들썩하게 보도했다.

재판과정에서도
연일 화제였던 박열 부부는

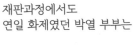

옥중에서의 사진으로 또 한 번 세상을 떠들썩하게 만들었다.

대역죄인들에게 옥중에서 이런 사진을 찍게 하다니 제정신이오?

아주 감옥이 연애 장소가 되었소이다.

총리는 책임지고 사퇴하시오!

둘은 사형을 선고받고 며칠 뒤
무기로 감형되었지만,

얼마 뒤 가네코 후미코는 자살했다고 발표된다.

자살? 사인도 모른다며?

냄새 나는데

자살당한 거 아녀?

옥중 결혼을 한 덕에 그녀의
유해는 조선에서 건너온
박열의 형에 의해 수습되었고

박열의 고향 문경 땅에
묻혔다.

박열은 일본이 패망하고 나서야
옥문을 나설 수 있었다.
22년 만이었다.

나혜석 '이혼 고백서' 중에서

"조선 남성 심사는 이상하외다. 자기는 정조 관념이 없으면서
처에게나 일반 여성에게 정조를 요구하고 또 남의 정조를 빼앗으려고 합니다.

(중략)

조선 남성들 보시오. 조선의 남성이란 인간들은 참으로 이상하고,
잘나건 못나건 간에 그네들은 적실, 후실에 몇 집 살림을 하면서도
여성에게는 정조를 요구하고 있구려. 하지만, 여자도 사람이외다!
한순간 분출하는 감정에 흐트러지기도 하고 실수도 하는 그런 사람이외다.
남편의 아내가 되기 전에, 내 자식의 어미이기 전에 첫째로 나는 사람인 것이오.
내가 만일 당신네 같은 남성이었다면 오히려 호탕한 성품으로 여겨졌을 거외다.
조선의 남성들아, 그대들은 인형을 원하는가, 늙지도 않고 화내지도 않고
당신들이 원할 때만 안아 주어도 항상 방긋방긋 웃기만 하는 인형 말이오.
나는 그대들의 노리개를 거부하오.
내 몸이 불꽃으로 타올라 한 줌 재가 될지언정
언젠가 먼 훗날 나의 피와 외침이 이 땅에 뿌려져
우리 후손 여성들은 좀 더 인간다운 삶을 살면서
내 이름을 기억할 것이라."

최초의 서양화가이자 근대적 여권론을 펼친 운동가였던 나혜석은
1934년 가부장제가 가지는 모순을 비판한 글 '이혼 고백서'를 〈삼천리〉에 발표했다.
사진은 수원 '나혜석거리'의 화구를 든 나혜석 동상.

부록

· 일러두기 ·

인명사전에 친일 반민족 행위자로 표기된 인물은

민족문제연구소에서 발행한 《친일인명사전》에 등재된 인물로,

인물 아래에 별도로 親日 표시를 해두었습니다.

1921년

우리는	세계는

우리는

1월　연해주에서 서로군정서와 북로군정서,
　　대한독립단이 대한독립군단으로 통합되고,
　　서일이 총재를 맡음

24일　이동휘, 국무총리직을 사임함(후임 이동녕)

27일　김한, 김사국, 장덕수 등, 서울청년회를 조직함

2월　박은식, 원세훈, 김창숙 등,
　　국민대표회의 소집을 요구함

16일　유학생 양근환, 도쿄에서 국민협회장 민원식을
　　암살함

4월 19일　임시정부의 이광수, 총독부 회유로 귀국함

23일　이승만 지지자들, 상하이에서 협성회를 조직함

27일　군사통일회 박용만과 신숙 등, 임시의정원
　　해산 요구 결의문을 제출함

5월 1일　방정환, 천도교 소년회를 창립함

6일　김동삼과 여준 등, 만주 어무현에서 회의를 열고
　　국민대표회의 개최를 촉구함

29일　이승만, 상하이를 떠나 하와이로 감

6월　조선여자교육회, 전국 순회강연을 엶

28일　자유시사변이 발발함

8월 4일　간도 혈성단, 군정서, 의군부, 독립단, 광복단 등
　　독립운동 단체에서 연합 통일을 계획하고
　　취지서를 발표함

15일　임시정부가 포고문 제2호를 발포하고
　　워싱턴회의에 거는 기대를 밝힘

9월　조선인산업대회가 발족됨

12일　김익상, 남산 총독부에 폭탄을 던짐

26일　부산 부두 노동자 5,000여 명, 총파업에 들어감

10월　국무총리 대리 겸 외무·법무총장 신규식,
　　쑨원과 워싱턴회의에 대한 공동 대응책을
　　협의하고, 임시정부 승인과 지원을 요구함
　　김사국, 김사민 등, 사회혁명당(서울파 공산주의)
　　을 결성함

세계는

1월 27일　일본, 중일 군사협정을 폐기하기로
　　결정함

2월 26일　소비에트러시아, 페르시아와
　　우호조약에 조인함

3월 21일　레닌, 신경제정책을 도입함

4월 7일　중국, 광둥정부를 수립함

27일　런던 연합국회의에서 독일 배상금이
　　1,320억 마르크로 결정됨

5월 5일　쑨원, 비상대통령에 취임함

7월　몽골, 독립함

1일　중국공산당 창립대회가 열림

29일　히틀러, 나치당 당수에 취임함

8월 25일　미국, 독일, 오스트리아, 강화조약에
　　조인함

10일	이승만, 한국독립청원서를 워싱턴회의 미국 대표에게 전달함
14일	간도에서 대한국민단이 조직됨
11월 10일	조선구락부가 결성됨
29일	재일 한국인 아나키스트 단체의 효시인 흑도회 창립대회가 도쿄 YMCA회관에서 개최됨 (주도자는 박열, 김약수, 정태성, 정태신, 원종린, 조봉암 등임)
12월	박춘금, 도쿄에서 상애회를 창립함

11월 4일	하라 다카시 총리, 암살됨
9일	이탈리아에서 파시스트당이 결성됨
12일	워싱턴회의가 개최됨(~1922. 2. 6.)
13일	다카하시 고레키요 내각이 성립됨
12월 10일	워싱턴회의에서 4개국 협정이 체결되고, 영일동맹은 폐기됨

1월	김윤식 사회장 논란으로 서울청년회 내 민족·사회주의자들 사이에서 내분이 발생함
19일	윤덕병, 김한, 신백우 등 19명, 서울에서 무산자동지회를 결성함
21일	모스크바 극동민족대회에 한국 대표단 56명이 참가함
2월	제2차 조선교육령이 공포됨 김사국 등 좌파가 서울청년회 주도권을 장악함
11일	이광수 등, 흥사단계 수양동맹회를 조직함
3월 26일	김상호, 정맹일 등 100여 명의 승려 및 불교도, 친일 승려 강대련을 성토하고 그의 등에 북을 매달아 치며 종로를 행진함(명고축출사건)
28일	김익상, 오성륜 등 의열단원, 상하이 황포탄에서 육군 대장 다나카 처단에 실패함
4월 8일	조선여자청년회가 설립됨
14일	임시의정원이 인민청원안을 통과시키며 국민대표회의를 지지함
5월	이광수, '민족개조론'을 발표함
1일	조선노동공제회가 최초의 메이데이 기념 강연회를 각황사에서 개최함
16일	경성-원산 간 직통전화가 개설됨
19일	손병희, 사망함
6월 17일	임시의정원이 이승만과 국무원에 대한 불신임안을 결의함
7월 26일	일본 니가타현 신월전력 공사장에서 한인 학살사건이 일어남
9월 25일	신규식, 서거함

1월	모스크바에서 극동민족대회가 열림
2월 2일	제임스 조이스, 《율리시스》를 출간함
4일	일·중, 산둥 문제 해결에 관한 조약에 조인함
6일	일본, 워싱턴회의 조약에 조인함
15일	국제사법재판소가 헤이그에 문을 엶
23일	일본, 중의원에 보통선거법안을 상정함
27일	쑨원, 북벌을 선언함
28일	영국, 이집트 독립을 선언함
3월 3일	일본, 전국수평사를 창립함
30일	일본, 미성년자음주금지법을 공포함
4월 1일	스탈린, 소련공산당 서기장에 임명됨
9일	일본농민조합이 결성됨
26일	제1차 펑즈전쟁이 벌어짐(~6. 17.)
5월 5일	일본, 형사소송법을 공포함
7월 13일	파시스트당, 이탈리아 총파업을 진압함
15일	일본공산당 창립대회가 열림
8월 22일	아일랜드의 민족주의자 마이클 콜린스가 암살됨
29일	일본, 랜싱-이시이 협정을 폐기하기로 결정함
10월 25일	일본군, 자유시에서 퇴각함
30일	무솔리니, 이탈리아 정권을 장악함
11월 1일	터키공화국이 탄생함
14일	BBC, 첫 라디오 방송을 시작함

11월	〈조선지광〉이 창간됨
23일	이상재 등, 조선민립대학 기성준비회를 발족함
12월 26일	〈동아일보〉, 사설 '내 살림 내 것으로'를 게재함

20일	연합국과 터키 간 로잔강화회의가 열림
12월	소련이 출범됨

1월	의열단, '조선혁명선언'을 발표함
3일	상하이에서 국민대표회의가 개최됨
10일	안창호, 국민대표회의 임시의장직을 사임함
12일	의열단원 김상옥, 종로경찰서에 폭탄을 투척함
13일	국무원이 개편되고 총리에 박은식이 임명됨
22일	의열단원 김상옥, 일경과 교전 후 자결함
	조선물산장려회 창립총회가 개최됨
3월	천도교단, 〈어린이〉를 발행함
15일	의열단원 김시현과 황옥, 체포됨
16일	색동회가 조직됨
24일	전조선청년당대회에 100여 단체 대표가 참석함
29일	조선민립대학 기성회 창립총회가 열림
4월	박열, 불령사를 조직함
20일	베이징 의열단, 러시아인 기사를 초빙해 폭탄 300여 개를 제조함
25일	의정원 의원 11명, 이승만 탄핵안을 제출함
	경남 진주에서 형평사 창립총회가 개최됨
5월 1일	첫 어린이날 행사가 열림
24일	진주에서 반형평사 운동이 발생함
6월	총독부 주최로 제1회 조선미술전람회가 개최됨
2일	창조파 30여 명, 임시정부를 이탈해 조선공화국을 선포함
3일	개조파 57명이 창조파의 독단을 성토하고, 개조파와 창조파가 임시정부 문제로 대립함
7월 2일	경성부 내 고무공장 여직공, 파업을 결의함
8월	전남 무안군 암태면 소작인 등, 암태소작회를 결성하고 소작쟁의를 벌임(~1924. 8.)
21일	평양 양말공장 직공 1,000여 명, 파업을 결의함
9월	천도교단, 〈신여성〉을 발행함
	국무총리 이동녕, 대통령 직무를 대행함
3일	박열 등, 도쿄에서 천황 살해미수 혐의로 체포됨

1월 11일	프랑스군과 벨기에군, 루르를 점령함
26일	쑨원과 요페가 상하이에서 공동선언을 발표하고, 러시아가 중국 혁명 지원 의사를 표명함
27일	일본에서 부인참정권획득동맹이 성립됨
2월 21일	쑨원, 광둥에 돌아와 대원수에 취임함 (제3차 광둥정부)
3월 7일	중국, 일본에 21개 조약을 폐기하기로 통보함
14일	일본, 중국의 21개 조약 폐기 요구를 거절함
30일	일본, 공업노동자 최저연령법을 공포함
4월 19일	이집트, 헌법을 공포함
28일	웸블리 경기장에서 FA컵 결승전이 열림
5월 30일	일본과 소련, 어업조약에 조인함
6월	중국 삼전대회에서 혁명 통일전선이 수립되고, 제1차 국공합작이 결정됨
1일	일본 해군, 창사에 상륙해 배일운동을 탄압함
8월	독일 마르크화가 대폭락함 (1달러=460만 마르크)
11일	독일, 배상 지불 중지를 선언함
9월 1일	관동대지진이 일어남
2일	일본 정부, 관동대지진으로 인한 민심 동요를 막기 위해 한국인이 폭동을 일으키려 한다는 유언을 퍼뜨림
	제2차 야마모토 곤베에 내각이 수립되고, 계엄령이 포고됨

10월 24일 하와이 교포들이 미 국무성에 관동대지진 한국인
　　　　 학살사건에 대한 조사를 청원함
11월　7일 충남 대전에서 전국형평대표자대회가 개최됨

12월　4일 암태도 소작쟁의가 격화됨

10월 29일 무스타파 케말, 터키공화국
　　　　 대통령으로 선출됨
11월　8일 히틀러, 뮌헨 폭동 실패 후 체포됨
　　 15일 쑨원, 연소와 용공,
　　　　 부조공농의 3대 정책을 결정함
12월 15일 일본노동조합연합회가 결성됨

1월　　　 이광수, 〈동아일보〉에 '민족적 경륜'을 발표함
　　 5일 의열단원 김지섭, 도쿄 황궁 니주바시에
　　　　 폭탄을 투척함
2월 11일 서울청년회가 조선청년연합회와 조선청년총동맹
　　　　 발기회를 개최함
3월　　　 친일 단체 대표들, 각파유지연맹을 발족함
　　　　 (회장 박춘금)
　　 27일 암태도 면민, 지주규탄대회를 엶
4월　　　 윤자영, 의열단 탈퇴 후 상하이청년동맹회를
　　　　 조직함
　　　　 이회영, 정화암 등, 재중국무정부주의자연맹을
　　　　 결성함
　　 9일 사회 유지 40여 명, 폭행사건을 일으킨
　　　　 친일 단체 동아일보사 중역을 응징하기 위해
　　　　 민중대회를 결의함
　　 18일 조선노농총동맹이 창립됨
　　 20일 조선노농총동맹이 〈동아일보〉를
　　　　 사회·민족운동의 방해자로 규정함
　　 21일 전국 242개 청년 단체, 조선청년총동맹을 조직함
　　 22일 암태도 소작인, 지주 부친 송덕비를 파괴하고,
　　　　 지주 측과의 유혈 충돌로 50여 명이 피검됨
　　 26일 임시정부가 〈동아일보〉 사설 '민족적 경륜'을
　　　　 비판함
5월　1일 경성제국대학 2년제 예과가 개설됨
　　 10일 허정숙, 주세죽, 박원희, 조선여성동우회
　　　　 창립총회를 개최함
6월 16일 임시의정원에서 대통령 유고안이 통과됨
　　 19일 조선노농총동맹 삼남 지방 소작쟁의
　　　　 실태조사반이 현장으로 출발함
7월 15일 피검된 암태도 소작인 26명이 석방됨

1월　7일 기요우라 게이고 내각이 수립됨
　　 10일 일본 정우회와 헌정회, 혁신구락부가
　　　　 내각타도운동을 개시함
　　 20일 중국, 제1차 국공합작을 구축함
　　 21일 레닌, 사망함
　　 22일 영국 최초 노동당 내각이 성립됨
2월　1일 일본의 헌정옹호 국민대회가 개최됨
　　 12일 조지 거슈원의 〈랩소디 인 블루〉가
　　　　 초연됨
　　 29일 제3회 일본농민대회가 개최됨
3월 25일 그리스, 공화제 도입을 선언함
4월　6일 이탈리아 총선거에서 파시스트가
　　　　 65%를 획득함
　　 9일 독일, 배상 지불안(도스안)을 완성함

5월 11일 미 의회, 신이민법을 의결함
　　 26일 미국, 배일 이민법을 재가함
　　　　 일본의 대미감정이 악화됨
　　 31일 중국과 소련 간 외교협정이 조인됨
6월 16일 황푸군관학교가 개교함
　　 28일 일본에서 무산정당 결성을 위한
　　　　 정치연구회가 결성됨

1924년

8월 30일 암태도 소작쟁의가 종결되고, 소작인 주장이
관철됨

9월 11일 조선학생총연합회 창립총회가 개최됨

　　 13일 신석우, 〈조선일보〉 경영권을 인수함

10월 　　 충남 강경보통학교에서 최초로 신사참배가
거부됨

　　 13일 〈조선일보〉에 최초의 신문 연재만화
〈멍텅구리 헛물켜기〉가 실림

　　 18일 정의부가 설립됨

11월 16일 형평사 기관지 〈형평〉이 창간됨

　　 19일 신사상연구회가 화요회로 개칭되고,
연구 단체에서 행동 단체로 전환됨

12월 　　 임시정부, 한인 청년들을 황푸군관학교에
입학시킴

　　 6일 사회주의자동맹이 창립됨
경찰이 간도 소작쟁의 보도와 관련해
〈조선일보〉를 압수함

　　 16일 〈형평〉 창간호가 압수됨

7월 22일 일본, 소작조정법을 공포함

8월 29일 독일 의회, 도스안을 승인함

9월 18일 쑨원, 제2차 북벌선언을 발표함
중국 군벌 사이에서 제2차 펑즈전쟁이
벌어짐

10월 15일 쑨원, 광저우 혁명정부에 반기를 든
상단군을 격퇴함

11월 4일 미국 대통령에 공화당의 쿨리지가
당선됨

　　 7일 영국에서 제2차 볼드윈의 보수당
내각이 수립됨

　　 26일 몽골인민공화국이 성립됨

1월 13일 대한민국 임시의정원 헌법이 개정되고,
국무총리에 박은식이 선출됨

　　 21일 경찰이 각지 청년회의 레닌 추도식을 금지함

　　 23일 〈동아일보〉 논설 '지주의 각성을 절망하노라'가
문제가 돼 신문이 압수됨

2월 10일 일본 하코네산 전차시설공사장의 한국인 노동자
100여 명이 참사를 당함

3월 11일 나창헌 등, 임시대통령 이승만에 대한 심판서를
발표하고 면직키로 결의함

　　 23일 이승만 면직안이 의결됨

　　 24일 박은식, 대통령에 취임함

　　 30일 대한민국임시헌법 개정안이 통과됨
(국무령 중심의 내각책임제)

4월 10일 임시의정원은 구미위원부 폐지령을 공포함

　　 24일 전국형평사대회가 개최됨

5월 7일 치안유지법 조선시행령이 공포됨

6월 　　 조선사 편수회가 발족됨

1월 3일 무솔리니, 독재 정권을 수립함

　　 20일 일·소조약이 조인됨

2월 3일 일본 전국노동조합협의회가 성립됨

3월 2일 일본 중의원, 보통선거수정법안을
가결함

　　 12일 쑨원, 사망함

　　 29일 신일본동맹이 결성됨

4월 10일 스콧 피츠제럴드, 《위대한 개츠비》를
출간함

5월 25일 칭다오의 일본 방직공장,
제2차 파업을 결의함

　　 30일 상하이 공동 조계에서 학생
2,000여 명이 일본 내외방직공장의
노동자 학살에 항의하자 영국 경찰이
이들을 향해 발포함(5·30사건)

6월 1일 상하이 노동자와 학생, 상인 들이
5·30사건에 항의하는 파업을 개시함

　　 6일 열국, 공동 조계에 계엄령을 내림

7월 7일 대통령 박은식이 사임하고,
            국무령에 이상룡이 선출됨

8월   조선프롤레타리아예술가동맹(카프)이 결성됨

      9일 예천의 농민 500여 명,
            형평사 기념식장을 습격함

    31일 전남 무안군 비금도 및 도초도, 안좌도,
            암태도 농민이 연합해 소작쟁의를 벌임

10월 15일 조선총독부가 배일 기자 17명 해임을 조건으로
            〈조선일보〉 정간을 해제함
            서울 남산에 조선신궁이 건축됨

11월 1일 임시정부 제2대 대통령 박은식, 상하이에서
            서거함

    19일 조선노농총동맹,
            노동과 농민의 조직을 분리하기로 결정함

    22일 제1차 조선공산당 사건으로 책임비서 김재봉
            이하 30여 명이 검거됨

    11일 미쓰야협정이 체결됨

    19일 홍콩 노동자, 상하이 반제운동에
            호응하는 총파업에 돌입함

7월 1일 광둥국민정부가 수립됨

    18일 히틀러, 《나의 투쟁》을 출간함

8월 10일 일본, 제1회 전국무산정당조직준비
            협의회를 개최함

    18일 일본, 노동조합법안을 발표함

9월 20일 일본, 〈무산자신문〉을 창간함

10월 12일 독소통상조약이 조인됨

12월 1일 로카르노조약이 조인됨

      8일 일본프롤레타리아문예동맹이 결성됨

    23일 중국 국민당 우파, 시산회의에서
            국공합작에 반대함
            일본에서 철강협의회가 창립됨

    28일 인도공산당 창립대회가 개최됨

강상호
1887~1957

사회운동가, 독립운동가. 3·1혁명 당시 이강우, 김재화 등과 진주에서 만세운동을 주도했다. 이 사건으로 체포돼 6개월간 옥고를 치르고 출옥한 뒤에는 진주의 형평사 조직에 참여했다. 1924년 형평사 창립 당시 발기총회에서 임시의장을 맡았고 위원장으로 선출됐다. 신간회에도 합류하여 진주지회에서 간사와 위원으로 활동했으며, 교육운동에도 뜻을 두어 일신고등보통학교 설립 발기인을 맡았다. 2005년 대통령표창 수훈.

강우규
1855~1920

1884년 함경남도 홍원군에서 한약방을 열고 기독교를 받아들였다. 1911년 북간도로 망명하는 한편 연해주를 오가며 신흥촌을 건설하고 1917년 광동학교를 세우는 등 뜻있는 동지들과 독립운동을 논의했다. 1919년 3·1혁명이 일어나자 블라디보스토크 대한민국노인동맹단의 라오허현 지부장으로서 5명의 대표단을 이끌고 서울에 들어와 집회를 벌이다 일본 경찰에 체포됐다. 이어 7월에는 조선 총독 등을 암살할 것을 결심하고 영국제 수류탄을 구입했으며 블라디보스토크를 거쳐 원산으로 들어가 최자남, 허형 등과 거사를 의논하고 8월, 서울에 잠입했다. 9월 2일 총독 사이토 마코토가 새로 부임해 온다는 것을 알고 서울역에서 기다리고 있다가, 도착하여 마차에 오르는 순간 수류탄을 투척했다. 조선총독부 정무총감, 만철 이사, 미국 뉴욕 시장의 딸, 신문기자, 수행원, 일본 경찰 등 37명의 사상자가 나왔으나 사이토 마코토는 무사함으로써 거사가 실패로 돌아갔다. 수류탄 투척 후 현장을 빠져나와 지인들의 집에 은신했으나 9월 17일 밀정 김태석에게 붙잡혔다. 하지만 일본 경찰의 심문과 재판 과정에서도 대한 독립의 필요성을 당당히 역설했다. 11월 29일 서대문 형무소에서 사형당했다. 마지막 순간 "단두대 위에도 봄바람은 있는데, 몸은 있어도 나라가 없으니 어찌 감상이 없으리오"라는 절명시를 남겼다. 감옥 공동묘지에 묻혔으나 해방 후 서울 우이동으로 이장됐다가, 마지막으로 국립서울현충원에 안장됐다. 2011년, 옛 서울역사 앞에 동상이 건립됐다. 1962년 건국훈장 대한민국장 수훈.

고인덕
1887~1926

독립운동가. 1919년 김원봉 등과 의열단을 조직했다. 1920년 3월, 고향인 밀양에서 최경학과 거사 계획을 세웠고, 그해 12월 27일 최경학이 밀양경찰서에 폭탄 2개를 던져 건물을 크게 파괴시켰다. 1925년 11월 경북 의열단 사건에 연루돼 붙잡혔는데,

일본의 고문이 심해지자 몇 번이나 자결을 시도하다 끝내는 옥사했다. 1963년 건국훈장 독립장 수훈.

곽재기
1893~1952

독립운동가. 충북 청주 출신으로 청주에서 교사로 재직 중이던 1909년 대동청년당에 참여했다. 3·1혁명 당시 적극 참여한 후 그해 7월에 만주로 망명했고, 김원봉 등을 만나 의열단을 조직했다. 조선총독부, 동양척식회사 등을 폭파하기로 계획하고 거사를 준비하던 중 경기도 경찰부의 일경에 발각돼 체포되었다. 1921년 재판 중 판사에게 독립을 향한 굳건한 의지를 밝히는 언사를 하였으며 8년 형을 언도받았다. 출옥 후 해방 때까지 독립운동에 헌신했고, 광복 후에는 교육 사업에 종사했다. 1963년 건국훈장 독립장 수훈.

김규면
1880~1969

사회주의 운동가, 독립운동가. 함경북도 경흥 출신으로 서울 배재학당과 한성사범학교를 졸업하고 1907년 신민회에 가입했다. 일제강점기에는 기독교에 입교해 목사로서 조선총독부의 포교 규칙과 이를 수용한 외국인 선교사들의 방침에 저항했다. 3·1혁명 이후 만주 등지로 망명해 대한신민단을 조직했고, 1919년에는 블라디보스토크로 이동해 한인사회당 결성에 합류, 당내의 군사부위원장직을 맡았다. 또한 고려빨치산군대의 군사위원회 위원장을 맡아 후방의 조직 및 지도 분야를 총괄했으며 임시정부 산하로서 무장 부대들을 규합하는 데 헌신했다. 1921년 러시아에서 열린 대한의용군 전한군사위원회 결성에 참여해 코민테른으로부터 군자금 4만 원을 지원받고 이를 대한의용군의 전비에 보탰으며, 이듬해 러시아 내전에서 적군과 연합해 백군과 전투를 벌이고, 1924년에는 임시정부에서 교통차장 및 교통총장 대리를 역임하고 중국 혁명에도 참가했다. 1927년 장제스의 반공 쿠데타로 국민혁명이 좌절되자 러시아 연해주로 이동해 동양서적 판매원으로 일하다가 다시 모스크바로 이동하여 그곳에서 생을 마감했다. 2002년 건국훈장 독립장 수훈.

김기진
1903~1985

시인이자 평론가. 일제강점기에 충청북도 황간, 제천, 영동 지역 군수를 지낸 김홍규의 아들이자 조각가 김복진의 동생이다. 일본 릿쿄대학에 유학하면서 사회주의 사상과 문학에 관심에 가졌다. 1922년 5월 형 김복진과 박승희, 이서구 등과 재동경조선인유학생 연극 단체인 토월회를 결성하고, 1923년 5월 귀국 공연을 위해 졸업하지 않고 귀국했다. 1923년 귀국 이후 〈개벽〉에 기고하는가 하면 문학 동인지 〈백조〉 창립에 참여했다. 또한 파스큘라와 카프 창립회원으로 이후 다수의 시와 수필 및 비평문을 발표했다. 〈시대일보〉, 〈중외일보〉, 〈조선일보〉 등의 기자로 언론 활동을 펼치기도 했다. 1938년 〈매일신보〉 사회부장으로 취직해 1940년까지 근무했고, 1939년 10월 조선총독부 어용 단체인 조선문인협회의 발기인으로 나섰다. 이후 태평양전쟁을 찬양하는 글을 발표하고 학병과 징병을 선동, 권유하는 등 친일 행적을 보였다. 해방 이후에는 '애지사'라는 출판사를 운영하며 다수의 수필집과 역사소설을 남겼다.

김단야
1901~1938

사회주의 운동가. 경상북도 김천 출신으로 본명은 김태연이다. 1921년 3월 상하이 고려공산청년단 결성에 참여해 집행위원이 됐고, 1922년 1월 고려공산청년당 대표로 모스크바 극동인민대표대회와 극동청년대회에 참가했다. 4월 국내로 들어오다가 신의주에서 체포돼 징역 1년 6개월을 선고받았다. 1924년 1월 출옥해 〈동아일보〉, 〈조선일보〉 기자로 활동했고, 2월에는 신흥청년동맹 집행위원이 됐다. 화요회에 가담하기도 했다. 1925년 12월 제1차 조선공산당 검거 사건을 피해 상하이로 망명했고, 1926년 8월에는 모스크바로 건너갔다. 코민테른 전권위원으로서 1929년 11월 국내에서 조선공산당 조직준비위원회를 결성하지만 일제 경찰을 피해 1929년 12월 다시 모스크바로 떠난다. 1930년 중반까지 코민테른 집행위원회에서 근무했다. 1934년 박헌영의 전 부인 주세죽과 결혼하고, 1934년부터 1936년까지 동방노력자공산대학 조선과장으로 근무했으며, 1937년 11월 일제의 밀정 혐의로 소련 경찰에 체포돼 1938년 사형을 당했다. 2005년 건국훈장 독립장 수훈.

김도원
1895~1923

독립운동가. 1919년 의주에서 무장 독립 단체인 대한독립보합단이 조직되자 이에 입단해 군자금 모금에 진력했다. 부호 변석연에게 3만 원의 군자금을 요구하다 그의 맏아들 변덕영의 밀고로 잠복 대기하고 있던 일본 경찰에 체포됐다. 서울지방법원에서 사형을 언도받고 1923년 4월 순국했다. 1962년 건국훈장 독립장 수훈.

김동인
1900~1951
親日

소설가, 친일 반민족 행위자. 평안남도 평양 출생으로 1914년부터 일본 도쿄학원, 메이지학원, 가와바타미술학교 등에서 수학했다. 1919년 2월 도쿄에서 우리나라 최초의 문예 동인지 〈창조〉를 자비로 간행하고, 단편소설 〈약한 자의 슬픔〉을 발표했다. 3·1혁명이 일어나자 1919년 3월 5일 귀국해 격문을 기초한 혐의로 구속됐다가 6월 16일 풀려났다. 1923년 창작집 《목숨》을 출판하고, 1924년에는 〈창조〉의 후신인 〈영대〉를 간행했으며, 1931년 〈동아일보〉에 《젊은 그들》을 연재하는 등 활발한 문예활동을 벌였다. 1933년 4월부터 조선일보 학예부에 근무했다. 1938년 2월 4일 자 〈매일신보〉에 쓴 산문 〈국기〉를 시작으로 일제에 협력했다. 태평양전쟁을 지지하고 학병과 징병을 선동하는 등 친일 반민족 행위를 펼쳤고 친일 소설 및 산문을 여러 편 남겼다. 해방 이후인 1946년 1월 전조선문필가협회 결성을 주선했고, 작품 활동을 이어갔다. 1949년 7월 중풍에 걸렸고, 1951년 1·4후퇴로 가족들이 피난을 떠난 이후 홀로 남아 세상을 떠났다.

김명식
1890~1943

민족운동가, 언론인. 일본 유학 당시 조선유학생학우회의 간사부장을 맡아 활동하는 등 독립운동에 앞장섰고, 1919년 2·8 독립선언에 참여했다. 귀국 후 〈동아일보〉 창간에 협력하고 논설위원을 지내다 1922년 2월 그만뒀다. 동아일보사에 근무하던 1920년 6월 28일, 경향 각지에서 조직되고 있던 청년회의 연합 통일체를 조직하기 위해 장덕수, 오상근, 장도빈, 박일병, 안확 등 50여 명과 함께 조선청년회연합 기성회를 발족시켰다. 1921년 1월에는 장덕수, 오상근 등과 조선청년회연합회를 중앙에서 지도할 목적으로 서울청년회를 결성했다. 노동운동에도 참여했는데, 1921년 3월 조선노동공제회 제3회 정기총회에서 회장으로 선출돼 활동했다. 1922년 11월 사회주의 사상을 선전하는 글을 〈신생활〉에 게재했다는 혐의로 사장 박희도, 기자 신일용, 유진희와 경성지방법원 검사국에 소환됐고, 징역 2년 형을 언도받았다. 미리 예정된 재판을 받는 건 무의미한 일이라는 판단에 항소를 포기하고 함흥 형무소에서 복역하던 중 신병으로 형 집행정지를 받아 풀려났다.

김사국
1892~1926

독립운동가. 1918년 6월 만주 철령으로 망명해 항일투쟁을 전개했다. 1910년대 말 귀국해 1919년 3월 한성임시정부를 수립하기로 결정하고, 같은 해 4월 서울 보신각 일대에서 국민대회를 개최했다. 1921년 1월에 서울청년회 결성을 주도하고, 4월부터 조선청년회연합회 집행위원으로 활동했으며, 10월 일본으로 건너가 사회주의 단체인 흑도회 결성을 주도했다. 1922년 1월 귀국한 후 조선청년연합회 정기총회에서 코민테른 자금을 전용한 사기 공산당 사건 관련자 장덕수, 김명식 등의 제명을 제안하지만 부결되자 서울청년회 탈퇴를 주도했다. 1922년 11월 만주로 망명해 룽징 동양학원, 영고탑 대동학원을 설립하고 사회주의 이념을 전파하기 위해 노력했다. 중국 관헌의 탄압으로 재차 러시아로 망명했지만 폐병이 악화돼 귀국하게 되고, 1924년 12월 사회주의자동맹 창립에 참여했다. 이를 계기로 1920년대 우리나라 사회주의 운동의 양대 산맥이 형성됐다. 2002년 건국훈장 애족장 수훈.

김상옥
1889~1923

독립운동가. 일찍 아버지를 여의는 불우한 환경 속에서도 주경야독으로 국제 정세에 대한 안목을 기르고, 3·1혁명 이후 본격적으로 독립운동에 뛰어들었다. 1919년 4월 혁신단이라는 비밀결사를 조직하고 12월에는 암살단을 조직했다. 1920년 4월 전라도 지방에서 친일 민족 반역자들을 총살하고, 오성 헌병대분소를 습격해 장총 3정과 군도 한 자루를 탈취했다. 5월에는 동지들과 사이토 총독 암살 계획을 세우고 미국 의원단이 방한하는 8월 24일을 거사일로 잡으나 사전에 일본 경찰에 발각돼 동지들은 붙잡히고 김상옥은 10월 만주 선양으로 망명했다. 11월에는 임시정부에 가담하는 한편 의열단에도 입단했다. 이후 국내외를 오가며 독립운동 자금을 마련하고 일본의 주요 기관을 파괴하기 위한 계획을 세우는 등 다방면으로 활약하다가 1923년 1월 조선 총독 암살 계획을 실행에 옮기기 위해 압록강을 건너 국내에 잠입했다. 1월 12일 밤 종로경찰서에 폭탄을 던져 건물 일부를 파손시키고 행인에 중경상의 피해를 입히나 일본 경찰은 투탄의 주인공이 누구인지 어디에 은신해 있는지도 모른 채 허둥대다가 17일, 수사주임 미와의 탐문으로 21명의 무장 경찰을 은신처인 매부 고봉근의 집으로 보낼 수 있었다. 포위된 사실을 알아채자 김상옥은 홀로 양손에 권총을 들고 맞서 싸워, 먼저 종로경찰서 형사부장인 다무라를 사살하고 이마세, 우메다 경부 등에게 중상을 입힌 후 추격을 따돌리며 남산을 지나 금호동에 있는 안장사로 피신했다. 그리고는 승복을 입고 변장해 산을 내려와 18일에는 수유리 이모 집, 19일에는 효제동 이혜수의 집에 은신했다. 그러나 동료가 체포되는 과정에서 은신처가 일본 경찰에게 밝혀졌고 22일 5시 반경 기마대와 무장 경관 수백 명에 겹겹이 포위되고 말았다. 다시 단신으로 3시간 반 동안 총격전을 벌여 구리다 경부 포함 10여 명을 살상하지만 탄환이 부족해 결국 대한독립만세를 부르며 마지막 탄환으로 자결했다.

김소월
1902~1934

시인. 평안북도 구성 출생으로, 오산학교에서 스승 김억에게 시재를 인정받았다. 1920년 〈창조〉에 〈낭인의 봄〉 등 다양한 시를 발표했고, 1922년 배재고등보통학교에 진학한 이후에는 주로 〈개벽〉을 통해 〈금잔디〉, 〈엄마야 누나야〉, 〈개여울〉 등의 작품을 발표했다. 1923년 도쿄상과대학 전문부에 들어가나 9월 관동대지진이 일어나 귀국하고, 김억을 위시한 〈영대〉 동인에 가담해 〈밭고랑 위에서〉 등을 발표했다. 1925년 시집 《진달래꽃》과 〈개벽〉에 시론 '시혼'을 발표해 전성기를 이루었다. 조부가 경영하는 광산업에도 종사하나 실패하자 처가인 구성군으로 이사하고, 구성군에서는 〈동아일보〉 지국을 개설하나 이번에도 경영에 실패했다. 이후 생활고에 시

달리고 삶의 의욕을 잃어버려 1934년 고향인 곽산에서 아편을 복용하고 자살했다.

김시현
1883~1966

독립운동가. 안동 출신으로 일본 메이지대학 법학부를 졸업했다. 1919년 3·1혁명을 겪은 후 만주로 망명했다가 이후 의열단에 합류했다. 1922년 모스크바 극동 혁명단체 대표회의에 한국 대표로 참석했고, 1923년 황옥과 함께 국내에서 거사를 계획하던 중 체포돼 징역 10년 형을 선고받았다. 출옥 후 1929년 다시 만주로 돌아가 독립 동맹을 조직하는 등 지속적으로 독립운동을 전개해 수차례 투옥과 출옥을 반복했다. 해방 후에는 1950년 제2대 국회 의원에 당선됐다. 1952년 이승만을 암살하려다 미수에 그쳐 투옥되고, 1960년 4·19혁명으로 석방됐다.

김약수
1890~1964

정치가, 사회주의 계열 독립운동. 1920년 9월 우리나라 최초의 노동운동 단체인 조선노동공제회를 창설한 혐의로 체포됐다. 1925년 조선공산당을 조직해 국제공산당의 승인을 받지만 1926년 체포돼 6년간 복역하고, 친일 단체인 임전보국단에 불응해 여러 번 구금당했다. 일제시대에 총 9년 7개월간이나 복역했다. 광복 후 좌익 노선에서 이탈해 조선인민공화국 수립에 반대하는 한국민주당의 조직부장으로 활동했다. 1948년 5·10 총선거에서 경상남도 동래 선거구 제헌의원에 당선되고 초대 국회 부의장에 선출됐다. 국회에서 반민족행위특별 조사위원회 활동에 적극적으로 나서는 등 소장파 의원의 지도적 역할을 했지만, 1949년 6월 국회 프락치 사건에 연루돼 복역하던 중 6·25전쟁이 일어나자 출옥해 월북하였다.

김억
1895~?
親日

시인, 문학평론가, 친일 반민족 행위자. 1919년 2월부터 1921년 5월까지 〈창조〉의 동인으로, 1920년 7월부터 1921년 5월까지 〈폐허〉의 동인으로 활동했다. 1923년 4월 라빈드라나트 타고르의 시집 《기탄잘리》를 번역했고, 같은 해 6월 한국 최초의 현대 창작시집 《해파리의 노래》를 조선도서주식회사에서 발간했다. 1937년 5월 조선총독부가 주도한 조선문예회에 참여하고, 같은 해 9월 경성일보사와 매일신보사가 공동 주최하고 조선문예회가 후원한 애국가요대회에 〈종군간호부의 노래〉와 〈정의의 사〉를 발표했다. 1939년 10월 조선문인보국회 창립에 발기인으로 참여했고, 1941년 1월 국민총력 조선연맹 문화부 위원을 맡았다.

김원봉

1898~1958

정치가, 독립운동가. 1919년 12월 윤세주, 이성우, 곽경, 강세우 등과 의열단을 조직하고 단장이 됐다. 의열단의 암살 대상은 조선 총독 및 총독부 고관, 군부 수뇌와 매국적 친일파 거두 등이었다. 만주와 상하이, 난징 등지에서 경찰서 폭파, 요인 암살 등 무정부주의적 투쟁을 지속했고, 이후 연합투쟁 및 조직투쟁의 필요성을 깨달아 1926년 황푸군관학교 훈련생으로 입소하며 투쟁 노선을 변경했다. 1927년 중국국민당 북벌에 합류하고, 1929년 상하이에 정치학교를 개설했으며, 1932년 중국국민당계의 도움을 받아 난징에 조선혁명간부학교를 창설했다. 1930년경에는 베이징에서 조선공산당 엠엘파인 안효구와 제휴해 조선공산당 재건동맹을 결성했으며, 레닌주의 정치학교를 개설하고 기관지 〈레닌〉을 발간하기도 했다. 1932년 11월 대일전선통일동맹을 결성해 혁명 세력의 결집을 꾀하고, 1935년에는 신한독립당, 한국독립당, 대한독립당, 조선혁명당, 의열단의 5개 단체를 규합해 한국민족혁명당(1937년 조선민족혁명당으로 개칭)을 조직했다. 1937년 말 중일전쟁이 발발하자 우한으로 가서 조선민족혁명당을 중심으로 전위동맹, 혁명자연맹, 민족해방연맹 등의 단체와 조선민족전선연맹을 결성해 대일 선전전에 주력했다. 1938년 중국국민당 정부의 동의를 얻어 조선의용대를 편성, 대장에 취임하고, 장제스의 주선으로 김구와 함께 각 혁명단체가 공동 정강하에 단일 조직을 만들 것을 제의하는 '동지 동포에게 보내는 공개서간'을 1939년 5월 발표했다. 이러한 중국국민당과의 관계 및 대한민국임시정부와의 합작 노력은 최창익 등과 달리 민족운동은 계급에 기반을 둔 공산주의 운동이 아니라, 일본과의 투쟁을 위한 연합 전선 결성이 중심이어야 한다는 노선에서 출발한 것이었다. 따라서 중국공산당은 김원봉에게 소시민적 기회주의자이며 개인영웅주의자라는 낙인을 찍었고, 김원봉이 조직한 조선의용대 대원들은 김두봉의 독립동맹으로 흡수되기도 했다. 1944년 임시정부 군무부장에 취임하고, 광복군 제1지대장 및 부사령관 등을 역임했으며, 조선인민공화국 내각의 군사부장에 이름을 올리고, 1945년 귀국 후 임시정부에 참여해 좌우합작을 추진했다. 신탁통치반대운동을 주도하던 임시정부 측이 좌우합작을 거부하자 비상국민회의에서 탈퇴하고 민주주의민족전선 의장단의 한 사람으로 피선돼 임시약법 기초위원으로 활동했다. 1946년 6월 조선민족혁명당을 인민공화당으로 개칭하고 지속적으로 연합 전선 구축에 노력하나, 여운형이 암살되고 남한만의 단독정부 수립이 본격화되자 월북해 1948년 남북제정당사회단체연석회의에 참가했다. 이후 북한에서 국가검열상, 내각 노동상, 최고인민회의 대의원 등을 역임하지만 1958년 11월 숙청당한다.

김익상
1895~1941

독립운동가. 1920년 비행사가 되기 위해 중국 광둥으로 가지만 중국 내전으로 비행학교는 폐교되고 김익상은 상하이로 돌아온다. 상하이에서 항일운동을 결심하고 베이징으로 가 의열단에 가입했다. 1921년 총독 암살을 위해 국내로 들어왔고, 전기 수리공으로 변장하고 총독부에 잠입해 2층 비서과와 회계과장실에 폭탄을 던졌다. 총독실로 오인한 비서과에 던진 폭탄은 터지지 않았으나 회계과장실에 던진 폭탄이 크게 터졌고, 김익상은 이로 인한 혼란 상태를 이용해 현장을 빠져나와 중국으로 무사히 탈출했다. 1922년에는 일본의 전 육군 대신이자 육군 대장인 다나카 기이치가 상하이에 도착한다는 정보를 입수하고 다나카 암살을 위해 의열단 동지 오성륜과 작전을 결행한다. 황포탄에 도착한 다나카가 배에서 내려오자 오성륜이 권총을 발사하지만 불행히도 영국 여인이 다나카를 앞질러 가며 막아서는 바람에 총알은 영국 여인에게 명중했고, 달아나는 다나카를 향해 김익상이 총을 쏘았으나 빗나가고 말았다. 일본 나가사키로 압송돼 사형을 선고받지만 이후 무기징역으로 감형되고, 누차 감형되어 21년간 옥고를 치렀다. 출옥 후 귀향하나 일본 형사에게 연행된 뒤 소식이 없었고, 암살당했을 것이라는 추측만 있다. 1962년 건국훈장 대통령장 수훈.

김재봉
1891~1944

사회주의 활동가. 1920년 〈만선일보〉에서 기자로 일하다 1921년 '다이쇼 8년 제령 제7호' 위반으로 6개월간 복역하면서 공산주의를 받아들였다. 1922년 모스크바에서 열린 극동인민대표대회에 여운형, 김규식 등과 참가했고, 그해 11월 베르흐네우딘스크 연합대회에 참가하면서 이르쿠츠크파에 가담했다. 1923년 당과 공청을 조직하라는 꼬르뷰로(고려국)의 지시를 받고 경성으로 돌아와 상하이파, 조선노동연맹회, 북성회, 무산자동맹회 등과 코르뷰로 국내부를 조직하고 당 조직 책임비서가 됐다. 이후 대외 활동을 위해 1923년 신사상연구회를 조직하고 지역 단체들과 연결 고리 확보에 노력했는데, 이러한 노력으로 1924년 조선노동총동맹이 결성됐다. 1925년 조선공산당을 결성해 비서부 위원 겸 책임비서가 되지만, 신의주 사건으로 조직이 탄로 나자 뒷일을 강달영 등 5인의 후계 간부에게 일임한 후 검거되어 6년간 복역했다. 2005년 건국훈장 애국장 수훈.

김지섭
1885~1928

독립운동가. 독립투쟁을 목적으로 국경을 넘어 만주, 상하이, 시베리아 등 각지를 돌아다니다가 1922년 상하이에서 의열단에 가입했다. 1924년 초 일본 도쿄에서 제국의회가 열린다는 소식을 듣고 일본 고관들을 저격하고자 도쿄에 가기로 하고, 이듬해 1월 4일 도쿄로 가던 중 제국의회가 무기한 연기되었다는 소식을 듣고 계획을 바꾸어 황성에 투탄하기로 결정한다. 이에 1월 5일, 폭탄 한 개를 던지고 재빨리 궁성 쪽으로 달려갔고, 호위 경관들이 달려오자 나머지 폭탄은 니주바시 한복판에 던지고 붙잡혔다. 1925년 8월 도쿄 공소원에서 무기징역을 언도받고 지바 형무소에 수감돼 있던 중 옥사했다. 1962년 건국훈장 대통령장 수훈.

김찬
1894~?

사회주의 계열 독립운동가. 1925년 4월 서울에서 열린 조선공산당 창립대회에서 선전부장이 된다. 제1차 조선공산당 검거 사건 때 상하이로 망명해 조선공산당 임시상하이부를 결성했다. 1927년 7월 북만주로 활동 근거를 옮긴 후 제1차 간도공산당 검거 사건으로 파괴된 조공 만주총국(화요파)의 재건을 주도했다. 이후 당 만주총국의 간부로서 신민부 반대운동에 앞장섰으며, 1928년 9월 지린에서 정의부에 참가해 중앙집행위원이 됐다. 1929년 6월 정의부와의 제휴 여부를 둘러싸고 당 만주총국 내에서 이견이 발생하자 민족통일전선 전술의 지속을 주장해 당내 소수파가 됐다. 1931년 4월 국내 입국을 위해 블라디보스토크로 이동 중 검거되어 서울로 압송되었다.

김철수
1893~1986

공산주의 운동가, 독립운동가. 전라북도 부안 출신으로 도쿄에서 유학하던 중 신아동맹당을 결성해 반제국주의 운동을 펼쳤다. 1920년 최팔용, 이봉수 등과 일본 제국주의를 몰아내고 사회주의 국가를 건설하기 위한 사회혁명당을 조직하고, 이듬해 이동휘 등과 상하이에서 고려공산당을 결성하지만 파벌 대립에 실망해 1923년 귀국했다. 1925년에는 조선공산당에 입당해 조직부장, 책임비서 등을 역임했다. 1930년 국내에서 체포되어 1938년 잠시 출옥하나 다시 붙잡혀 1945년까지 옥고를 치렀다. 해방 후에는 친일파와 민족 반역자를 제외한 모든 세력의 연대를 주장하였으나, 지속되는 분열로 사회노동당이 해체되자 정치에 뜻을 잃고 낙향했다. 2005년 건국훈장 독립장 수훈.

김태석
1883~?
親日

친일 반민족 행위자. 1908년 한성사범학교를 졸업하고 일본으로 건너가 니혼대학 법과를 수료한 후 귀국했다. 충남공립보통학교, 평양공립보통학교 교사로 근무하다 1912년 9월 조선총독부 경찰관 통역을 맡았다. 1918년 경무총감부 고등경찰과에 근무하면서 독립운동가들을 고문하는 등 반민족 범죄를 저지르기 시작했고, 1919년 경기 경찰부 고등계 형사, 1923년 형사과장으로 승진한 뒤 퇴직했다. 친일 경찰로 고문왕이라는 별명을 가지고 있었는데, 1919년 9월 2일 서울역에서 사이토 총독에게 폭탄을 던진 강우규를 비롯한 수많은 독립운동가들을 고문했다. 1924년 군수로 전임해 경기 가평군수에 임명됐고, 이후 함남 참여관, 경남 참여관 등을 지내며 친일한 대가로 종4위 훈4등을 받았다. 1944년에는 중추원 참의에 임명됐다. 1949년 체포되어 무기징역과 50만 원의 재산 몰수 처분을 받고 복역하다 1950년 석방됐다.

김하구
1880~?

사회주의 운동가. 함경북도 명천 출신으로 1907년 신민회에 가담했다. 일본 와세다대학에서 공부했고, 1917년 블라디보스토크에서 전로한족 총회, 한인사회당 등에 참여했다. 1919년에는 상하이에서 한인사회당 조직 확대를 위해 힘썼으며 1921년 이동휘와 상하이파 고려공산당을 결성했다. 1926년 지린에서 조선공산당 만주총국을 결성하는 데 이바지하나 화요회의 만주 고려공산청년회와 통합이 추진되자 이에 반발해 탈당했다. 1927년 조선공산당이 제1차 간도공산당 검거 사건으로 와해되고 코민테른으로부터 12월 테제가 접수되자 상하이파 공산주의자들을 중심으로 조선공산당을 재건하고자 했다.

김하석
?~?

사회주의자. 1921년 2월 대한국민의회 군정부장을 맡았다. 자유시사변(6월)이 발생하기 전 약 4개월 동안 상하이파와 이르쿠츠크파가 대립·투쟁을 벌일 당시 이르쿠츠크파의 대표적 참모로 활동했고, 코민테른 동양비서부장인 슈미아츠키를 배경으로 상하이파 인사들을 투옥하는 데 실력을 발휘했다. 자유시사변을 규탄하는 간도 계열 11개 단체의 성토문을 보면, 김하석이 간도 계열 한국독립군을 러시아에 일본 밀정으로 고발하는 바람에 사정을 잘 모르는 적군(赤軍)이 진압에 나서기도 했다.

김한
1888~1938

독립운동가. 서울 출신으로 대한제국 정부에서 탁지부 주사 등의 일을 맡던 중 1905년 일본으로 가 호세이대학 정치경제과를 다녔다. 1912년 중국 만주로 망명해 각지에서 항일운동을 전개했고, 1919년 임시정부에 합류해 사법부 비서국장을 맡고 임시사료편찬위원회에서도 활동했다. 1920년 5월 국내로 들어와 원우관 등과 조선공산당을 결성하고, 6월에는 조선청년연합 기성회에 참여했으며, 이듬해에는 윤자영 등과 사회주의 사상단체인 서울청년회를 조직했다. 1922년 제3차 고려공산청년회 중앙총국 집행위원으로 활동했고, 경성양화 직공 파업을 지원하는 등 공산주의 및 노동 운동에 헌신했다. 특히 중립당 위원으로서 공산주의 단체 통일을 위해 노력했다. 1922년 12월 김상옥 의사의 거사 계획에 윤익중, 서대순 등과 함께 가담하여 1923년 1월 김상옥 의사의 종로경찰서 폭탄 투척을 성공시켰으며, 이로 인해 일경에 체포돼 6년의 징역을 선고받았다. 출옥후에는 1929년 조선공산당재조직준비위원회를 결성해 위원 겸 혁명자 후원회의 책임자로 활약하고, 신간회에도 참여해 복대표대회 중앙집행위원을 역임했다. 이후 소련으로 이동하나 스탈린에 의해 1938년 숙청당했다. 2005년 건국훈장 독립장 수훈.

김활란
1899 ~ 1970

親日

종교가, 교육가, 친일 반민족 행위자. 헬렌이라는 세례명을 한자식으로 고쳐 '활란'이라 했다. 1908년 이화학당에서 초등·중등·고등과를 졸업하고, 1918년 3월 이화학당 대학과를 졸업해 여성으로는 최초로 대학 졸업자가 됐다. 대학 졸업 후 바로 이화학당 고등보통과 교사가 되었고, 3·1혁명이 일어나자 비밀결사에 참여했다. 1923년 김필례, 유각경 등과 각지의 여자기독교청년회 대표들을 모아 조선여자기독교청년회연합회(YWCA)를 창설했으며, 1927년 2월 개최된 신간회 창립대회에 여성 대표 간사로 참석하고, 5월 근우회 회장으로 선출됐다. 기독교 단체 활동을 이어가던 1930년, 컬럼비아대학교 대학원 철학연구과에 입학해 우리나라 여성 최초로 철학박사 학위를 받았다. 1937년 중일전쟁이 일어나자 8월 20일 애국금차회의 발기인과 간사를 맡았으며, 제3차 조선교육령 공포 후인 1938년 6월 20일 이화여자전문학교와 이화보육학교 학생 400여 명을 동원해 이화애국자녀단을 결성하고 단장을 맡았다. 1938년 국민정신총동원 조선연맹이 설립되자 발기인으로 참여해 이사에 선임됐고, 1939년 이화여자전문학교와 이화보육학교 교장에 취임했으며, 1946년 4월 이화여자전문학교가 이화여자대학교로 승격 인가를 받은 후 초대 총장에 취임해 1961년까지 재임했다. 1948년 8월 조병옥과 대통령 구미 특사에 임명되고, 1950년 1월에는 한국여학사협회를 창설, 회장을 역임했다. 8월부터 11월까지 제1공화국 전시 내각의 공보처장을 지냈다.

김희선
1875~1950
親日

독립운동가, 친일 반민족 행위자. 3·1혁명 당시 안주군수라는 직위를 활용해 만세운동을 지원하다 상하이로 탈출했다. 1919년 대한민국임시정부에 참여해 군무부 차장과 육군사관학교 교관으로 활동했고, 1920년 상하이에서 만들어진 임시정부 산하 육군 무관학교 교장으로 재직했다. 같은 해 임시정부 군무부 차장으로서 만주에 들어가 대한청년단연합회, 대한독립단, 서로군정서를 통합하고 서간도에 임시정부 직속 기관인 대한광복군총영의 설치를 주도하며 항일 독립 전쟁을 계속했다. 이후 일본군에 항복하고 변절했으며, 한국전쟁 때 사망했다. 1980년 건국훈장 독립장이 수훈되었으나 사후 친일 행적이 드러나 1996년 국가보훈처에서 서훈을 취소했다.

나도향
1902~1926

소설가. 1922년 〈백조〉 동인으로 참여해 창간호에 단편소설 〈젊은이의 시절〉을 발표하면서 작가 생활을 시작했다. 1925년 〈벙어리 삼룡〉, 〈물레방아〉, 〈뽕〉 등을 발표하고, 1926년에 다시 일본에 갔다가 귀국한 뒤 얼마 되지 않아 요절했다. 나도향의 작품은 등장인물의 치밀한 성격 창조를 기반으로 한국 농촌의 현실과 풍속을 보였다는 관점에서 1920년대 한국 소설의 한 전형으로 꼽힌다.

나혜석
1896~1948

서양화가. 1918년 미술학교를 졸업하고 서울로 돌아와 잠시 정신여학교 미술 교사를 지냈다. 1919년 3·1혁명에 참가해 5개월간 옥고를 치르나 1922년부터 조선미술전람회 서양화부에 해마다 작품을 출품해 수상과 특선을 거듭한다. 1931년에는 도쿄의 제국미술원 전람회에서도 입선했다. 1927년 만주 안둥현 부영사로 일본 정부 외교관 신분이던 남편 김우영과 함께 세계 일주 여행에 올라 파리에서 약 8개월간 머무르면서 야수파 화가 비시에르의 화실에서 그림을 공부했다. 1934년 〈삼천리〉에 '이혼 고백서'를 발표해 사회적 논란을 불러일으켰으며 최린에게 정조 유린에 대한 위자료를 청구하는 소송을 제기하기도 했다.

마해송
1905~1966

아동문학가, 수필가. 본명은 마상규. 경기도 개성 출신으로 1919년 서울의 중앙고등보통학교를 중퇴하고 보성고등보통학교로 옮겼으나 1920년 동맹휴학 사건으로 퇴학했다. 1923년 〈새별〉지에 창작 동화 《바위나리와 아기별》, 《어머님의 선물》, 《복남이와 네 동무》 등을 발표하는 한편, 1924년 색동회에 가입해 어린이를 위한 문화 활동을 계속하면서 〈어린이〉지에 많은 동화를 발표했다. 아동문화운동에도 크게 관심을 가져 1957년 '대한민국 어린이헌장' 초안을 작성했으며, 1958년 대구에 어린이헌장비를 최초로 건립했다.

민영기
1858~1927
親日

조선 말기 관료, 친일 반민족 행위자. 조선과 대한제국에서 육군 대신, 탁지부대신, 농상공부대신을 역임했으나 1899년 김필제, 안경수 사건에 연루돼 유배형을 받기도 했다. 국권피탈 후 일제에 적극 협조한 공로를 인정받아 일본으로부터 남작 작위와 은사금을 받고 중추원 고문이 됐으며, 여러 차례 훈장도 받았다.

민원식
1886~1921
親日

언론인, 친일 반민족 행위자. 경기도 양평 출신으로 1899년 일본으로 건너가 후쿠오카 동아어학교 교사가 됐다. 1905년 3월 경무청 총순으로 임명된 이후 승훈랑, 광제원장, 궁내부 제일 회계 담당, 내무부 위생국장, 궁내성 사무시찰관 등을 역임했다. 1908년 5월 대한실업장려회를 조직하고, 이를 이지용과 함께 친일 단체인 대한실업협회로 확대해 부회장에 올랐다. 합방운동을 주도하면서 1909년 친일 단체 국시유세단 기관지 〈대동일보〉 사장이 됐고, 1910년 1월 〈시사신문〉을 창간해 대표가 됐다. 일제강점기에는 중추원 부찬의에 임명되고, 3·1혁명 이후 신일본주의를 표방하는 국민협회를 조직했으며, 4월 1일 〈시사신문〉을 다시 발행하고 사장이 됐다. 이후 도쿄에서 조선인 참정권운동을 전개하는 중에 1921년 2월 16일 도쿄 제국호텔에서 유학생 양근환의 단도에 찔려 암살당했다.

박그레고리
1896~1929

사회주의 운동가. 연해주 빈농 집안 출신으로 1919년 징집령이 내려지자 이를 피하고 독립단군대 조직에 가담해 부사령관이 됐다. 러시아 내전 당시 백위군과 일본군과 교전했으며 1921년에는 자유시사변을 겪고 1년 동안 투옥됐다. 시베리아 내전이 끝난 후에는 소련의 적군에서 활동했고, 1929년 소련과 중국과의 전쟁에서 전사했다.

박열
1902~1974

본명 박준식. 경북 문경 출신으로 경기고등보통학교 재학 중 3·1혁명에 참여했다. 그 후 일본인이 세운 학교에 다니는 치욕을 견딜 수 없다며 학업을 포기하고 문경으로 귀향했다. 그해 10월 독립운동을 위해 도쿄로 건너갔으며, 고학을 하며 일본 사회주의자들과 교류하다 무정부주의에서 독립의 해법을 찾았다. 1921년 사회주의 계열인 김약수 등과 흑도회를 결성해 시위, 규탄 투쟁 등에 적극 참여했고, 1922년 평생 동지이자 아내인 가네코 후미코를 만나 함께 항일운동을 전개했다. 1923년 일본 황태자 결혼식을 거사일로 잡고 폭탄 투척을 계획하던 중 관동대지진이 일어나 조선인과 사회주의자, 무정부주의자에 대한 검거 열풍 속에 구금됐으며, 조사가 진행되면서 천황과 황태자 암살을 준비한 사실이 드러나 사형을 선고받고, 일주일 만에 무기로 감형됐다. 22년 2개월이라는 장기간의 옥고를 치른 후 일제가 패망하고 나서야 출옥한 박열은 신조선건설동맹에 이어 재일본조선인거류민단의 초대 단장을 맡았으며, 1948년 영구 귀국했다가 한국전쟁으로 북한군에 의해 납북됐다. 1989년 건국훈장 대통령장 수훈.

박영희
1896~1930

독립운동가. 고향은 충청남도 부여로 호는 검추(劍秋)다. 스승 이시영을 따라 서간도로 건너갔고, 1915년 신흥무관학교에 입학했으며 졸업 후 교관과 학도감을 지냈다. 1919년 북로군정서에 들어가 1920년 청산리대첩에서 활약했다. 이후 일본군의 추격을 피해 러시아로 건너갔으나 자유시사변을 겪고 다시 만주로 돌아왔다. 1925년 신민부가 결성되자 보안사령을 역임하고, 신민부가 성동사관학교를 설립하자 교관이 되어 500여 명의 독립군을 키워냈다. 이후 국내에 잠입하여 군자금을 모금하는 등 독립운동을 계속하다가 1930년 러시아 고루지게에서 공산당원에 암살당했다. 1968년 대통령표창, 1977년 건국훈장 독립장 수훈.

박원희
1898~1927

철원에서 보통학교 교원 생활을 하다 도쿄로 유학을 갔고, 귀국 후 여성운동에 참가했다. 간도에 가서 교사 생활을 하며 독립운동을 위한 후진 교육에 매진하다 일본에 체포되어 2개월간 투옥됐다. 이후 여성동우회 창립 발기인이 되고, 경성여자청년회를 조직하는 등 여성운동에 적극 참가했다.

박재혁
1895~1921

독립운동가. 부산 출신으로 부산상업학교를 나와 동창인 최천택 등과 함께 독립운동에 투신할 것을 다짐했다. 1920년 8월 상하이로 이동해 김원봉에게 군자금을 받고 부산경찰서 폭파를 계획했다. 폭탄 및 무기를 고서 보따리로 위장해 경찰서를 찾아갔고, 서장을 직접 면담하는 기회를 포착하자 이 기회를 활용해 일본어로 서장을 꾸짖고 폭탄을 폭발시켜 거사를 성공시켰다. 박재혁은 중상을 입은 채로 일경에 체포돼 사형을 언도받으나 형 집행 전에 단식으로 순국했다. 1962년 건국훈장 독립장 수훈.

박종화
1901~1981

시인, 소설가, 비평가. 1947년 성균관대 교수와 서울시 예술위원회 위원장을 역임하고 공산주의에 반대하는 우익 진영의 대표자로서 1949년 발족한 한국문학가협회의 초대 회장이 됐다. 박종화는 1920년대 낭만주의 시인으로 출발해 시대고인 고독과 절망, 좌절에서 탈출하고자 하는 1930년대 식민지 현실에서의 이상 추구를 역사소설을 통해 실현하고자 했다.

박춘금
1891~1973
親日

정치 깡패, 친일 반민족 행위자. 1891년 경상남도 밀양에서 출생했으며, 일본으로 건너가 다양한 직종을 전전하다 재일 폭력배가 됐다. 1917년 5월 나고야조선인회 회장에 취임하고 일본인 폭력배 거두인 도야마 미쓰루와 교류했으며, 1920년에는 도쿄에서 조선인 노동자들을 모아 상구회를 조직하고 회장이 됐다. 상구회는 1921년 상애회로 개편됐는데, 그 취지와 달리 일본인 기업주 편에서 노동자를 압박했다. 1923년 9월 관동대지진 때 조선인 노동 봉사대를 결성하고 시체 처리와 조선인 색출 및 수용 등의 작업에 종사했으며, 1924년 4월에는 상애회의 지부 격인 노동상애회를 서울에 조직해 친일 단체 각파유지연맹에 참여시켰다. 이에 〈동아일보〉가 각파유지연맹을 비난하자 송진우를 납치해 폭행하기도 했다. 1924년 7월 하의도 소작쟁의에 개입해서는 농민 청년회를 습격하고, 1928년에는 상애회를 재단법인화하고 전직 총독부 경무국장 마루야마를 재단 이사장으로 영입했다. 1932년 도쿄 제4구에서 일본 중의원 의원에 당선된 것을 시작으로 몇 차례 더 당선된 바 있으며, 조선과 일본을 오가며 이권 사업에 개입하고 중일전쟁 때는 일제를 옹호하는 시국 강연을 하고, 태평양전쟁이 일어나자 필승 체제와 내선일체를 위해 야마토동맹을 조직하고 이사가 됐으며, 각종 시국 강연회를 주최했다. 1945년 6월 24일에는 대의당을 결성하고 당수가 됐다. 이에 강윤국, 유만수, 조문기세 의사는 1945년 7월 24일 대의당이 주최한 아시아민족분격대회에서 폭탄을 터뜨리는 부민관 의거를 일으켰다. 해방 후 일본으로 도피해 도쿄 민단 중앙본부 고문을 맡았고, 1955년 6월 조국통일촉진협의회를 조직했다. 1957년 일한문화협회를 설립해 상임고문을 맡았고, 1962년 도쿄에 있는 아세아상사의 사장이 됐다.

박헌영
1900~1955

공산주의 운동가. 예산 출신으로 예산군 대흥면 대흥보통학교를 졸업하고 경성고등보통학교로 진학했다. 1919년 경성고등보통학교를 졸업한 뒤 계속 영어를 공부하며 미국 유학을 시도하나 이루지 못했다. 1920년 9월 대한민국임시정부가 있는 중국 상하이로 건너가 이르쿠츠크파 고려공산당 상하이지부에 입당하고 고려공산청년동맹 책임비서를 맡았다. 1921년 허정숙의 소개로 주세죽과 연애를 시작하고 이듬해 결혼했으며, 1922년 1월 모스크바 극동인민대표자회의에 고려공산청년동맹 대표로 참석했고, 국내 공산당 조직을 위해 돌아오다 일본 경찰에 체포돼 1년 6개월을 복역했다. 1924년 1월 출옥해서는 2월 결성된 신흥청년동맹에 가입하고 기관지 〈신흥청년〉의 상무위원으로 활동했다. 4월에는 허헌이 사장으로 있는 〈동아일보〉의 기자가 됐다. 같은 시기에 국내 청년 단체의 통일 조직인 조선청년총동맹의 중앙검사위원으로 선임되고, 9월에 〈조선일보〉 사회부로 자리를 옮기나 10월 〈조선일보〉 제3차 정간 사건으로 해직된다. 1925년 4월 17일 김약수, 김재봉, 윤덕병 등과 조선공산당 창당대회를 개최하고 국내 공산당 조직을 창설하며, 다음 날 고려공산청년회를 결성하고 책임비서가 됐다. 그러나 11월 30일 제1차 조선공산당 사건으로 아내 주세죽과 함께 다시 체포된다. 1927년 11월 병보석으로 출감한 뒤, 1928년 11월 블라디보스토크로 건너가 1929년 6월부터 모스크바 동방노력자공산대학에서 2년간 수학하고, 1932년 1월 상하이에서 〈코뮤니티〉라는 기관지를 제작해 국내로 보내다가 1933년 7월 상하이 일본 영사관에 의해 체포된 후 국내로 옮겨져 치안유지법 및 출판법 위반으로 다시 복역한다. 1939년 출소한 뒤에는 경성콤그룹 조직에서 주요한 역할을 했고, 일본 경찰을 피해 광주에서 기와공장 인부로 생활하면서는 김성삼이라는 가명을 사용하기도 했다. 1945년 해방을 맞이하자 8월 19일 상경, 8월 16일에 결성된 장안파 공산당에 맞서기 위해 김형선, 이관술, 김삼룡, 이현상 등과 협의하고, 9월 3일 장안파 공산당과 담판을 벌여 조선공산당 중앙기구를 구성하고 책임비서가 됐다. 미국에서 귀국한 이승만이 창설한 독립촉성 중앙협의회에 10월 23일 참여하나 친일파 숙청에 대한 이견으로 11월 16일 탈퇴했다. 1945년 12월 임시정부 수립과 한반도 신탁통치안이 포함된 모스크바삼상회의 결과가 발표되자 이를 지지하였고, 1946년 2월 15일 좌익 세력의 통합 단체인 민주주의민족전선이 결성되자 의장단의 일원으로 선출됐다. 7월 12일 조선공산당 위폐 사건을 계기로 미 군정이 공산당을 탄압하고 검거를 감행하려 하자 9월 5일 북한으로 탈출했다. 1946년 11월 3일 조선공산당, 조선인민당 및 남조선신민당의 통합으로 남조선노동당이 결성되자 부위원장에 취임하고, 계속 북한에서 서한을 통해 남로당을 이끌었다. 1948년 9월 9일 북한 정권이 수립되자 부수상이 됐으며, 1950년 6·25전쟁이 발발한 후에는 인민군 총정치국을 창설하고 인민군 중장으로 참전했다. 1953년 김일성이 남로당계를 숙청하는 과정에서 8월 3일

체포되었는데, 평안북도 철산군 내의 산골에 감금돼 고문을 받고 1955년 12월 15일 미국의 간첩 혐의로 사형을 언도받아 처형됐다(처형일에 대해서는 1955년 12월 15일, 1956년 7월 19일, 1956년 12월 5일 등의 설이 있다).

박희도
1889~1952
親日

친일 반민족 행위자. 1919년 3월 1일 민족대표 33인의 1인으로서 독립선언서에 서명하고 태화관 회의에 참석했다. 그날 경무총감부의 유치장에 구금된 뒤 2년간 옥고를 치렀다. 중앙유치원 원감을 지내며 잡지 〈신생활〉을 창간했는데, 1922년 11월 제13호의 기사가 문제가 되어 3년간 함흥 감옥에서 옥고를 치렀다. 1924년 말 출옥한 뒤 독립계몽운동을 전개하던 중, 일제의 민족 분단 정책에 휘말려 1939년 내선일체 실현을 위한 동양지광사를 창설하고 기관지 〈동양지광〉을 발행했다. 1939년부터 1944년까지는 국민총력조선연맹과 조선임전보국단에서 활동했다. 이 밖에 1943년 학병을 독려하는 강연을 하는 등 친일 경향을 보여 광복 후 반민족행위자처벌법의 대상이 되기도 했다.

방정환
1899~1931

아동문학가. 1917년 손병희의 딸 손용화와 결혼하고, 1920년 일본 도요대학 철학과에 입학해 아동예술과 아동심리학을 연구했다. 1921년 김기전, 이정호 등과 천도교소년회를 조직해 본격적으로 소년운동을 전개했다. 1922년 5월 1일 처음으로 '어린이의 날'을 제정하고, 1923년 3월 우리나라 최초의 순수 아동 잡지 〈어린이〉를 창간했다. 5월 1일에는 어린이날 기념식을 거행하고 '어린이날의 약속'이라는 전단 12만 장을 배포했다. 1925년에는 제3회 어린이날을 기념하는 동화 구연대회를 개최했다. 1957년 소파상이 제정되고, 1971년 40주기를 맞아 서울 남산공원에 동상이 세워졌다. 동상은 1987년 5월 3일 서울어린이대공원 야외음악당으로 이전됐다. 1978년 금관문화훈장, 1980년 건국포장, 1990년 건국훈장 애국장 수훈.

배정자
1870~1952
親日

밀정, 친일 반민족 행위자. 아버지가 민씨 일파에게 처형된 뒤 죄적에 올라 어머니를 따라 유랑 생활을 했고 1882년 여승이 됐다. 1885년 아버지의 친구이자 밀양부사인 정병하의 도움을 받아 일본으로 도피했고, 1887년 이토 히로부미의 양녀가 됐다. 사다코로 개명하고 철저한 정보원 교육을 받은 뒤, 1894년 동학농민혁명 때 스파이 임무를 띠고 일본어 통역인으로 고종에게 접근했고, 고종의 총애를 받으며 이후 정치 정보를 빼내는 등 고급 밀정으로 활동했다. 1905년 이토의 밀서를 고종에게 전달한 밀서 사건으로 절영도에 유배되나 이토가 초대 통감부 통감으로 부임하자 다시 밀정으로 복귀했다. 1909년 조선 주둔 일본군 헌병대의 조선인 촉탁, 일본제국 외무부 공무원 등으로 근무했고, 1918년 10월부터 1919년 10월 29일까지 만주 하얼빈 주재 일본총영사관 직원으로 활동했다. 1920년에는 조선총독부가 만주 지역에 설립한 첩보 단체 만주보민회에서 활동했고, 1920년 일본군의 시베리아 출병 때는 일본총영사관 직원으로 만주, 시베리아를 오가며 군사 스파이 노릇을 했다. 그 후 간도, 상하이 등지에서 독립운동가들의 체포를 위해 암약하다 다시 국내로 돌아와 1922년부터 총독부 경무국의 촉탁으로 근무했다. 조선총독부 경무국장 마루야마의 지령을 받아 만주, 간도, 상하이, 중국 본토 등을 오가며 활동하다 당대 친일파 및 일본인에게 두려움의 대상이었던 대한통의부 비밀암살단 박희광의 위협으로 1927년 은퇴했다. 태평양전쟁이 발발하자 일본군 위안부 송출 업무를 맡아 70세 노구에도 불구하고, 조선인 여성 100여 명을 군인위문대라는 이름으로 남양군도까지 데리고 가 일본군의 위안부 노릇을 할 것을 강요했다. 해방 후 야산에 숨어 살다가 반민족행위처벌법에 따라 1949년 체포, 구속됐다. 1952년 2월 27일 사망했다.

변영로
1898~1961

시인, 영문학자. 1931년 미국 캘리포니아 주립 산호세대학에서 수학했다. 조선중앙기독교청년회학교 및 중앙고등보통학교에서 영어 교사 생활을 했고, 1919년에는 독립선언서를 영문으로 번역하기도 했다. 1933년 〈동아일보〉 기자, 1934년 〈신가정〉 주간을 지내다 광복 뒤 1946년 성균관대 영문과 교수, 1950년 해군사관학교 영어 교관으로 부임했다. 시작 활동은 1918년 〈청춘〉에 영시 〈코스모스(Cosmos)〉를 발표하면서부터인데 당시 천재 시인이라는 찬사를 받기도 했다. 변영로 시는 가락이 부드럽고 말씨가 정서적이어서 한때 시단의 주목을 받았고, 작품 기저에는 민족혼을 일깨우고자 한 의도도 깔려 있었다.

서상한
1901~1967

독립운동가. 대구 출신으로 1918년 일본에 유학하여 메이지대학 경제과를 거쳐 세이소쿠 영어학교에 입학했다. 평소 일본의 동화정책에 반대해왔던 서상한은 영친왕과 일본 황족의 가례일이 발표되자 우편배달부로 변장하고 일본 내무성 등을 폭파하고 사이토 총독과 이완용 등을 폭살할 계획을 세운다. 그러나 준비
중 밀정의 밀고로 체포되고 4년 형을 선고받았으며 출옥 후 무정부
주의 단체인 흑우회, 동흥조선노동동맹 등에 참여했다. 해방 때까지 일
본 경찰에 투옥된 독립운동가를 뒷바라지하는 등 독립운동에 다양
한 방면으로 헌신했으며 일본에서 사망 후 1975년 한국의 국립묘
지로 이장됐다. 1963년 건국훈장 독립장 수훈.

서초
1885~?

독립운동가. 충청북도 청주 출생으로 1909년 국권 회복을 위해 비밀 청년 단체인 대
동청년당을 조직했다. 대동청년당은 해방 때까지 일제 경찰에 발각되지 않고 다방면
에서 활약한 독립운동 단체였다. 1990년 건국훈장 애족장 수훈.

선우순
1891~1933
親日

전도사, 친일 반민족 행위자. 1915년 일본조합기독교회 산하 기성기독교회의 전도사
가 되면서 친일 행위를 시작했다. 1919년 4월 다카하시, 혼마 등과 배역유세단을 조
직, 황해도 및 평안남도 일대에서 만세진무운동을 벌였다. 일본조합기독교회의 이 같
은 배역운동은 함경도를 제외한 전 조선에서 전개됐는데, 선우순은 유일선, 신명균,
차학연과 함께 조선인 측 중심인물이었다. 이후 1920년 10월, 평안도 지방에 발흥한
독립사상을 파괴하기 위해 평남도지사 시노다의 사주와 지원으로 평양에 대동동지
회를 창립하고 회장에 취임했다. 일본과 조선 양 민족의 공존공영을 표방한 대동동
지회는 평양을 중심으로 친일 여론을 조성하고 정책을 선전하는 데 열을 올렸다. 그
리하여 선우순은 민원식과 막상막하로 1920년대 최대의 친일파가 되고, 1920년대에
조선에서 '내선일체'라는 말을 처음으로 쓴 것도 선우순이라고 전해진다. 1921년부
터 1933년까지 13년을 중추원 참의로 있었다.

신백우
1889~1962

계몽·독립운동가. 충청북도 청원 출신으로, 유년시절 신채호와 동문수학하고 보성
전문학교 법학과를 수료했다. 이후 청주 측량학교, 서울 태극학교에서 교사 생활을
하는 한편 신민회에 가입했다. 국권피탈 이후에는 만주에 성덕태상점을 개설해 독립
운동 기지 건설을 위해 노력했고, 상하이로 건너가서는 대한민국임시정부 수립 당시
부터 참여하나 이승만의 외교론에 반대해 신채호와 함께 탈퇴하고, 다시 만주로 건너
가 서로군정서와 광한단에서 활동했다. 1921년 귀국해서는 조선노동공제회의 중앙
집행위원이 됐고, 사회주의자로서 신사상연구회, 화요회, 조선노농총동맹 등의 간부
로 활약했다. 그러나 1924년 검거되어 1925년 출옥한 후에는 공산주의 계열과 단절

하고 농촌운동과 문중 사업에만 열중했다. 해방 이후 신탁통치 반대 국민총동원 중앙위원회 조직부장을 맡고, 대한독립촉성회에 참여하는 등 정치 활동을 벌이나 1946년 중반 이후부터는 대종교 사업에 전념했다.

신숙
1885~1967

독립운동가. 1903년 12월 동학에 입교하고, 1912년 천도교 종학강습소 간사로 선임되며 1917년 1월 중앙대종사 종법원이 됐다. 1919년 3·1혁명 때는 김영륜과 같이 보성사에서 인쇄하던 독립선언서를 교정하고 각 지방에 배포했으며, 그해 5월 일본 경찰에 잡히나 3개월 만에 석방됐다. 1920년 봄 상하이 대한민국임시정부가 천도교의 대표적 인물의 파견을 요청했을 때 적임자로 선임돼 상하이에서 천도교를 전파하는 활동을 했다. 이때《천도교의 실사》라는 책자를 간행해 선전 자료로 활용하기도 했다. 1925년 북만주 일대에서 홍진 등과 민족유일당운동을 전개하고, 1930년 7월 3일 북만주 각지에서 모여든 홍진, 지청천 등 40여 명이 한국독립당을 조직하자 이 당의 총무위원장, 문화부장 등으로 활약했다. 1931년 한국독립군의 참모장으로 쌍청현전투에 참전하고, 1933년에는 한국독립당이 편성한 한국독립군의 참모장으로서 난징, 상하이 등지에 파견되어 국민당 정부와 군사적으로 협력했다. 1945년에는 하얼빈에서 오광선 등과 재만동지회를 조직, 위원장으로 추대됐다. 1963년 건국훈장 독립장 수훈.

신우현
1865~1935

독립운동가. 1905년 을사의병에 참여하고, 1909년 만주로 망명했다. 1919년 류허현 삼원보에서 대한독립단에 가입해 활동하던 중 연호 사용 문제로 단체가 분열되자 민국독립단에 들어가 활동했다. 1920년 임정 직속의 광복군 참리부가 조직되자 내무사장을 맡았고, 〈독립신문〉이 경영난에 처하자 속간할 수 있도록 자금을 내기도 했다. 1921년 배달 농장을 경영하며 의민부를 조직, 부총재로 활동했다. 1963년 건국훈장 독립장 수훈.

신일용
1894~?

언론인, 정치가. 조선총독부 의학교를 졸업하고, 1918년 9월 전주에 병원을 개업했다. 1922년 2월 신인동맹회 결성에 참여하고, 〈신생활〉 기자를 겸하며 사회주의 사상을 활발히 소개하다 11월 신문지법 위반으로 기소되고 징역 1년 6개월을 선고받았다. 1925년 조선일보사 기자로 취직하지만 기사 내용이 문제가 되어 검거되고, 기소중지로 석방되자 상하이를 거쳐 북만주 지린으로 건너가 광동병원을 열었다. 1927년

3월부터 1928년 1월까지 〈동아일보〉, 〈조선일보〉를 통해 서울파의 입장에서 신간회와 함께하는 엠엘파를 비판하고, 1928년 신민부 중앙 간부로서 민족유일당론을 주장하는가 하면, 1930년 조선공산당재건설준비회 만주부 중앙위원 등에 오르나 1931년 일본 경찰에 체포돼 1933년 징역 1년 6월을 선고받았다. 해방 이후 반탁독립투쟁위원회 중앙집행위원을 지내고, 1948년 5월 부안에서 제헌국회의원 선거에 출마하나 낙선한다. 1950년 5월에는 무소속으로 제2대 국회의원 선거에 나섰지만 낙선했다.

안경신
1888 ~ ?

독립운동가. 기독교 신자로 평양여자고등보통학교 수료 후 고향에서 3·1혁명에 참여했다. 1919년 11월 오신도, 안정석 등과 대한애국부인회를 조직하고 평양 본부의 교통부원 겸 강서지회 재무를 맡았다. 많은 군자금을 모아 상하이임시정부로 보내는 활동을 하다 일본 경찰에 쫓기게 되자, 김행일을 따라 상하이로 망명했다. 1920년 미국 의원단 일행의 내한을 이용해 국제 여론을 환기시키고자 광복군총영에서 조직한 국내 결사대 제2대에 참가해 평양에 도착해서는 평안남도 경찰국 청사에 폭탄을 던지고 평양시청과 평양경찰서에도 폭탄을 투척하지만 도화선이 비에 젖어 불발되고 말았다. 이후 피신했으나 이듬해 3월 붙잡혔다. 안경신에게는 징역 10년이 확정됐다. 1962년 건국훈장 독립장 수훈.

안무
1883 ~ 1924

독립운동가. 대한제국 진위대 교련관 출신으로 1907년 군대해산과 1910년 국권피탈 이후 간도로 망명해 독립운동을 전개했다. 1914년 북간도에서 대한국민회를 조직하고 국민회군 400여 명의 부사령관이 됐으며, 1920년 대한독립군, 군무도독부군과 연합사령부를 구성하고 최진동 사령관의 부관으로 일제에 항거했다. 1920년 6월 독립군 부사령관으로 봉오동전투에 참전하고, 12월 일제의 반격에 미산으로 이동했다. 1921년 국민회군 한인보병자유대대에 소속되나, 자유시사변 이후 다시 만주로 건너갔다. 1923년 국민대표회의에 참석한 이후, 1924년 룽징에 본거지를 두고 항일투쟁을 전개하던 중 룽징 일본영사관 경찰의 습격으로 복부 관통상을 입고 병원에서 치료를 받지만 죽고 만다. 1980년 건국훈장 독립장 수훈.

양근환
1894 ~ 1950

독립운동가. 1921년 2월 국민협회 회장이자 조선총독부 중추원 부참의 민원식을 처단하기로 결의하고, 민원식을 찾아가 참정권운동의 허구성과 친일 매국 행위를 질책한 뒤 품고 있던 단도로 처단했다. 거사 후 나가사키 항에서 상하이행 일본 여객선에 승

선하려다 일본 수상경찰에 잡혀 도쿄로 호송되고, 1921년 도쿄지방 재판소에서 무기징역을 선고받으나 항소한다. 1922년 도쿄 공소원에서 무기징역이 확정됐다. 재판 과정에서 시종일관 의연하고 활달한 자세를 견지했다. 도쿄 감옥 등지에서 복역한 뒤 1933년 출옥했고, 1950년 6·25사변 때 퇴각하던 북한군에 납치돼 처형당했다. 1980년 건국훈장 독립장 수훈.

어윤적
1868~1935
親日

조선 말기 문신, 친일 반민족 행위자. 일본 유학을 다녀와 대한제국에서 외부 번역관, 용천부윤, 국문연구소 위원 등을 지냈으며, 국권이 피탈되자 조선총독부에서도 열심히 업무를 수행해 중추원 부찬의를 시작으로 중추원 참의에까지 올랐다. 일제 강점기에는 조선사 편수회 위원이 되어 《조선사》를 편찬하는 등 주로 역사 편찬 관련 업무에 종사했다.

엄인섭
1875~1936
親日

일본 밀정, 친일 반민족 행위자. 1907년 안중근, 김기룡과 의형제를 맺고 의병을 모집했다. 1908년 외숙부 최재형의 집에서 동의회를 조직하고 부회장으로 활동했으며, 국내 진공 작전에서 좌영장의 직책을 맡아 우영장인 안중근과 활약했다. 1909년에는 이범진 등과 비밀리에 고종을 배알하기도 했다. 그러나 1910년 병합 이후 변절해 일본의 밀정으로 활동했다. 1911년 블라디보스토크에서 발행되던 〈대양보〉의 활자 1만 5,000개를 절취해 〈대양보〉를 정간시켰고, 체포된 밀정 서영선을 탈출시키기도 했다. 동시에 항일 애국자 활동도 지속했다. 1911년 6월 권업회 간부로 일했고, 1914년 권업회와 신한촌 민회의 통합총회가 열렸을 때 최재형의 후임을 뽑는 회장 선거에서 31표로 최다 득표하나 사퇴했다. 그만큼 위장에 철저하고 노련했다.

제1차 세계대전 중에 이동휘 중심의 애국저금단과 북빈의용단 정보를 일본총영사관에 제공했고, 을사조약 당시 주한 공사였다가 주중 공사가 된 하야시 곤스케 암살 정보도 일본총영사관에 보냈다.

그러다 1920년 '간도 15만원 사건' 과정에서 일제의 밀정이라는 사실이 발각됐고, 1936년 사망했다.

염상섭
1897~1963

근대소설가. 보성중학교를 다니다 1912년 일본 교토로 건너가 부립 제2중학을 졸업하고 1918년 게이오대학에 진학하나 재학 중 조선독립선언서를 작성하고 오사카에서 시위를 이끌다 체포되는 바람에 학업을 마치지 못했다. 1920년 귀국해 〈동아일보〉 기자가 됐고, 오산학교에서 잠시 교편을 잡은 후에는 문예 창작에 전념했다. 동인지 〈폐허〉에서 활동했고 1921년, 출세작인 〈표본실의 청개구리〉를 발표했으며, 1922년에는 《만세전》에서 리얼리즘 수법으로 식민지 현실을 고발하는 등 왕성한 활동을 펼쳤다. 다시 일본에 건너갔다가 돌아와서는 1929년 결혼을 하고, 대표작 《삼대》 등 장편소설을 집필했다. 1936년부터는 만주로 옮겨 〈만선일보〉 편집국장 등을 맡아 생활했다. 해방과 함께 귀국해서는 〈경향신문〉 편집국장이 됐고, 6·25전쟁이 일어나자 해군 소령으로 휴전 때까지 정훈 일을 보았으며, 제대 후 서라벌예술대학장을 역임하며 계속 집필 활동을 펼치다가 1963년 3월 직장암으로 세상을 떠났다.

오동진
1889 ~ 1944

독립운동가. 1919년 3·1혁명 당시 의주에서 참가했다가 가족을 데리고 만주로 망명했다. 간도에서 안병찬과 대한청년단연합회를 조직하고 만주와 국내를 돌아다니며 독립사상을 기반으로 한 강연회를 개최했으며, 1920년 광복군총영을 결성하고 총영장으로서 항일 전투를 벌였다. 미국 국회의원단이 우리나라를 방문한다는 소식을 접하고서는 독립군들을 국내로 잠입시켜 일제 통치기관을 파괴하고 요인을 암살함으로써 항일 독립운동의 존재를 미 국회의원단에게 확인시켜주기로 결심했다. 총독부 폭파는 실패했지만, 신의주역 철도호텔, 선천경찰서와 군청에서의 작전은 성공했다. 1922년 대한통의부 교통부장, 재무부장으로 활동했고, 이후 군사부장 겸 사령장으로서 활발한 항일 무장투쟁을 수행했다. 1925년 대한통의부 이외 10여 개 단체와 정의부를 결성하고, 군사부위원장 겸 사령장으로 국경 지방 일본 경찰관서를 습격했다. 1926년 고려혁명당을 조직해 활동하다가 1928년 일본 밀정 김종원의 계략에 빠져 체포되고, 이후 무기징역을 언도받아 복역하던 중 모진 고문 끝에 옥사했다. 1962년 건국훈장 대한민국장 수훈.

오상순
1894 ~ 1963

시인. 원래 기독교 신자로서 1919년 교회 전도사로 활동했으나 이후 불교로 개종했다. 1921년 조선중앙불교학교, 1923년 보성고등보통학교에서 교편을 잡기도 했다. 전국 여러 사찰을 전전하며 참선과 방랑의 생활을 계속하고 많은 작품을 발표했다. 오상순의 문학 활동은 〈폐허〉 창간호에 자신의 인생관과 문학관을 담은 수필 〈시대고와 그 희생〉을 발표하면서부터 시작됐다. 대표작으로는 〈아시아의 마지막 밤 풍경)을 들 수 있다.

오성륜
1900~?

사회주의 운동가, 독립운동가. 함경북도 온성 출신으로 1906년 만주로 이주했다. 1919년 블라디보스토크에서 결성된 대한국민의회에 합류해 무장 부대에 입대하나 부대 배치에 불만을 갖고 1920년 조선독립단으로 적을 옮겼다. 1920년 의열단에 입단하고, 1922년 3월 김익상 등과 상하이에서 일본 육군 대장 다나카 기이치를 폭살하고자 하나 실패하고 현장에서 체포됐다. 1923년 감옥을 탈출해 최용렬, 한상오, 김강 등과 사회주의 단체인 적기단을 결성하고, 1924년에는 모스크바 동방노력자공산대학에 입학해 2년 뒤 졸업했다. 1926년 중국공산당에 입당해 재중국본부한인청년동맹 중앙집행위원으로 활동했고, 중국공산당 내 홍군의 군사 지휘부에서 군사 업무를 맡았다. 1936년에는 항일 민족통일전선을 추구하는 조국광복회 결성에 주도적으로 참여하고, 1938년 만주에서 결성된 동북항일연군에 합류해 제1로군 군수처장이 됐다. 그러나 1941년 일본 관동군과 만주국 경찰의 토벌에 쫓기다 투항한 이후 만주국에서 치안부 고문을 지내고, 일본이 패망한 후 팔로군에 체포됐다.

오하묵
1895~?

사회주의 활동가. 러시아에서 고등보통학교를 마치고 교사로 근무하던 중 제1차 세계대전이 발발하자 징집됐고, 전선에 배치되었다. 1917년 2월 러시아혁명이 발생해 임시정부가 수립되자 병사들에 의해 연대위원회 위원으로 선출되나 큰 부상을 당해 징집이 해제됐다. 고향에 돌아온 직후인 1917년 10월 러시아혁명이 일어나고 적백 내전이 일어날 때 조선인 자위대 지휘관, 연합 부대 참모부 요원으로 활동하면서 백군에 맞서 싸웠고, 1920년 소련공산당에 입당했으며, 1921년 조선인 빨치산 부대 군사 소비에트 부의장, 조선인 빨치산 부대 통합 여단장으로 지위가 높아졌다. 1920년 1월 이르쿠츠크 공산당 한인지부를 조직하고, 7월 이르쿠츠크에서 전로한인공산당 중앙총회를 개최했으며, 1921년 이르쿠츠크파 고려공산당을 조직하는 데 참여하고, 1922년 최고 군사교육기관인 프룬제 군사아카데미에 들어가 군사학을 전공하고 대령에 임명됐다. 이후 레닌그라드 국제 군사학교 조선과 과장으로 취임했다.

유진희
1893 ~ 1949

사회주의 운동가, 언론인. 1920년 사회혁명당 결성에 참여했고, 지주-소작인 관계를 노동자-자본가 관계로 등치시키며 소작운동을 농촌의 노동운동이라고 정의했다. 1946년 남조선과도입법의원 관선의원으로 선임되고, 1947년 1월에는 신탁통치 반대 결의안에 서명했다. 1992년 건국훈장 애족장 수훈.

유창렬
1897~1937
親日

친일 반민족 행위자. 1917년 진위경찰서 순사보에 임명되면서 조선총독부 소속 경찰이 되었고, 2년 뒤 순사로 승진했다. 1919년 종로경찰서로 근무지를 옮긴 뒤 보합단원 김도원을 체포한 공로를 인정받아 1921년 조선총독부로부터 경찰공로기장을 받았다.

윤극영
1903 ~ 1988

동요 작가, 동요 작곡가, 아동문화운동가. 1923년 색동회 창립 동인이었고, 조선 가사를 붙인 찬송가, 동요 창작을 시도했다. 〈제비 남매〉, 〈우산 셋이 나란히〉, 〈고기잡이〉, 〈외나무다리〉, 〈담 모퉁이〉 등을 작곡하고, 1924년 〈반달〉을 비롯해 〈설날〉, 〈할미꽃〉, 〈꾀꼬리〉 등의 창작 동요를 발표했으며, 본격적인 작품 활동을 하면서 〈고드름〉, 〈따오기〉 등의 동요에 곡을 붙여 동요보급운동을 전개했다. 1950년대 초 베이징에서 조선족 김정평과 그의 아버지 김철남이 〈반달〉을 중국어로 번역, 편곡하고 레코드로 취입했는데, 이후 30간 애송되다가 1979년 〈하얀 쪽배〉라는 제목으로 중국 전국 통용 음악 교과서에 수록됐다. 1956년 제1회 소파상을 수상했고, 1963년 서울교육대학 제정 '고마우신 선생님'에 추대됐다. 1970년 국민훈장목련장 수훈.

윤덕병
1884 ~ ?

사회주의자, 노동운동가. 서울 출신으로 1910년 서울 양정의숙 법률과를 졸업하고, 1920년 4월 조선노동공제회 결성에 참여해 서무부 간사가 됐다. 1921년 5월 조선공산당(중립당)에 참가하고, 1922년 1월 무산자동지회 결성에 참여했으며, 10월에는 조선노동연맹회 결성에 참여했다. 1923년에는 5월 노동사 결성, 6월 코르뷰로 국내부 결성, 7월 신사상연구회 결성에 참여했다. 고무직공 동맹파업에 관여했다가 일본 경찰에 체포됐고, 벌금형을 받았다. 1924년 4월 조선노농총동맹이 결성되자 중앙상무위원에 선출됐고, 6월 조선 공산주의 운동 통일을 위한 13인회에 참석했으며, 9월에는 조선기근구제회 위원이 됐다. 1925년 2월 전조선민중운동자대회 준비위원이 되고, 4월 조선공산당이 결성되자 중앙검사위원에 선출됐다. 1925년 10월경 일본 경찰에 검거돼 1929년 8월 출옥했고, 그 이후 활동은 잘 알려져 있지 않다.

윤석중
1911~2003

아동문학가. 1923년 보통학교에 재학하던 중 소년 문예 단체 꽃밭사를 결성하고 동인지 〈꽃밭〉을 발간했다. 1924년 글벗사를 만들어 동인지 〈굴렁쇠〉를 발간하는 등 일찍부터 소년문예운동을 시작했다. 1932년 첫 동요집을 출간한 뒤, 1933년 〈어린이〉 주간, 1934년 〈소년 주간〉의 주간, 1945년 〈주간 소학생〉 주간 등을 거치며 아동문학의 창작과 보급에 일생을 바쳐와 '아동문학의 아버지'로 불린다. 1956년 어린이들을 위한 모임인 새싹회를 창립했고, 이듬해 소파상, 1961년 장한 어머니상, 1973년 새싹 문학상을 제정했다. 총 1,200여 편의 동시를 발표했는데 그중 약 800여 편이 동요로 만들어졌다. 2003년 대전국립현충원 국가사회봉헌자 묘역에 안장됐다. 1966년 문화훈장 국민장, 2003년 금관문화훈장 수훈.

윤자영
1894~1938

사회주의 운동가. 경북 청송 출신으로 3·1혁명 당시 경성법학전문학교 재학생으로서 만세운동을 주도하고, 이 일로 일경에 체포돼 서대문형무소에서 1년간 옥고를 치렀다. 출옥 후에는 조선청년연합 기성회에서 중심적인 역할을 맡았고, 김사국, 이영 등과 사회주의 사상을 추구하는 서울청년회를 결성했다. 상하이로 망명한 후 1921년 5월, 상하이파 고려공산당에 입당하고 이듬해 러시아로 이동해 고려공산당 연합대회에 상하이파 소속으로 참가했다. 대회 후 코민테른에 파견되고 꼬르뷰로 위원으로 선임됐으며 코민테른의 지시에 따라 국민대표회의에 적극 참여함으로써 개조파의 일원으로 활동했다. 1926년 만주에서 조선공산당 만주총국을 조직하고 선전부장으로 활동했으며, 1929년 김철수, 김영만, 김영식 등과 조선공산당재건설준비위원회를 결성하고 조직부책임자로 활동했고, 중국공산당에도 가담해 동만특위 선전부에 몸을 담았다. 이후 모스크바 동방공산대학에 다녔으나 소련에 의해 1938년 처형당했다. 2004년 건국훈장 독립장 수훈.

이기동
1885~?

체육인. 육군 무관학교 동창생인 조원희 등과 당시 우리나라의 학교에서 실시하고 있는 체조 교육에 관심을 갖게 되면서 체조의 이론적 발전과 보급에 많은 활약을 했다. 1909년 7월 일본인 요코지와 공저로 보통학교 체조과 교원용 도서인 《최신 체조 교수서》를 발간하고, 10월에는 보성중학교에서 체조연구회를 조직, 학교 체조와 일반 국민의 체육 보급에 많은 공적을 남겼다. 1920년에는 조선체육회 창립총회 발기인 70여 명 중 한 사람으로 활약했다.

이명서
1890~1920

독립운동가. 신민회의 해외 독립운동 기지 건설 계획에 동참해 만주로 건너갔으며, 1919년 류허현 삼원보에서 대한독립단이 만들어지자 특파대장에 임명되고, 1920년 6월 황해도 지방 무장 활동 임무를 띠고 국내로 파견됐다. 황해도 은율에서 동지들을 규합하고 대규모 작전을 짜 친일 군수 최병혁을 사살했으며, 이후 신천군 초리면 도명리에서 은밀히 항일운동을 전개하던 중 일본 경찰에 위치가 알려져 포위당하고 치열한 전투 끝에 전사했다. 1990년 건국훈장 독립장 수훈.

이백초
1895~1934

사회주의 운동가. 러시아의 10월혁명에 고무돼 3·1혁명에 참여했으며, 1921년 초 일본 경찰의 검거를 피해 만주로 망명했다. 1922년 5월 러시아 공산당에 가입하고, 소련에 살고 있는 조선인들의 일반적인 문화와 정치교육을 위해 활동했다. 2006년 건국포장 수훈.

이봉수
1892~?

공산주의 운동가. 함경남도 홍원 출신으로 3·1혁명에 적극 참여한 뒤 상하이의 임시정부에 합류했다. 1920년 〈동아일보〉에서 경제부장을 지냈고, 1921년 상하이과 고려공산당에 입당한 뒤 해방까지 공산주의 운동을 전개했다. 해방 후에는 북조선인민위원회 재정국장에까지 올랐으나 한국전쟁이 발발하기 전 숙청당했다.

이상협
1893~1957
親日

언론인, 친일 반민족 행위자. 1909년 일본 게이오대학에서 유학하고 돌아와 1912년 매일신보사에 입사했다. 1918년 매일신보사 편집장이 되고, 고종의 국상을 취재해 많은 국민의 공감을 얻어냈다. 3·1혁명 이후 기자를 그만두고 민족지 창간에 노력하다가 1920년 4월 1일 〈동아일보〉를 창간했다. 초대 편집국장으로 논설위원과 사회부장, 정리부장을 겸했는데, 1921년 발행인은 사임하고 편집국장만 맡았다. 이후 조선총독부를 날카롭게 비판함으로써 압수 처분을 받기도 하고, 1923년 9월에는 관동대지진이 일어나자 일본으로 건너가 한국인 학살 현장을 취재해 올리는 등 종횡으로 활약했다. 1924년 4월 〈동아일보〉를 그만두고 〈조선일보〉로 옮겨 이사 및 편집고문이 됐고, 만화 〈멍텅구리 헛물켜기〉 연재를 시작했다. 여기자 최은희를 특채하고 지면 쇄신을 단행하는 등 〈조선일보〉의 발전을 위해 노력하나 1924년 9월 필화 사건이 일어나 무기 정간되자 사직했다. 1926년 11월 〈시대일보〉를 인수해 〈중외일보〉로 개칭하고 1931년까지 이끌었는데, 이로써 이상협은 3대 민간 신문에 모두 관계하는 기록을 세웠다. 그러나 이상협은 1933년부터 매일신보사 부사장으로 1941년까지 재직하면서 조선총독부에 협력하는 모습을 보였다. 1939년 국민정신총동원 조선연맹의 참사가 되고 기관지 〈총동원〉의 편찬위원으로 활동했다. 해방을 맞이하고 〈매일신보〉가 미 군정에 인계될 당시 잠깐 부사장으로 복귀했으며, 1951년 자유신문사 사장과 부사장을 역임했다.

이상화
1901~1943

시인. 1917년 대구에서 현진건, 백기만, 이상백과 〈거화〉를 내면서 시작 활동을 시작했다. 1919년 서울 중앙고보를 수료하고 3·1혁명이 일어나자 백기만 등과 대구 학생 봉기를 주도하지만 사전에 발각돼 실패했다. 1922년 현진건의 소개로 박종화를 만나 홍사용, 나도향 등과 함께 〈백조〉 동인으로 본격적인 문단 활동을 시작했으며, 김기진 등과 1925년 파스큘라라는 문학 연구 단체에 가담하고, 8월에는 조선프롤레타리아예술동맹의 창립회원으로 참여했다. 교남학교 교원으로 영어와 작문을 지도하다가 1940년 이후 독서와 연구에 몰두한 결과 《춘향전》을 영역했고, '국문학사', '불란서 시 정석' 등의 집필을 시도하나 완성하지 못하고 43세에 위암으로 사망했다.

이성
1888~?

사회주의 운동가. 함경북도 출신으로 1914년 동만주 지역으로 이주해 창동학교, 명동학교에서 교편을 잡았다. 1919년 11월 옴스크에서 열린 한인공산당 결성에 참여했고, 1920년 7월 이르쿠츠크에서 개최된 전로고려공산단체 대표자대회의 의장으로 활약했으며, 이듬해 열린 고려공산당 창립대회에서 중앙집행위원으로 선출됐다. 12월 상하이에서 상하이파 고려공산당 간부 조응순이 지도하는 결사대 성원에게 자유시사변의 가해자로 지목돼 피습, 부상을 입기도 했다. 국내에 들어온 후 통일된 조선공산당을 건립하기 위해 노력하다 1924년 9월 일본 경찰에 검거되고, 1927년 12월 출옥한 후 소련으로 망명했다.

이성근
1887~?
親日

언론인, 친일 반민족 행위자. 대한제국 시기 순검, 순사, 경부로 근무했다. 한일 병합 이후에도 계속 근무하다 1920년 경시로 승진했고, 평안북도 경찰부 고등경찰과장에 임명됐다. 만주 안둥현 일대 독립단 간부 12명을 비롯해 선천경찰서에 투탄한 박치의, 의주와 선천에서 군자금 모금 활동을 한 보합단원 백운기, 정의부 소속 독립군 등을 체포했고, 1927년 이사관으로 승진했다. 1939년에는 도지사로 승진해 충남도지사에 임명됐다. 동시에 국민정신총동원 충청남도연맹 회장을 맡았다. 1941년 충남도지사 사임 후, 매일신보사 이사 겸 사장으로 취임했고, 1942년 조선신문회 부회장, 1944년 국민동원총진회 고문으로 활동했다. 해방 후 1945년 10월, 매일신보사 사장직에서 물러나고, 1949년 반민특위 특별검찰부에 기소돼 공판이 진행되나, 병보석으로 풀려났다. 한국전쟁 중이던 1950년 8월 자택에서 납북됐다.

이여성
1901~?

화가, 학자, 사회주의 운동가, 독립운동가. 본명은 이명건. 경북 칠곡 대지주의 아들로 태어나 1918년 김원봉, 김약수 등과 만주로 망명했다가 3·1혁명 때 귀국했으며, 대구에서 혜성단을 조직하고 독립운동을 전개하던 중 체포됐다. 출옥 후 일본 유학 과정에서 사회주의 사상을 받아들여 1922년 북성회, 1925년 일월회 등에 참여했다. 1929년 귀국해서는 〈조선일보〉와 〈동아일보〉에 글을 기고하고 약소민족운동 연구에 매진했으며, 1944년 여운형이 주도한 건국동맹에 참여했다. 해방 후에는 민주주의민족전선 결성에 참여해 남조선신민당, 인민당, 조선공산당의 3당 합당을 위해 노력하나 1948년 월북 후 김일성종합대학의 교수가 됐다.

이영
1889~1960

사회주의 운동가, 독립운동가. 1919년 북청에서 3·1혁명에 참가했다가 체포되고 경성 감옥에 수감됐다. 1927년 4월경 조선공산당에 입당해 12월 조선공산당 제3차 대회에서 책임비서 겸 정치부장이 됐다. 1928년 6월 검거되어 4년간 복역했다. 1935년경 〈동아일보〉 경성지국을 운영하고, 해방 직전인 1945년 7월 최원택 등과 조선공산당 재건을 준비하다 일본 경찰에 검거됐다. 1948년 4월 평양에서 개최된 남북조선 제정당사회단체 대표자 연석회의에 근로인민당 대표로 참석하고, 9월 북한최고인민회의 부의장에 선출됐으며, 1953년 12월 최고인민회의 의장이 됐다. 1960년 8월 13일 사망했으며, 북한의 애국열사릉에 묻혔다.

이영식
1894~1981

독립운동가. 한국 특수교육의 선구자다. 1919년 계성학교를 졸업할 무렵, 대구와 서울에서 3·1혁명에 참여해 옥고를 치렀다. 1946년 대구맹아학원을 설립해 장애아동 교육에 헌신해오던 중 1956년 장애인 복지와 특수교육 지도자 양성을 위해 한국사회사업대학(대구대의 전신)을 설립하고 평생을 장애인 복지와 교육을 위해 헌신했다. 1990년 건국훈장 애국장 수훈.

이용
1888~1954

사회주의자. 헤이그 특사로 유명한 이준의 아들로, 이동휘와 함께 간도 및 시베리아에서 무장투쟁을 전개했다. 1920년 대한민국임시정부로부터 동로군(東路軍) 사령관에 임명되어 사관학교를 설립해 활동하다가 일본의 간도 출병에 따라 러시아 영토로 넘어갔다. 여기서 1921년 전한군사위원회를 결성하고 경고문을 발표하는데, 이로써 대한국민의회 측과는 갈등을 빚게 되고, 결국 자유시에 집결한 한국인 부대 지휘권을 두고 자유시사변이 일어난다. 이용은 이때 붙잡혀 이르쿠츠크로 압송돼가던 중 탈출에 성공하고, 이후 연해주로 돌아와 대한의용군사회를 조직하고 사령관이 됐다. 1921년 이만전투에서 백군과 싸우다 한운룡을 잃고 퇴각하던 도중 박일리야 부대와 합류하게 되고, 1922년 초 적군(赤軍)과 하바롭스크를 수복하자 적군 사령부는 한인 의용대의 공적을 높이 평가해 특별보병대대로 편성하고 이용을 대대장에 임명한다. 적군 특별보병대대로 개편된 한인의용대는 니콜라예프카부터 인스크 사이 500리에 달하는 넓은 지역의 치안을 맡았다.

이원수
1911~1981

아동문학가. 1926년 〈어린이〉지를 통해 동요 〈고향의 봄〉으로 등단했다. 1927년 윤석중 등과 기쁨사 동인으로 본격적인 작품 활동을 시작하면서 장편 동화 및 아동문학을 확립하는 데 큰 업적을 남겼다. 중일전쟁 이후 변절해 1942년 친일 잡지 〈반도의 빛〉에 일제의 전쟁을 찬양하는 작품을 발표했고, 광복 후 조선프롤레타리아문학동맹 아동문학부에 가입했다. 한국문인협회 이사를 지냈고, 한국아동문학가협회 초대 회장 등을 역임했다. 1982년 금관문화훈장 수훈.

이종암
1896~1930

독립운동가. 대구 출신으로 대구농업고등학교, 부산상업학교를 거쳐 1916년 대구은행에 취직했다. 그러나 항일의 뜻을 품고 독립운동가가 되기로 결심하고 1917년 만주 등지를 다니며 김대지, 구영필 등의 동지를 규합했다. 또한 은행의 돈을 들고 만주로 망명해 무관학교에 입학했다. 1919년 11월 김원봉, 이성우, 황상규 등과 의열단을 조직하고 상하이에서 폭탄 제조법을 습득했다. 은행에서 가져온 자금은 의열단의 거사 준비에 밑거름이 됐다. 1922년에는 상하이에서 일본 육군 대장 다나카 기이치를 제거하는 계획을 세우나 중도에 실패하고, 1925년 군자금이 부족해지자 자금을 모으기 위해 대구로 잠입했는데, 이때 일본 경찰에 체포돼 13년 형을 선고받았다. 복역 중 발병해 가출옥되나 1930년 사망했다. 1962년 건국훈장 독립장 수훈.

이진산
1883~1947

독립운동가. 1914년 중국 류허 일대에서 한족회 법무부장을 맡아 독립운동을 했다. 상하이임시정부 의정원 의원, 한족회 대표로 활동하면서 상하이에서 열린 국민대표회의에 참가했다. 이후 임시정부와 결별하고 류허로 돌아와 1922년부터 정의부 법무위원장을 맡았다. 1924년 일본 경찰에 체포돼 호송되던 중 탈출했는데, 1932년 1월 함경남도 북청경찰서에 다시 체포되어 8년간 감옥 생활을 했다. 출옥 후 1940년 4월부터 지하에서 독립운동을 했고, 1946년 12월부터 조선민주당 중앙위원회 부위원장으로 활동했다. 북한 애국열사릉에 묻혔다.

이화일
1882~1945

독립운동가. 1910년 국권피탈 이후 간도 허룽현으로 이주했고, 1919년 홍범도 휘하의 대한독립군에 입대했다. 1920년 독립군들의 빈번한 국내 진입 작전으로 일본군이 소탕 작전을 계획하자, 이에 대한 반격 작전으로 일본군 120여 명을 전사시켰다. 이후 일본군이 다시 공격을 시도할 때 고려령 서쪽 고지에 매복해 있다가 급습함으로써 일본군을 크게 물리치는 전과를 거뒀다(봉오동전투). 1977년 건국훈장 독립장 수훈.

임원근
1900~1963

사회주의 운동가. 일본 게이오의숙에서 공부하며 사회주의를 수용했다. 1921년 상하이에서 고려공산청년단 상하이회 중앙위원이 되고, 이 무렵 이르쿠츠크파 상하이지부에 들어갔다. 1922년 모스크바에서 열린 극동청년대회에 고려공산청년단 대표로 참가했고, 같은 해 박헌영, 김단야와 고려공산청년회 제2차 중앙총국을 결성하고 집행위원이 됐다. 국내에서 활동하기 위해 귀국하다가 압록강변에서 검거돼 1년 6개월 징역을 살았고, 출옥 이후 경성에서 신흥청년동맹, 화요회 등에 가입했다. 1924년 〈동아일보〉 기자가 되나 동맹파업 주도 혐의로 곧 해고되고, 같은 해 허헌의 딸 허정숙과 결혼했다. 1925년 화요파가 주도한 전조선민중운동자대회 준비위원이 되고, 고려공산청년회 중앙집행위원으로 선임됐다. 이번에는 〈조선일보〉 기자가 되나 사회주의자를 해고하라는 일본의 압력에 따라 해직되고, 11월 제1차 조선공산당 사건에 연루돼 징역 3년 6개월을 선고받았다. 1931년 신간회 해소에 반대하여 '해소 운운은 인식 착오'라는 글을 발표했다. 1932년 허정숙과 이혼하고, 이 무렵부터 사회주의 운동에서 물러났다. 1933년 〈조선중앙일보〉에서 활동했고, 해방 후에는 1947년 민주주의독립전선 준비위원회 결성에 참가했다. 1963년 서울에서 사망했다. 1993년 건국훈장 애국장 수훈.

장건상
1883~1974

독립운동가. 경북 칠곡 출신으로 1905년 와세다대학 정치학과에 입학하나 중도에 퇴학당한 후 게일 목사의 추천으로 미국 인디애나 주립대학 법학과에서 공부했다. 졸업 후 1917년 상하이로 이동해 동제사에 가입했으며, 임시정부에서는 외무차장을 맡았다. 1921년에는 이르쿠츠크 고려공산당 대회에 참석해 정치부 위원이 된 후 제3인터내셔널에 참가해 레닌을 만났다. 1922년 김성숙 등과 항일 논조의 잡지 〈혁명〉을 간행했다. 의열단에도 가입해 국내로 폭탄을 보내는 역할을 맡았고, 임시정부에서 지속적으로 활약했다. 광복 후 조선인민당에 몸을 담았다가 1950년 국회의원 선거에서 당선됐다. 이후 혁신당 사건에 연루돼 징역형을 선고받았다. 1986년 건국훈장 대통령장 수훈.

장덕준
1891~1920

언론인. 동아일보사 초대 주간을 지내고 해방 이후 한민당에서 활동한 친일 행위자 장덕수의 형이다. 1917년 일본 도쿄의 한국인YMCA 부간사로 있으면서 청년운동과 사회운동에 뛰어들었고, 일본에 머무는 동안 민주주의와 민족주의에 대한 이론 연구에 힘썼다. 1920년 〈동아일보〉 창간에 함께하여 논설위원, 통신부장, 조사부장 등을 맡았다. 같은 해 7월 봉오동전투가 발생하고, 이에 일본군이 훈춘사건을 조작해 대규모 부대를 간도로 들여보내기 시작했다. 당시 〈동아일보〉는 발행 정지 상태였으나 종군을 지원해 11월 간도에 도착할 수 있었다. 이후 일본영사관과 토벌군 사령부에 종군을 요청한 뒤, 일본군의 간도 대학살을 취재하다 일본군에 살해당해 최초의 순직 언론인이 됐다.

장지필
1898~?

사회운동가. 백정의 아들로 태어나 정식 교육을 받지 못했으나 글을 스스로 익혔다. 29세 때 일본 메이지대학 법과에 입학했다. 귀국해 조선총독부 취직을 준비하던 중 민적란에 '도한(백정)'이라고 기재돼 있는 걸 보고 취직을 포기했다. 이를 계기로 백정해방운동, 진주 조선형평사 결성에 참여했다. 1924년 3월 형평사혁신동맹을 창립하고 4월 서울에서 형평사혁신동맹 총본부를 발족시켰다. 1935년 형평사의 명칭을 대동사로 변경하고, 해방 후 1955년 조봉암 등 진보적 민족주의자 및 혁신계 인사와 진보정당 결성 과정에 참여해 12인의 발기인으로서 진보당 창당에 기여하고 총무위원장을 역임했다.

정만조
1858~1936
親日

조선 말기 문관, 친일 반민족 행위자. 조선에서 동부승지, 궁내부대신 참서관 등을 역임했으나 을미사변에 연루된 혐의를 받아 유배에 처해졌다. 고종이 강제 퇴위된 뒤 대한제국에서는 규장각 부제학 등을 지내며 한일 병합을 역설했다. 일제강점기에 대동사문회 부회장, 경학원 대제학을 지냈고, 죽을 때까지 조선사 편수회 위원으로 활동했다.

정백
1899~1950

사회주의 운동가. 본명은 정지현. 1927년 3월 상하이에서 조선공산당에 가입했으며, 1932년 10월 장일환 등과 조공 재건에 협의하고 중앙책임자가 됐다. 1934년 1월 '전북 지역 조공 재건 사건'에 연루돼 체포되었고, 1945년 7월 최원택 등과 조공 재건을 위한 준비 모임을 갖고 활동하다 일본 경찰에 검거됐다. 1948년 4월 평양에서 열린 남북 연석회의에 참석하고, 8월 해주에서 열린 남조선 인민대표자대회에서 최고인민회의 대의원으로 선출됐다. 1949년 10월 남한에서 통일전선 공작을 확대하기 위해 서울에 잠입했다가 경찰에 체포됐는데, 기자회견을 통해 사상 전향을 선언하고, 이후 국민보도연맹의 명예간사장이 됐다. 6·25전쟁 때 북한 정치보위부에 체포되어 총살당했다.

정재달
1895~?

사회주의 운동가. 1919년 고향에서 3·1혁명에 참여한 후 1920년 니혼대학 야학부에 들어갔다. 이때 사회주의 사상을 접했고, 1921년 4월 사회주의 비밀결사 적권단 결성에 참여해 활동하다가 여러 차례 옥고를 치렀다. 1922년 생활고로 학업을 그만두고 국내에서 사회주의 활동을 본격화하기 위해 귀국한 후 4월 조선공산당 그룹에 가담하고 8월에는 고려공산청년회 제3차 중앙총국 위원이 됐다. 10월에 열린 베르흐네우딘스크 고려공산당 연합대회에 참석해 조선공산당의 중립성을 주장했고, 11월 국제공산청년동맹 제3차 대회에 참석했다. 1923년 봄, 코민테른의 '조선 문제에 대한 1922년 12월 결정서'에 따라 코르뷰로에 가입했고, 6월에 귀국하여 국내 지부를 점검하나 일부 공산주의 그룹의 반대로 다시 블라디보스토크로 건너갔다. 12월 국내 사회운동 단체를 기초로 해외의 혁명 단체까지 포괄하는 민족혁명당 건설을 내용으로 하는 성명서를 발표하고, 코르뷰로에서 탈퇴했다. 1924년 4월 코민테른의 '조선 문제에 대한 1924년 2월 결정서'에 따라 블라디보스토크에서 오르그뷰로 결성에 참여하고 국내 지원을 위해 들어왔다가 9월, 일제 경찰에 체포돼 징역 3년을 선고받았다. 1928년 4월 화요파 공산주의자들과 독자적인 고려공산청년회를 결성하나 1929년 4월 코민테른에 넘기고, 6월 신간회 복대표대회에서 중앙집행위원으로 선출됐다. 1929년 12월 모스크바 동방노력자공산대학에 입학해 1931년 봄 졸업한 후, 11월에 코민테른의 지시를 받고 귀국했으며, 남해 지역에서 적색노동 조합을 조직하려다 1932년 12월 일제 경찰에 체포돼 징역 5년을 구형받았다. 1943년 화요파 공산주의자 그룹의 중앙위원이 되고, 1945년 3월 이후 건국동맹 군사위원회에 참여해 노농군의 편성을 계획했다. 7월, 일제 경찰에 체포되어 구금됐다. 해방이 되자 출옥하여 장안파 조선공산당 결성에 참여하고, 이후 조선인민공화국 중앙인민 위원회 후보위원으로 선정됐다.

정화암
1896~1981

독립운동가. 3·1혁명에 참여했으며, 1920년 미국 의회 사절단이 내한했을 당시 일제의 학정을 알리는 활동을 전개해 일경의 추격을 받다 중국 상하이로 망명했다. 1924년 무력투쟁 독립 노선에 뜻을 두고 폭탄 제조 및 군자금 확보를 위해 힘썼으며, 1928년에는 무정부주의 계열 단체에 몸을 담았다. 1930년 흑색공포단을 조직해 상하이 등지 친일파와 전향자 등을 처단하고자 했고, 1933년 일본의 주중 상하이공사 유길명을 목표로 거사를 준비하던 중 일본 밀정에 발각되어 체포됐다. 1936년 국내의 호서은행에서 탈취한 5만 7,000원으로 기관지 〈남화통신〉을 발행했고, 1937년에는 중한청년연맹을 결성해 한국과 중국 양국민의 공동 투쟁을 추진하고 임시정부를 지원했다. 1940년 광복군에 합류해 정보 수집 활동, 일본군 수송로 폭파, 생포된 연합군 포로 구출 등의 군사 활동에 크게 기여했다. 1983년 건국훈장 독립장 수훈.

조동호
1892~1954

사회주의 운동가, 독립운동가. 충북 옥천 출신으로 1908년 측량학교 시절 여운형과 교우하게 됐다. 1914년 중국으로 망명해 진링대학에 입학하고, 1918년 상하이에서 여운형, 장덕수 등과 신한청년당을 조직했으며, 독립청원서 제출을 위해 영문으로 글을 작성하고, 1919년 임시정부에 합류해 〈독립신문〉을 편찬했다. 상하이에서 중국과의 상호 협조와 원조를 위한 한중호조사, 무력투쟁을 위한 한국노병회 등을 조직하고 1923년 귀국한 뒤 1925년 조선공산당 결성에 참가했다. 이후 상하이에서 당 활동을 이어가던 중 일경에 체포되어 4년간 투옥됐다. 출옥 후 〈조선중앙일보〉를 인수해 항일 논조의 글을 발표하고, 1944년 여운형 등과 조선건국동맹을 조직했다. 해방 후에는 건국준비위원회에 참여했다. 2005년 건국훈장 독립장 수훈.

조봉암
1899~1959

사회주의자, 정치가. 경기도 강화군에서 출생했다. 일본 주오대학에서 공부하던 중 사회주의, 무정부주의 계열인 흑도회에 가입했고 귀국한 이후에도 화요회, 조선공산당 등에 참여했다. 하지만 해방 이후에는 사회주의와 결별하고 대한민국 정부 수립에 참여해 초대 농림부 장관과 국회부의장을 역임했다. 1958년 1월 국가보안법 위반으로 체포돼 1959년 7월 사형에 처해졌으나 2011년 1월 대법원은 다시 무죄판결을 내렸다.

주세죽
1899 ~ ?

사회주의 활동가. 1919년 함흥에서 3·1혁명에 참가했다가 1개월 동안 유치장에 감금됐다. 1921년 상하이에서 영어와 피아노를 배운 뒤, 1922년 귀국해 박헌영과 결혼했다. 1924년 한국 최초 사회주의 여성 단체인 조선여성동우회를 조직하고, 1925년 경성여자청년동맹 집행위원, 전조선민중운동자대회 준비위원, 고려공산청년회 중앙후보위원으로 선임됐다. 11월 제1차 조선공산당 사건으로 체포되어 취조를 받으나 증거불충분으로 석방되고, 1927년 근우회 창립대회에 참가해 임시집행부 성원이 됐지만 1928년 남편 박헌영과 소련으로 망명했다. 1932년 당 재건운동을 위해 상하이로 갔고, 1933년 박헌영이 체포된 뒤 소련으로 김단야와 함께 돌아가 그곳에서 김단야와 재혼했다. 1937년 김단야가 일제 밀정이란 혐의로 체포되자, 주세죽은 '사회적으로 위험한 분자'라는 혐의를 받고 유배됐다. 이후 피혁공장 개찰원, 봉제작업장 직공 등으로 일하다 해방된 조국으로 귀환시켜주거나 17세 딸과 함께 있도록 모스크바로 가게 해줄 것을 소련에 요청했지만 받아들여지지 않았다. 1950년대 중엽 사망했다. 2007년 건국훈장 애족장 수훈.

주요섭
1902 ~ 1972

소설가. 평양 출신으로 목사 주공삼의 아들이며, 시인 주요한의 동생이다. 평양 숭실중학교를 다니다 1918년 일본 아오야마학원 중학부에 들어갔다. 1919년 3·1혁명 이후 귀국해 지하 신문을 발행하다 10개월의 형을 받았다. 1920년 중국으로 유학을 떠나 상하이 후장대학 부속중학교와 후장대학 교육학과를 졸업했다. 1928년 다시 미국 스탠퍼드대학원에서 공부하고 1929년 귀국했다. 1931년 〈신동아〉의 주간을 맡았고, 1934년 베이징 푸런대학 교수가 되나 일본에 협조하지 않는다는 이유로 1943년 추방됐다. 1946년부터 1953년까지 상호출판사 주간과 〈코리아타임스〉 주필을 역임했고 1953년부터 경희대 교수로 재직했다. 1954년 국제펜클럽 한국본부 사무국장, 1961년 코리안리퍼블릭 이사장, 1968년 한국문학번역협회 회장 등을 역임했다. 1963년에는 미국의 미주리대학 등 6개 대학에서 '아시아 문화 및 문학'을 강의하기도 했다.

주종건
1895~1935

사회주의 운동가, 독립운동가. 함경남도 함흥 출신으로 도쿄제국농과대학 실과를 졸업했다. 1921년 상하이파 고려공산당 대표자회의에 국내 대표 자격으로 참가해 중앙위원이 됐고, 1922년 도쿄에서 사회주의를 연구했으며 1923년에는 물산장려운동을 비판하는 '무산계급과 물산장려'라는 글을 〈동아일보〉에 발표했다. 같은 해 9월 조선노동대회 준비회 발기인으로 노동운동에 기여했고, 1924년 조선 공산주의 운동의 통일을 위한 13인 회의에 상하이파 대표로 참석했으며 1925년에는 조선공산당 창립대회에 참석했다. 1927년 이후에는 블라디보스토크로 이동해 사회주의 운동을 지속하다 러시아 경찰에 붙잡혀 예심 과정에서 사망했다. 2007년 건국포장 수훈.

지청천
1888~1957

정치가, 독립운동가. 본명은 대형이며, 이청천이라고도 불린다. 1908년 정부 유학생으로 일본 육군중앙유년학교를 졸업하고, 1913년 제26기생으로 일본 육군사관학교를 졸업했다. 보병 중위로 있다가 1919년 만주로 망명했고, 신흥무관학교 교성대장이 되어 대일 무력항쟁을 지도했으며, 1920년 상하이임시정부 산하 서로군정서의 간부가 됐다. 같은 해 10월 청산리대첩에서 패배한 일본이 대대적인 보복을 감행하자 서로군정서를 이끌고 안투현으로 이동해 서일, 김좌진 등과 대한독립군단을 조직하고 군단의 여단장이 되었는데, 이때 이청천이라는 이름을 사용했다. 1921년 6월 자유시사변이 발발하자 이르쿠츠크로 이동하고, 같은 해 10월 고려혁명군관학교 교장직을 맡았다. 1930년 한국독립당 창당에 참여, 군사위원장이 되며, 별도로 한국독립군을 만들어 총사령관이 됐다. 1931년 만주사변이 발발하자 중국군과 합세해 한중연합군을 결성했고, 만주 각지에서 일본군과 전투를 벌여 혁혁한 전과를 올렸다. 특히 대전자령전투에서는 일본군을 기습해 거의 전멸시키다시피 하고 군용물자를 마차 20대 분량이나 노획하는 등 일본군의 침략을 저지하는 데 결정적인 역할을 했다. 1940년 충칭 임시정부가 광복군 총사령부를 창설하자 사령관이 되어 1945년 광복 후 귀국할 때까지 항일투쟁을 계속했고, 귀국 후에는 대동청년단을 창설해 단장이 됐다. 제헌국회의원과 초대 무임소 장관을 역임하고 제2대 국회의원, 민주국민당 최고위원을 지냈다. 1962년 건국훈장 대통령장 수훈.

차미리사
1880~1955

여성운동가, 교육가. 남편이 죽은 뒤 기독교에 입교했고, 미국인 여선교사를 통해 선진국의 실정 및 여성의 사회 활동에 관심을 갖게 됐다. 1901년 여선교사의 알선으로 중국 유학 기회를 얻어, 쑤저우의 버지니아여학교에 입학했다. 1905년 졸업 후 양주삼과 미국 샌프란시스코로 건너갔고, 안창호와 함께 기울어가는 국운을 만회하기 위해 〈독립신문〉을 발간하는 등 여러 가지 활동을 했다. 1919년 3·1혁명 때는 국내외 비밀 연락의 중요한 역할을 담당했다. 1920년 조선여자교육협회를 조직하고, 이듬해 순회여자강연단을 만들어 전국적으로 계몽 강연을 실시했는데, 4개월간 73개소에서 여성 교육의 중요성을 일깨웠다. 1921년 10월, 강연회에서 얻은 찬조금으로 근화여학교를 설립, 교장에 취임했고, 그 뒤 '근화'라는 명칭이 무궁화를 상징한다는 일제의 시비에 따라 명칭을 덕성학원으로 바꿨다. 광복이 되자 그동안 계획해왔던 여성고등교육기관 설립을 추진하고 1950년 덕성여자초급대학(현 덕성여대)을 설립했다. 이후 가톨릭으로 개종했다. 2002년 건국훈장 애족장 수훈.

채찬
?~1924

독립운동가. 을사의병 때 이강년 휘하에서 싸웠다. 3·1혁명 이후 서로군정서에 가입해 1920년 문옥면 주재소를 습격, 1922년 남만통일회를 조직해 강계의 어뢰 주재소를 습격했다. 대한통의부 제1중대장, 육군주만참의부 참의장을 역임하고, 압록강철교 준공식 때 조선 총독 사이토 마코토를 기습하는 등으로 활약하다가 대한통의부 백병준, 백세우에게 암살됐다. 1962년 건국훈장 독립장 수훈.

최서해
1901~1932

소설가. 함경북도 성진 출신으로 열 살 때 아버지가 간도로 떠나고 이후 홀어머니 밑에서 빈궁한 소년 시절을 보냈다. 정규교육을 제대로 받지 못해 이광수의 글을 읽으며 독학했다. 1918년 간도로 건너가 방랑했고, 1923년에는 회령에서 노동일을 하다 1924년 작가의 꿈을 품고 서울로 올라가 이광수를 찾아갔다. 이후 그의 소개로 양주 봉선사에서 승려 생활을 하다 조선문단사에 입사했다. 1927년 현대평론사의 기자가 됐고 기생들의 잡지인 〈장한〉의 편집인이 됐다. 1929년 〈중외일보〉 기자가 되었다가 1931년 〈매일신보〉 학예부장으로 일했다. 1924년 1월 〈동아일보〉에 단편소설 〈토혈〉, 10월 〈조선문단〉에 〈고국〉을 발표한 것을 시작으로 여러 작품을 남겼는데, 주로 가난한 삶에 허덕이는 사람들에 대한 이야기였다.

최수봉
1894~1921

독립운동가. 경남 밀양 출신으로 1913년 평양 숭실학교에 입학해 다니던 중 학교가 폐교되자 1919년 고향으로 돌아와 독립운동에 투신했다. 3·1혁명 이후 의열단원인 이종암, 김상윤이 접촉한 고인덕과 연결되어 1920년 밀양경찰서 폭파를 계획했으나 큰 성과를 거두지 못했다. 도주 중 자결을 시도하나 실패하고 체포됐다. 1921년 사형을 선고받아 그해 7월 8일 대구 감옥에서 순국했다. 1963년 건국훈장 독립장 수훈.

최진동
1882~1941

독립운동가. 일찍이 만주로 건너갔고, 중국군에 가입해 군사 지식과 전투 실력을 익혔다. 3·1혁명이 일어나자 3형제와 함께 조국 독립을 위해 모든 것을 바쳐 싸울 것을 결의했다. 동지를 모아 독군부를 조직하고 부장에 올랐으며 500여 명 군인을 4개 중대로 나눠 항일투쟁을 전개했다. 이태범 등과 300여 명을 모집해서는 도독부를 조직하고 사령관으로서 군사훈련을 실시했다. 1920년 6월 홍범도와 삼둔자 부근에서 일본군과 격전을 벌여 120명을 사살하는 대전과를 올렸으며, 7월에 일본군이 한 개 대대 병력으로 독립군의 근거지인 봉오동을 포위하자, 홍범도와 함께 작전을 세워 157명을 사살하고 300여 명에게 중경상을 입히는 대승리를 거둔다(봉오동전투). 이 전투에서 최진동은 사령관으로, 홍범도는 제1연대장으로 활약했다. 이후 쌍다오거우에서 제3연대장으로 활약하며 제2연대장 김좌진, 제1연대장 홍범도와 함께 일본군 600여 명을 사살했다. 그 뒤 북간도, 시베리아 등지에서 부하 수천 명을 거느리고 무장 항일투쟁을 지속했다.

한명세
1885~1937

사회주의자. 러시아 이름은 안드레이 아브라모비치 한. 연해주에서 태어나 러시아식 초등학교를 마치고 신학교에 입학했다. 1904년 러일전쟁이 발발하자 러시아군에 징집되어 만주에서 군 참모부 통역으로 복무했고, 1905년 제1차 러시아혁명 기간 동안 농민조합원으로 연해주 혁명운동에 참가했다. 1917년 러시아 2월혁명이 발발하자 연해주에서 정치 활동에 활발히 참여했으며, 6월에 러시아 임시정부 산하 연해주 사회보안위원회 집행위원으로 선임되고, 가을에는 러시아 사회혁명당에 입당했다. 1917년부터 1920년까지 러시아 지방의회인 젬스트보 의원으로 활동했고, 토지위원회, 사회안전위원회, 주농민국 등의 위원을 지냈으며, 같은 시기 대한국민의회 간부를 맡았다. 1919년 초 러시아 사회혁명당을 탈당하고 연해주 볼셰비키 지도자들과 관계를 맺었으며, 1920년 일본군이 저지른 연해주 참변을 피해 아무르 지방으로 이주, 러시아 공산당에 입당했다. 그 후 두 차례 하얼빈에 파견돼 한인 공산주의 비밀 단체 결성을 주도했다. 1921년 초에는 이르쿠츠크에 설립된 코민테른 극동비서부의 고려부 위원이 됐고, 5월에 열린 이르쿠츠크 고려공산당 창립대회에 참가해서는 중앙위원 겸 코민테른 파견 대표자로 선출됐다. 그해 6월 이르쿠츠크파 대표로 코민테른 제3차 대회에 참석하고, 대회 종료 이후에도 모스크바에 체류하며 코민테른과 러시아 공산당을 상대로 외교 활동을 전개했다. 11월 코민테른에서 조선 문제 결정서가 채택되자, 이를 상하이파 공작의 소산으로 여겨 반대 행동에 착수하고 재심을 요청했지만 수용되진 않았다. 1922년 코민테른 주최로 개최된 극동민족대회에 조선 대표단의 일원으로 참가했다. 10월 통일된 고려공산당을 결성하기 위해 소집된 베르흐네우딘스크 연합대회에서 이르쿠츠크파 대의원들과 집단 퇴장하고 치타에서 별도의 당대회를 가졌는데, 여기서 코민테른 파견 대표단의 일원으로 선출됨으로써 12월에 열린 코민테른 제4차 대회에 참석했다. 1923년 1월 코민테른 동방부 꼬르뷰로 위원으로 선임돼 1924년 초 꼬르뷰로가 해체될 때까지 이르쿠츠크파의 지도자로 활동했다. 1929년 러시아 공산당 내부 다툼으로 제명된 바 있으나, 이후 자신의 과오를 비판하며 복당했다. 하지만 1936년부터 1938년까지 이루어진 스탈린 대숙청 때 다시 제명된다. 1937년 소련에 의해 체포되어 12월 10일 총살당했다.

함석은
1892~1928

독립운동가. 3·1혁명 당시 평안도 지방 학생운동 책임자로 만세운동을 주도하다 만주로 망명, 대한청년단을 조직했다. 1920년 여러 청년 단체들이 규합해 대한청년단 연합회를 결성하자, 편집부장으로 일했다. 같은 해 5월 일본군의 피습으로 체포되고 총살형이 집행되나, 죽음 직전에 중국인의 도움으로 소생하고 안둥현에 은거했다. 이곳에서 무기 구입 사건으로 다시 일본에 불잡혀 3년을 복역하고, 이후 다시 만주에서 활동했다. 1963년 건국훈장 독립장 수훈.

허정숙
1902~1991

독립운동가. 함경북도 명천 출신으로 독립운동가인 허헌의 큰딸이다. 배화여자고등학교를 졸업한 후 일본에서 공부했고, 다시 중국 상하이에서 유학했다. 귀국 후 조선여성동우회를 결성, 집행위원으로 참여했고, 〈동아일보〉에 '여성해방은 경제적 독립이 근본'이라는 글을 발표하기도 했다. 1928년 신간회의 자매단체인 근우회의 중앙집행위원으로 선임됐고, 1929년 광주에서 시작된 항일 학생운동이 서울로까지 번지자, 이화여자고등보통학교의 만세운동에 참여했다. 체포되어 1932년 출옥한 뒤 남편과 함께 중국으로 망명해 조선민족혁명당에 참여하는데, 1938년 민족혁명당을 탈당하고 조선청년전위동맹을 결성한다. 그리고 중국공산당의 근거지인 옌안으로 들어갔다. 1941년 팔로군에서 정치지도원으로 활동했고, 해방 후에는 평양으로 월북해 북한 정부 수립에 참여했다. 북한에서 최고재판소장, 최고인민회의 부의장 등 요직을 두루 역임했다.

허헌
1885~1951

변호사, 정치가, 독립운동가. 일본 메이지대학 법과를 졸업해 변호사가 됐고, 이후 사회운동가로서 민간 독립운동 단체와 연관을 맺었으며, 좌파, 우파 모두와 교분이 깊었다. 지식인 조직체, 문필 활동뿐만 아니라 노동자와 빈민을 변호하고, 여러 사회문제에 관한 재판에서 활동해 많은 사람에게 상당한 신망을 얻었다. 신간회에 적극 참여해 1927년 중앙집행위원장이 됐고, 1945년 해방 이후 여운형과 손잡고 조선건국준비위원회 부위원장이 되면서 진보적 정권 수립에 중점을 두었으나, 우파 세력들의 공격과 미 군정의 비협조로 활동이 어려웠다. 1946년 조선공산당과 그 밖의 좌익 단체들이 조직한 남조선민주주의민족전선(약칭 민전)의 수석 의장이 되고, 11월에는 남조선노동당(약칭 남로당)의 위원장이 됐다. 1947년경 월북했는데, 북에서 활동할 때는 박헌영계로 활동하기보다 김일성의 권력 장악을 지지하는 입장을 취했다. 1948년 북한 최고인민회의 의장, 김일성대학 총장을 거쳐, 1949년 조국통일민주주의전선 중앙위원회 의장이 됐고, 1951년 8월 병사했다. 북한의 유명한 여성정치가 허정숙이 그의 딸이다.

현진건
1900~1943

소설가, 언론인. 대구 출신으로 1915년 일본 세이조중학 4학년을 중퇴하고 다시 상하이로 건너가 후장대학에서 공부한 후 1919년 귀국했다. 1920년 〈개벽〉에 단편소설 〈희생화〉를 발표함으로써 등단하는데, 1921년 〈빈처〉로 널리 알려진 작가가 되고 〈조선일보〉에 입사하게 된다. 1922년에는 동명사에 입사하고, 〈백조〉 창간에 참여해 1920년대 신문학운동을 본격화했다는 평가를 받는다. 1925년 동명사의 후신인 〈시대일보〉가 폐간되자 동아일보사로 자리를 옮겼다. 1932년 상하이에서 공산주의 활동을 벌이던 셋째 형 정건이 체포돼 죽은 일로 크게 낙담하고, 1936년 〈동아일보〉 일장기 말살 사건 당시 사회부장으로 구속됐다. 1937년부터 동아일보사에서 나와 소설 창작에 전념했으며, 가난에도 일제에 협력하지 않고 문학 활동에 매진하다 1943년 장결핵으로 세상을 떠났다. 20여 편의 소설과 7편의 번역 작품, 수필과 비평문 등을 남겼다.

홍난파
1898~1941
親日

작곡가, 바이올리니스트, 지휘자, 친일 반민족 행위자. 일제강점기에 널리 애창되었던 가곡 〈봉선화〉의 작곡자다. 1936년 경성방송 현악단 지휘자, 빅터레코드 경성지점 음악주임을 역임했고, 이영세 등과 난파트리오를 조직해 실내악 활동에 관심을 보이는가 하면, 평론집《음악만필》등을 통해 음악 문화의 계몽 발전에 기여했다. 일제강점기에 국민총력조선연맹의 문화위원으로 활동하면서 일제의 내선일체 및 신동아질서 건설에 협조했고, 아울러 '지나사변과 음악', 〈희망의 아침〉 등 친일 성향의 글과 작품을 다수 발표했다.

홍명희
1888~1968

소설가, 사회운동가, 정치가. 1927년에 민족 단일 조직인 신간회의 창립에 관여하고 부회장으로 선임되면서 사회운동에 적극 투신했다. 1930년 신간회 주최 제1차 민중대회 사건의 주모자로 잡혀 옥고를 치렀으며, 1945년 광복 직후에는 좌익운동에 가담하고, 조선문학가동맹 중앙집행위원장이 되기도 했으나, 바로 월북해 북한 공산당 정권 수립을 도우며 부수상 등 요직을 거친 것으로 알려진다. 일제강점기 최대 장편소설의 하나로 손꼽히는《임꺽정》을 발표하기도 했다.

홍사용
1900~1947

시인. 3·1혁명 당시 학생운동에 가담했다가 체포됐다. 풀려난 뒤 귀향하여 정백과 함께 수필 〈청산백운〉과 시 〈푸른 언덕 가으로〉를 썼는데, 이 둘은 유고로 전해지다가 근래에 공개됨으로써 지금까지 알려진 홍사용 최초의 작품이 됐다. 〈백조〉 창간호의 권두시 〈백조는 흐르는데 별 하나 나 하나〉를 비롯해 〈나는 왕이로소이다〉, 〈묘장〉 등 20여 편의 시와 〈각시풀〉, 〈붉은 시름〉 등 민요시 여러 편을 남겼다. 〈저승길〉과 같은 소설과 〈할미꽃〉, 〈출가〉 등의 희곡 외에도 수필 및 평문도 썼다. 생존 시에는 작품집이 나오지 않았고 1976년 유족들이 시와 산문을 모아《나는 왕이로소이다》를 간행했다.

홍성익
1883~1920

독립운동가. 3·1혁명이 일어났을 때 평안북도 선천 지역의 만세운동을 주도했다. 이후 상하이로 망명, 임시정부 교통국 안둥지부 사무국장에 임명돼 이륭양행을 거점으로 통신 연락 사무에 주력했다. 그러다 병을 얻어 병원에 입원한 사이 밀정 김극전의 밀고로 일본 경찰에 붙잡혔고, 신의주 감옥에서 복역하던 중 순국했다. 1963년 건국훈장 독립장 수훈.

황상규
1891~1931

독립운동가. 경남 밀양 출신으로 밀양 고명학원에서 교사로 재직하던 중《동국사감》이라는 국사책을 저술해 애국정신을 고취시켰다. 1913년 대한광복단에 참여해 대구의 악질 부호인 장승원을 사살했는데, 이로 인해 일제 경찰에게 주목받자 만주로 망명했다. 1918년 무오독립선언서에 서명하고, 1919년 임시정부에 합류해 재정위원으로 활동하며 군자금 18만 원을 모으는 데 기여했다. 11월 지린에서 김원봉, 곽재기 등과 의열단을 조직했고, 밀양폭탄사건 때 일경에 체포됐다. 일제의 혹독한 고문에도 스스로 혀를 깨물어 자백하지 않은 것으로 유명하며, 출옥 후에는 신간회에서 서기장으로서 활동했다. 1963년 건국훈장 독립장 수훈.

황옥
1885~?

독립운동가. 일명 황만동. 1920년 일제의 경기도 경찰부 경부로 근무하던 중 의열단 단원인 김시현을 만나 항일 독립운동에 헌신할 것을 결심했다. 이에 1923년 종로경찰서에 폭탄을 던진 범인을 검거하기 위해 중국으로 출장을 가서는 의열단 단장 김원봉을 만나 독립운동에 헌신할 것을 서약했다. 김원봉에게서 조선총독부를 비롯한 일제의 기관 파괴, 일제 요인과 친일파 암살의 지령을 받고 폭탄 36개와 권총 5정을 받아 김시현, 김재진, 권동산 등과 이를 서울로 운반했다. 그러나 김재진이 일본 경찰에 밀고함으로써 모든 계획이 수포로 돌아가고 동지들과 함께 붙잡혔다. 1924년 경성지방법원에서 12년 형을 선고받아 복역했다.

조선혁명선언

(1923년 신채호)

1.

　강도 일본이 우리의 국호를 없이하며, 우리의 정권을 빼앗으며, 우리의 생존적 필요조건을 다 박탈하였다. 경제의 생명인 산림, 천택川澤, 철도, 광산, 어장 내지 소공업 원료까지 다 빼앗아 일체의 생산 기능을 칼로 베이며 도끼로 끊고, 토지세, 가옥세, 인구세, 가축세, 백일세百一稅, 지방세, 주초세酒草稅, 비료세, 종자세, 영업세, 청결세, 소득세 기타 각종 잡세가 날로 증가하여 혈액은 있는 대로 다 빨아가고, 어지간한 상업가들은 일본의 제조품을 조선인에게 매개하는 중간인이 되어 차차 자본집중의 원칙하에 멸망할 뿐이오, 대다수 인민과 일반 농민들은 피땀을 흘리어 토지를 갈아, 그 일 년 내내 소득으로 자기 한 몸과 처자의 호구거리도 남기지 못하고, 우리를 잡아먹으려는 일본 강도에게 갖다바치어 그 살을 찌워 주는 영원한 소, 말이 될 뿐이오, 끝내는 그 소, 말의 생활도 못하게 하는 일본 이민의 수입이 해마다 높고 빠른 비율로 증가하여 '딸깍발이' 등쌀에, 우리 민족은 발 디딜 땅도 없이 산으로 물로 서간도로 북간도로 시베리아의 황야로 몰리어가 굶주린 귀신으로부터 떠돌아다니는 귀신이 될 뿐이며, 강도 일본이 헌병정치, 경찰정치를 힘써 행하여 우리 민족이 한 발짝의 행동도 마음대로 못하고, 언론, 출판, 결사, 집회의 일체의 자유가 없어, 고통과 울분과 원한이 있으면 벙어리의 가슴이나 만질 뿐이오, 행복과 자유의 세계에는 눈 뜬 소경이 되고, 자녀가 나면, '일어를 국어라, 일문을 국문이라' 하는 노예양성소-학교로 보내고, 조선 사람으로 혹 조선사를 읽게 된다 하면 '단군을 스사노 오노미코토素戔嗚尊의 형제'라 하여 '삼한 시대 한강 이남을 일본 땅'이라 한 일본놈들의 적은 대로 읽게되며, 신문이나 잡지를 본다 하면 강도정치를 찬미하는 반半 일본화한 노예적 문자뿐이며, 똑똑한 자제가 난다 하면 환경의 압박에서 세상을 비관하고 절망하는 타락자가 되거나 그렇지 않으면 '음모사건'의 명칭하에 감옥에 구류되어, 주리를 틀고 목에 칼을 씌우고, 단근질, 채찍질, 전기질, 바늘로 손톱 밑과 발톱 밑을 쑤시는, 팔다리를 달아매는, 콧구멍에 물 붓는, 생식기에 심지를 박는 모든 악형, 곧 야만 전제국의 형률, 사전에도 없는 갖은 악형을 다 당하고 죽거나, 요행히 살아 감옥 문에서 나온대야 평생 불구의 폐인이 될 뿐이라. 그렇지 않을지라도 발명 창작의 본능은 생활의 곤란에서 단절하며, 진취 활발의 기상은 처한 형편의 압박에서 소멸되어 '찍도 짹도' 못하게 각 방면의 속박, 채찍질, 구박, 압제를 받아, 바다에 둘러싸인 삼천리가 하나의 큰 감옥이 되어, 우리 민족은 아주 인류의 자각을 잃을 뿐 아니라, 곧 자동적 본능까지 잃어 노예부터 기계가 되어 강도 수중의 사용품이 되고 말 뿐이며, 강도 일본이 우리의 생명을 지푸라기로 보아, 을사 이후 13도의 의병 나던 각 지방에서 일본 군대가 행한 폭행도 이루 다 적을 수 없거니와, 즉 최근 3·1 운동 이후 수원, 선천 등의 국내 각지로부터 북간도, 서간도, 노령 연해주 각처까지 도처에 주민을 도륙한다, 촌락을 불지른다, 재산을 약탈한다, 부녀를 능욕한다, 목을 끊는다, 산 채로 묻는다, 불에 사른다, 혹 몸을 두 동가리 세 동가리로 내어 죽인다, 아동을 잔혹하게 다룬다, 부녀의 생식기를 파괴한다 하여, 할 수 있는 데까지 참혹한 수단을 써서 공포와 전율로 우리 민족을 압박하여 인간의 '산송장'을 만들려 하는도다.

이상의 사실에 따라 우리는 일본 강도정치 곧 이족異族 통치가 우리 조선 민족 생존의 적임을 선언하는 동시에, 우리는 혁명 수단으로 우리 생존의 적인 강도 일본을 죽여 없앰이 곧 우리의 정당한 수단임을 선언하노라.

2.

내정 독립이나 참정권이나 자치를 운동하는 자 누구냐?

너희들이 '동양평화', '한국독립보전' 등을 담보한 맹약이 먹도 마르지 아니하여 삼천리 강토를 집어먹던 역사를 잊었느냐? '조선인민 생명재산 자유보호', '조선인민 행복증진' 등을 신명申明한 선언이 땅에 떨어지지 아니하여 이천만의 생명이 지옥에 빠지던 실제를 못 보느냐? 3·1운동 이후에 강도 일본이 또 우리의 독립운동을 완화시키려고 송병준, 민원식 등 한두 매국노를 시키어 이따위 미친 주장을 부름이니, 이에 부화뇌동하는 자 맹인이 아니면 어찌 간사한 무리가 아니냐?

설혹 강도 일본이 과연 관대한 도량이 있어 이들의 요구를 허락한다 하자. 소위 내정 독립을 찾고 각종 이권을 찾지 못하면 조선 민족은 온통 굶주린 귀신이 될 뿐 아니냐? 참정권을 획득한다 하자. 자국의 무산계급의 혈액까지 착취하는 자본주의 강도국의 식민지 인민이 되어 몇몇 노예 대의사代議士의 선출로 어찌 굶어 죽는 화를 면하겠느냐? 자치를 얻는다 하자. 그런 명칭이 존재한 이상에는, 여기에 딸려 있는 조선 인민이 어찌 구구한 자치의 헛된 이름으로 민족적 생존을 유지하겠느냐?

설혹 강도 일본이 갑자기 부처, 보살이 되어 하루아침에 총독부를 철폐하고 각종 이권을 다 우리에게 돌려주며, 내정과 외교를 다 우리의 자유에 맡기고 일본의 군대와 경찰을 일시에 철수하며, 일본의 이주민을 일시에 소환하고 다만 이름뿐인 종주권만 가진다 할지라도 우리가 만일 과거의 기억이 모두 없어지지 아니하였다 하면 일본을 종주국으로 받든다 함이 '치욕'이란 명사를 아는 인류로는 못할지니라.

일본 강도 정치하에서 문화운동을 부르는 자 누구냐?

문화는 산업과 문물의 발달한 총적總積을 가리키는 명사니 경제 약탈의 제도하에서 생존권이 박탈된 민족은 그 종족의 보존도 의문이거든, 하물며 문화 발전의 가망이 있으랴? 쇠망한 인도족, 유태족도 문화가 있다 하지만, 하나는 금전의 힘으로 그 조상의 종교적 유업을 계속함이며, 하나는 그 토지의 넓음과 인구의 많음으로 오랜 옛날 자유롭게 발달한 남은 혜택을 지킴이지, 어디 모기와 등에같이, 승냥이와 이리같이 사람의 피를 빨다가 골수까지 깨무는 강도 일본의 입에 물린 조선 같은 데서 문화를 발전 혹 지킨 전례가 있더냐? 검열, 압수 모든 압박 중에 몇몇 신문, 잡지를 가지고 '문화운동'의 목탁으로 스스로 떠들며, 강도의 비위를 거스르지 아니할 만한 언론이나 주창하며 이것을 문화 발전의 과정으로 본다 하면, 그 문화 발전이 도리어 조선의 불행인가 하노라.

이상의 이유에 따라 우리는 우리의 생존 적인 강도 일본과 타협하려는 자나 강도 정치하에 기생하려는 주의를 가진 자나 다 우리의 적임을 선언하노라.

3.

　강도 일본의 구축驅逐을 주장하는 가운데 또 다음과 같은 논자들이 있으니, 첫째는 외교론이니, 이조 오백 년 문약文弱 정치가 '외교'로써 나라를 지키는 으뜸 계책으로 삼아 그 말세에 더욱 심하여, 갑신甲申 이래 유신당, 수구당의 성쇠가 거의 외국의 원조 유무에서 판결되며, 위정자의 정책은 오직 이 나라를 끌어들여 저 나라를 제압함에 불과하였고, 그 의뢰하는 습성이 일반 정치사회에 전염되어 즉 갑오甲午, 갑진甲辰 양 전쟁에 일본이 수십만의 생명과 수억만의 재산을 희생하여 청, 러 양국을 물리치고, 조선에 대하여 강도적 침략주의를 관철하려 하는데 우리 조선의 '조국을 사랑한다, 민족을 건지려 한다' 하는 이들은 한 자루의 칼과 한 방의 총알도 어리석고 탐욕스러우며 포악한 관리나 나라의 원수에게 던지지 못하고, 청원서나 여러 나라 공관에 던지며 탄원서나 일본 정부에 보내서 국세國勢의 외롭고 약함을 슬피 호소하여 국가존망, 민족사활의 대문제를 외국인 심지어 적국인의 처분으로 결정하기만 기다렸도다. 그래서 '을사조약', '경술합병' 곧 '조선'이란 이름이 생긴 뒤 몇천 년 만의 처음 당하던 치욕에 조선 민족의 분노적 표시가 겨우 하얼빈의 총, 종로의 칼, 산림유생山林儒生의 의병이 되고 말았도다.

　아! 과거 수십 년 역사야말로 용기 있는 자로 보면 침 뱉고 욕할 역사가 될 뿐이며, 어진 자로 보면 상심할 역사가 될 뿐이다. 그리고도 나라가 망한 이후에 해외로 나아가는 아무개 지사들의 사상이 무엇보다도 먼저 '외교'가 그 제1장 제1조가 되며, 국내 인민의 독립운동을 선동하는 방법도 '미래의 미일전쟁, 러일전쟁 등 기회'가 거의 천편일률의 문장이었고, 최근 3·1 운동에 일반 인사의 '평화회의 국제연맹'에 대한 과신의 선전이 도리어 이천만 민중의 용기 있게 분발하여 전진하는 의기를 쳐 없애는 매개가 될 뿐이었도다.

　둘째는 준비론이니, 을사조약 당시에 여러 나라 공관에 빗발 돋듯 하던 종이쪽지로 넘어가는 국권을 붙잡지 못하며, 정미년의 헤이그 밀사도 독립 회복의 복음을 안고 오지 못하매, 이에 차차 외교에 대하여 의문이 되고 전쟁 아니면 안 되겠다는 판단이 생기었다. 그러나 군인도 없고 무기도 없이 무엇으로써 전쟁하겠느냐? 산림유생들은 춘추대의春秋大義에 성패를 생각하지 않고 의병을 모집하여 높은 관을 쓰고 도포를 입은 채로 지휘의 대장이 되며, 사냥 포수의 화승총을 몰아 가지고 조일朝日 전쟁의 전투선에 나섰지만 신문 쪼가리나 본 이들 - 곧 시세를 짐작한다는 이들은 그러할 용기가 아니 난다. 이에 '오늘 이 시간에 곧 일본과 전쟁한다는 것은 망발이다. 총도 장만하고 돈도 장만하고 대포도 장만하고 장관이나 졸병감까지라도 다 장만한 뒤에야 일본과 전쟁한다' 함이니, 이것이 이른바 준비론 곧 독립 전쟁을 준비하자 함이다. 외세의 침입이 더할수록 우리의 부족한 것이 자꾸 느껴지고, 그 준비론의 범위가 전쟁 이외까지 확장되어 교육도 진흥해야겠다, 상공업도 발전해야겠다, 기타 무엇 무엇 일체가 모두 준비론의 부분이 되었다. 경술庚戌 이후 각 지사들이 혹 서·북간도의 삼림을 더듬으며, 혹 시베리아의 찬바람에 배부르며, 혹 남·북경으로 돌아다니며, 혹 미주나 하와이로 돌아가며, 혹 경향京鄕에 출몰하여 십여 년 내외 각지에서 목이터질 만치 준비! 준비!를 불렀지만, 그 소득이 몇 개 불완전한 학교와 실력 없는 모임뿐이었다. 그러나 그들의 성의 부족이 아니라 실은 그 주장의 착오다. 강도 일본이 정치, 경제 양방면으로 구박을 주어 경제가 날로 곤란하고 생산기관이 전부 박탈되어 입고 먹을 방법도 단절되는 때에 무엇으로? 어떻게? 실업을 발전하며, 교육을 확장하며, 더욱이 어디서? 얼마나? 군인을 양성하며, 양성한들 일본 전투력의 백분의 일에 비교되게라도 할 수 있느냐? 실로 한바탕의 잠꼬대가 될 뿐이로다.

이상의 이유에 의하여 우리는 '외교', '준비' 등의 미몽을 버리고 민중 직접혁명의 수단을 취함을 선언하노라.

4.

조선 민족의 생존을 유지하자면 강도 일본을 구축할지며, 강도 일본을 구축하자면 오직 혁명으로써 할 뿐이니, 혁명이 아니고는 강도 일본을 구축할 방법이 없는 바다.

그러나 우리가 혁명에 종사하려면 어느 방면부터 착수하겠느뇨?

구시대의 혁명으로 말하면, 인민은 국가의 노예가 되고 그 이상에 인민을 지배하는 상전 곧 특수 세력이 있어 그 소위 혁명이란 것은 특수 세력의 명칭을 변경함에 불과하였다. 그러므로 인민은 혁명에 대하여 다만 갑, 을 양 세력 곧 신, 구 양 상전 중 누가 더 어질고 누가 더 포악하며 누가 더 선하고 누가 더 악한가를 보아 그 향배를 정할 뿐이요, 직접 관계가 없었다. 그리하여 '임금의 목을 베어 백성을 위로한다'가 혁명의 유일한 근본 취지가 되고 '한 도시락의 밥과 한 종지의 장으로써 임금의 군대를 맞아들인다'가 혁명사의 유일한 미담이 되었거니와, 오늘날 혁명으로 말하면 민중이 곧 민중 자기를 위하여 하는 혁명인 고로 '민중혁명'이라 '직접혁명'이라 칭함이며, 민중 직접의 혁명인 고로 그 비등, 팽창의 뜨거운 정도가 숫자상 강약 비교의 관념을 타파하며, 그 결과의 성패가 매양 전쟁학상의 정해진 궤도에서 벗어나 돈 없고 군대 없는 민중으로 백만의 군대와 억만의 부력力을 가진 제왕도 타도하며 외국의 도적도 구축하나니, 그러므로 우리 혁명의 첫 걸음은 민중 각오의 요구니라.

민중이 어떻게 각오하느뇨?

민중은 신인神人이나 성인聖人이나 어떤 영웅호걸이 있어 '민중을 각오'하도록 지도하는 데서 각오하는 것이 아니요, '민중아 각오하자', '민중이여 각오하여라' 그런 열렬한 부르짖음의 소리에서 각오하는 것도 아니오.

오직 민중이 민중을 위하여 일체 불평, 부자연, 불합리한 민중 향상의 장애부터 먼저 타파함이 곧 '민중을 각오케' 하는 유일 방법이니, 다시 말하자면 곧 먼저 깨달은 민중이 민중의 전체를 위하여 혁명적 선구가 됨이 민중 각오의 첫째 길이니라.

일반 민중이 굶주림, 추위, 피곤, 고통, 처의 울부짖음, 어린애의 울음, 납세의 독촉, 사채의 재촉, 행동의 부자유, 모든 압박에 졸리어 살려니 살 수 없고 죽으려 하여도 죽을 바를 모르는 판에, 만일 그 압박의 주인 되는 강도 정치의 시설자인 강도들을 때려누이고, 강도의 일체 시설을 파괴하고, 복음이 사해四海에 전하여 뭇 민중이 동정의 눈물을 뿌리어, 이에 사람마다 그 '굶어 죽음' 이외에 오히려 혁명이란 일로가 남아 있음을 깨달아, 용기 있는 자는 그 의분에 못 이기어, 약자는 그 고통에 못 견디어, 모두 이 길로 모여들어 계속적으로 진행하며 보편적으로 전염하여 거국일치의 대혁명이 되면, 간사, 교활, 잔혹, 포악한 강도 일본이 마침내 구축되는 날이리라. 그러므로 우리의 민중을 깨우쳐 강도의 통치를 타도하고 우리 민족의 새로운 생명을 개척하자면 양병 십만이 폭탄을 한 번 던진 것만 못하며 억천 장 신문 잡지가 한 차례 폭동만 못할지니라.

민중의 폭력적 혁명이 발생치 아니하면 그만이거니와, 이미 발생한 이상에는 마치 낭떠러지에서 굴리는 돌과 같아서 목적지에 도달하지 아니하면 정지하지 않는 것이다. 우리의 지나온 경과로 말하면 갑신정변은 특수 세력이 특수 세력과 싸우던 궁중의 한때의 활극이 될 뿐이며, 경술 전후의 의병들은 충군애국의 대의로 분격하여 일어난 독서계급의 사상이며, 안중근·이재명 등 열사의 폭력적 행동이 열렬하였지만 그 뒷면에 민중적 역량의 기초가 없었으며, 3·1운동의 만세 소리에 민중적 일치의 의기가 언뜻 보였지만 또한 폭력적 중심을 가지지 못하였도다. '민중·폭력' 둘 가운데 하나만 빠지면 비록 천지를 뒤흔드는 장렬한 거동이라도 또한 번개같이 수그러지는도다.

조선 안에 강도 일본이 제조한 혁명 원인이 산같이 쌓였다. 언제든지 민중의 폭력적 혁명이 개시되어 '독립을 못하면 살지 않으리라', '일본을 구축하지 못하면 물러서지 않으리라'는 구호를 가지고 계속 전진하면 목적을 관철하고야 말지니, 이는 경찰의 칼이나 군대의 총이나 간활한 정치가의 수단으로도 막지 못하리라.

혁명의 기록은 자연히 처절하고 장엄한 기록이 되리라. 그러나 물러서면 그 뒤에는 어두운 함정이요, 나아가면 그 앞에는 빛나는 활기이니, 우리 조선 민족은 그 처절하고 장엄한 기록을 기리면서 나아갈 뿐이니라.

이제 폭력 – 암살·파괴·폭동 – 의 목적물을 열거하건대,

1 조선 총독 및 각 관공리
2 일본 천황 및 각 관공리
3 정탐꾼·매국노
4 적의 일체 시설물

이외에 각 지방의 신사나 부호가 비록 현저히 혁명운동을 방해한 죄가 없을지라도 만일 언어 혹 행동으로 우리의 운동을 완화하고 중상하는 자는 우리의 폭력으로써 마주할지니라. 일본인 이주민은 일본 강도정치의 기계가 되어 조선 민족의 생존을 위협하는 선봉이 되어 있은즉 또한 우리의 폭력으로 구축할지니라.

5.

혁명의 길은 파괴부터 개척할지니라. 그러나 파괴만 하려고 파괴하는 것이 아니라 건설하려고 파괴하는 것이니, 만일 건설할 줄을 모르면 파괴할 줄도 모르며, 파괴할 줄을 모르면 건설할 줄도 모를지니라. 건설과 파괴가 다만 형식상에서 보아 구별될 뿐이요, 정신사에서는 파괴가 곧 건설이니 이를테면 우리가 일본 세력을 파괴하려는 것이

첫째는 이족 통치를 파괴하자 함이다. 왜? '조선'이란 그 위에 '일본'이란 이족 그것이 전제專制하여 있으니, 이족 전제의 밑에 있는 조선은 고유적 조선이 아니니, 고유적 조선을 발견하기 위하여 이족 통치를 파괴함이니라.

둘째는 특권계급을 파괴하자 함이다. 왜? '조선 민중'이란 그 위에 총독이니 무엇이니 하는 강도단의 특권계급이 압박하여 있으니, 특권계급의 압박 밑에 있는 조선 민중은 자유적 조선 민중이 아니니, 자유적 조선 민중을 발견하기 위하여 특권계급을 타파함이니라.

셋째는 경제 약탈제도를 파괴하자 함이다. 왜? 약탈제도 밑에 있는 경제는 민중 자기가 생활하기 위하여 조직한 경제니, 민중 생활을 발전하기 위하여 경제 약탈제도를 파괴함이니라.

넷째는 사회적 불평균을 파괴하자 함이다. 왜? 약자 위에 강자가 있고 천한 자 위에 귀한 자가 있어 모든 불평등을 가진 사회는 서로 약탈, 서로 박탈, 서로 질투, 서로 원수시하는 사회가 되어, 처음에는 소수의 행복을 위하여 다수의 민중을 해치다가 말경에는 또 소수끼리 서로 해치어 민중 전체의 행복이 필경 숫자상의 공空이 되고 말 뿐이니, 민중 전체의 행복을 증진하기 위하여 사회적 불평등을 파괴함이니라.

다섯째는 노예적 문화사상을 파괴하자 함이다. 왜? 전통적 문화사상의 종교·윤리·문학·미술·풍속·습관 그 어느 무엇이 강자가 제조하여 강자를 옹호하던 것이 아니더냐? 강자의 오락에 이바지하던 도구가 아니더냐? 일반 민중을 노예화하게 했던 마취제가 아니더냐? 소수 계급은 강자가 되고 다수 민중은 도리어 약자가 되어 불의의 압제를 반항치 못함은 전혀 노예적 문화사상의 속박을 받은 까닭이니, 만일 민중적 문화를 제창하여 그 속박의 철쇄를 끊지 아니하면, 일반 민중은 권리 사상이 박약하며 자유 향상의 흥미가 결핍하여 노예의 운명 속에서 윤회할 뿐이다. 그러므로 민중문화를 제창하기 위하여 노예적 문화사상을 파괴함이니라.

다시 말하자면 '고유적 조선의' '자유적 조선 민중의' '민중적 경제의' '민중적 사회의' '민중적 문화의' 조선을 건설하기 위하여 '이족 통치의' '약탈제도의' '사회적 불평등의' '노예적 문화사상의' 현상을 타파함이니라. 그런즉 파괴적 정신이 곧 건설적 주장이라. 나아가면 파괴의 '칼'이 되고 들어오면 건설의 '깃발'이 될지니, 파괴할 기백은 없고 건설하고자 하는 어리석은 생각만 있다 하면 오백 년을 경과하여도 혁명의 꿈도 꾸어 보지 못할지니라.

이제 파괴와 건설이 하나요, 둘이 아닌 줄 알진대, 민중적 파괴 앞에는 반드시 민중적 건설이 있는 줄 알진대, 현재 조선 민중은 오직 민중적 폭력으로 신조선新朝鮮 건설의 장애인 강도 일본 세력을 파괴할 것뿐인 줄을 알진대, 조선 민중이 한편이 되고 일본 강도가 한편이 되어, 네가 망하지 아니하면 내가 망하게 된 '외나무다리 위'에 선 줄을 알진대, 우리 이천만 민중은 일치로 폭력 파괴의 길로 나아갈지니라.

민중은 우리 혁명의 대본영大本營이다.

폭력은 우리 혁명의 유일 무기다.

우리는 민중 속에 가서 민중과 손을 잡고

끊임없는 폭력 - 암살·파괴·폭동으로써,

강도 일본의 통치를 타도하고,

우리 생활에 불합리한 일체 제도를 개조하여,

인류로써 인류를 압박치 못하며,

사회로써 사회를 수탈치 못하는

이상적 조선을 건설할지니라.

형평사 주지(主旨)

(1923년 형평사 창립대회 창립 취지문)

공평公平은 사회의 근본이고, 애정愛情은 인류의 본량本良이다. 그런고로 아등我等은 계급을 타파하고 모욕적 칭호를 폐지하며 교육을 권장하여 우리도 참다운 인간이 되기를 기期함이 본사本社의 주지다.

지금까지 조선의 백정은 여하如何한 지위와 여하한 압박에 처處하였던가? 과거를 회상하면 종일토록 통곡하여도 혈루血淚를 금하기 어렵다. 여기에 지위와 조건 문제 등을 제기할 여유도 없이 목전目前의 압박을 절규함이 우리의 실정이다. 따라서 이 문제를 선결하는 것이 우리의 급무라고 인정하는 것은 적확的確한 것이다.

비卑하고 빈貧하고 열劣하고 약弱하고 천賤하고 굴屈한 자者는 누구였던가? 아아, 우리 백정이 아닌가? 그런데 여차如此한 비극에 대하여 사회의 태도는 여하한가? 소위 지식계급에서 압박과 멸시만을 하였도다. 이 사회에서 우리의 연혁을 아는가? 모르는가? 결코 천대를 받을 우리가 아니다. 직업의 구별이 있다고 하면 금수禽獸의 생명을 뺏는 자 우리 백정뿐만이 아닌가 하노라.

본사는 시대의 요구보다도 사회의 실정實情에 응하여 창립되었을 뿐 아니라 우리도 조선 민족 이천만의 일인이라. 갑오甲午년 6월부터 령令으로써 백정의 칭호가 없어지고 평민이 된 우리들이다. 애정으로써 상호부조相互扶助하여 생활의 안정을 도모하고 공동의 번영을 기하려 한다. 이에 사십여 만이 단결하여 본사의 목적인 그 주지를 천명闡明히 표방코자 하노라.

경남 진주 형평사 발기인 일동

대한민국 임시대통령 이승만 탄핵 결의안

(1925년 대한민국임시정부 공보 제42호)

결의안

주문

첫째. 본원은 임시헌법 제21조 제14항에 의하여 임시대통령 이승만을 탄핵하고 심판에 부치기를 결의함

이유

1. 헌법 제14조에 부기한 서약과 같은 제39조를 위반하였느니라.

증거

가. 대한민국 6년 12월 22일부로 전 재무총장 이시영에게 발송한 대통령 공첩에 의하면 "하와이 교민의 인구세 납부를 중지시킨 것은 다 이승만 대통령의 지휘에 의하여 행한 바이니, 위원이나 하와이 민단장에게 책임을 물을 것이 아닙니다"라 하였고 또 이르기를 "본 대통령이 하와이 민단장과 부인회장에게 신칙하여 상하이로 납송할 공금을 다 정지하고 다시 훈칙을 기다리라 하였으니"라고 하였다.

설명

1. 헌법 제14조에 부기한 선서문을 들면 "나는 일반 인민의 앞에서 성실한 심력으로 대한민국 임시대통령의 의무를 이행하여 대한민국 독립과 내치외교를 완성하여 국가의 이익과 국민의 복지를 증진케 하며 헌법과 법률을 준수하고 또한 인민으로 하여금 준수케 하기를 선서합니다"라는 이러한 법적 서약에도 불구하고 인민으로 하여금 헌법 제10조 제1항을 범하도록 지휘하였으며 헌법 제39조에 대통령이 법률을 공포하거나 명령을 발포할 시에는 반드시 국무원이 함께 서명함이라는 법문에 구애되지 않고 대통령 명의로 이용하여 단독히 인민에게 납세 중지 명령을 발포하였다. 소위 대통령으로서 정부로 상납하는 인민의 납세를 중간에서 중지케 한다 함은 옛부터 지금까지 없는 집정자의 행동이며 사익을 채우려는 필부심의 행위라 한다.

2. 헌법 제11조를 범하였느니라.

증거

가. 대한민국 6년 12월 22일부로 전 재무총장 이시영에게 발송한 공첩에 의하면 "태평양 동서로 구역을 나누어 극동 각지는 상하이에서 관리하고 동지미포대표회 각지는 워싱턴에서 관리하여 현상유지책 아래 각각 분담 진행하되, 단 중대사항에는 피차 협의를 얻고서 행하도록 하였으니"라고 하였다.

설명

헌법 제11조에 임시대통령은 정무를 총람한다 함에 구애되지 않고 반대로 정무를 나누고 쪼개어 인민으로 하여금 정부와 분리되도록 하여 자신의 사적 견해에 복종하게 하였다.

나. 위와 같은 공첩 내에 또한 이르기를 "한국에서 거의 십만 원의 재정이 상하이로 유입할 당시에 정부에서 외교 사무를 위하여 한 푼의 돈도 지급한 적이 없었으며, 극동에 산재한 수백만 동포에게 은전 일 원을 징수하지 못하면서, 동지미포대표회에 대하여 공납을 내지 않는다고 국법을 어긴다며 하는 이야기로 잘못을 따져 꾸짖을 수 없습니다"라고 하였다.

설명

오른쪽과 같은 말은 국무의 총책임자로서 자기의 지휘하에 있는 국무원에게 할 수 없는 말일 뿐 아니라 그 의의는 국무를 떠난 일개 당파의 수령으로서 정부 당국자를 반박하고 반항하는 이야기에 지나지 못하니, 이는 그가 대통령의 명의로 사익을 도모하는 깊게 쌓인 야심적 관념에서 나온 것이다.

3. 대통령을 산출한 헌법과 임시의정원을 부인하였느니라.

증거

가. 대한민국 6년 12월 21일부로 국무원 첨위 윤감으로 보낸 공첩에 의하면 "의정원에서 어떠한 법률도 어떠한 의안을 통과하던지 우리는 다 임시 편의를 보아 방임할지로되 또한 그 13도 대표가 국민대회로 한성에 모여 약법約法(선포한 약속된 법) 제6조 '본 약법約法은 정식 국회를 소집하여 헌법을 반포하기까지 이를 적용함'이라 한 법문과 위반되는 일을 행하여 한성 조직의 계통을 보유하지 못하게 되는 경우에는 결코 이를 따라서 행하지 않으리라" 하였다.

설명

지금 약법 제6조를 주장하는 것은 현재 임시의정원의 정식 국회를 대신한 것과 현행 임시헌법이 헌법을 대신한 것을 부인함이다. 만일 현 대통령의 말과 같이 임시의정원이 정식 국회나 혹은 이를 대신한 것이 아님으로 그 결의를 따라서 행하는 것이 약법 제6조를 위반이라 할진대 이승만은 어디에 의하여 대통령이 되었으며 어찌 그

의정원에서 통과한 헌법으로서 산출된 대통령의 직은 지키고서도 잃지 않으려는가? 현 대통령이 그 직을 맡게 됨은 한성에서 선포한 약법으로 된 것이 아니요, 현행 임시헌법 제6조에 의하여 된 것이며 약법 중에는 대통령제가 없었고, 한성 선포에는 집정관 총재라 하였다. 만일 현재 임시의정원이 약법 제6조에 기재한 정식 국회 혹은 이를 대신한 것이 아니라 하여 일절 결의하는 사항을 실행하지 않는다 할진대 집정관 총재가 대통령으로 변경함도 그 당시에 부인하였어야만 할 것이거늘 이승만은 부인하지 않고 반대로 이를 이어서 같게 하였다.

나. 위와 같은 공첩 내에 이르기를 "국민 전체를 상당히 대표한 입법부가 완성하기 전에는 의정원이 이들의 법안(대통령 유고 문제안)을 통과하기 어렵습니다"라고 하였다.

설명
대통령을 선거한 의정원에서 대통령 유고有故를 말할 수 있고 대통령이 범죄하면 탄핵할 수 있거늘 국민 전체를 대표할 상당한 입부가 완성하기 전에는 의정원에서 의론한 것은 효력이 없다 하니 현행 제도가 어디에서 산출한 것이건대 이와 같은 망언을 대통령의 직에 있으면서 능히 할 바인가.

오른쪽 이유에 의하여 현임 임시대통령의 무법 행동은 하루라도 묵과하기 불능한지라 그럼으로 본원 등은 원법 제84조에 의하여 본안을 제출한다.

대한민국 칠년 삼월 십삼일
제안자 의원 곽헌, 최석순, 문일민, 고준택, 강창제, 강경선, 나창헌, 김현구, 임득산, 채원개

한국독립운동사편찬위원회, 《한국독립운동의 역사》(전60권), 2007.
친일인명사전편찬위원회, 《친일인명사전》(전3권), 민족문제연구소, 2009.

이이화, 《이이화의 한국사이야기》(19~22권), 한길사, 2003.
조정래, 《아리랑》(1~10권), 해냄, 2014.
강준만, 《한국 근대사 산책》(6~10권), 인물과사상사, 2008.
주진오, 박찬승 외, 《고등학교 한국사》, 천재교육, 2014.
도면회, 이건홍 외, 《고등학교 한국사》, 비상교육, 2014.
한철호, 김시승 외, 《고등학교 한국사》, 미래앤, 2014.
주진오, 신영범 외, 《고등학교 한국근현대사》, 중앙교육진흥연구소, 2011.
전국역사교사모임, 《살아있는 한국사 교과서 2》, 휴머니스트, 2012.
김육훈, 《살아있는 한국 근현대사 교과서》, 휴머니스트, 2007.
전국역사교사모임, 《살아있는 세계사 교과서 2》, 휴머니스트, 2005.
류시현 외, 《미래를 여는 한국의 역사 5》, 웅진지식하우스, 2011.
박은봉, 《사진과 그림으로 보는 한국사 편지 5》, 웅진주니어, 2003.
박찬승, 《한국 근현대사를 읽는다》, 경인문화사, 2014.
교과서포럼, 《대안교과서 한국근·현대사》, 기파랑, 2008.
역사교육연대회의, 《뉴라이트 위험한 교과서 바로 읽기》, 서해문집, 2009.
이규헌, 《사진으로 보는 독립운동》(상, 하), 서문당, 2000.
신기수 엮음, 《한일병합사 1875-1945》, 눈빛, 2009.
염복규 외, 《아! 그렇구나 우리 역사 13》, 여유당, 2011.
한국근대현대사학회, 《한국독립운동사강의》, 한울아카데미, 2007.
박찬승, 《한국독립운동사》, 역사비평사, 2014.
최익현 외, 《원문 사료로 읽는 한국 근대사》, (이주명 편역), 필맥, 2014.
박은식, 《한국통사》, (김태웅 역해), 아카넷, 2012.
박은식, 《한국독립운동지혈사》, (김도형 역), 소명출판, 2009.
강만길, 《한국사회주의운동 인명사전》, 창비, 1996.
임경석, 《한국 사회주의의 기원》, 역사비평사, 2003.
장영숙, 《고종 44년의 비원》, 너머북스, 2010.
오영섭, 《고종황제와 한말의병》, 선인, 2007.
임종국, 《실록 친일파》, 돌베개, 1991.
정운현, 《친일파는 살아있다》, 책보세, 2011.
한홍구, 《대한민국사 2》, 한겨레신문사, 2003.
고석규 외, 《역사 속의 역사읽기 3》, 풀빛, 1997.
이호룡, 《한국의 아나키즘》, 지식산업사, 2015.

김삼웅, 《서대문형무소 근현대사》, 나남, 2000.

정혜경, 《징용 공출 강제연행 강제동원》, 선인, 2013.

김동진, 《1923 경성을 뒤흔든 사람들》, 서해문집, 2016.

님 웨일즈 외, 《아리랑》, (송영인 역), 동녘, 2005.

조한성, 《한국의 레지스탕스》, 생각정원, 2013.

이재갑, 《한국사 100년의 기억을 찾아 일본을 걷다》, 살림출판사, 2011.

김육훈, 《민주공화국 대한민국의 탄생》, 휴머니스트, 2012.

한일공통역사교재 제작팀, 《한국과 일본 그 사이의 역사》, 휴머니스트, 2012.

유용태 외, 《함께 읽는 동아시아 근현대사 1》, 창비, 2010.

염인호, 《조선의용군의 독립운동》, 나남, 2001.

김성호, 《1930년대 연변 민생단사건 연구》, 백산자료원, 1999.

박청산, 《연변항일유적》, 연변인민출판사, 2013.

전광하 박용일 편저, 《세월속의 용정》, 연변인민출판사, 2002.

황민호, 《일제하 만주지역 한인사회의 동향과 민족운동》, 신서원, 2005.

김효순, 《간도특설대》, 서해문집, 2014.

한일관계사연구논집 편찬위원회, 《일제 식민지지배의 구조와 성격》, 경인문화사, 2005.

한일관계사연구논집 편찬위원회, 《일제 식민지배와 강제동원》, 경인문화사, 2010.

신용하, 《일제 식민지정책과 식민지근대화론 비판》, 문학과지성사, 2006.

전상숙, 《조선총독정치 연구》, 지식산업사, 2012.

나가타 아키후미, 《일본의 조선통치와 국제관계》, (박환무 역), 일조각, 2008.

수요역사연구회, 《식민지 동화정책과 협력 그리고 인식》, 두리미디어, 2007.

임종국, 《친일문학론》, 민족문제연구소, 2013.

엄만수, 《항일문학의 재조명》, 홍익재, 2001.

연변대학교 조선문학연구소, 《항일가요 및 기타》, 보고사, 2007.

김희영, 《이야기 일본사》, 청아출판사, 2003.

앤드루 고든, 《현대일본의 역사2》, (문현숙 외 역), 이산, 2015.

나리타 류이치, 《다이쇼 데모크라시》, (이규수 역), 어문학사, 2012.

가토 요코, 《만주사변에서 중일전쟁으로》, (김영숙 역), 어문학사, 2012.

요시다 유타카, 《아시아 태평양전쟁》, (최혜주 역), 어문학사, 2012.

박경희, 《일본사》, 일빛, 1998.

야마다 아키라, 《일본, 군비확장의 역사》, (윤현명 역), 어문학사, 2014.

위톈런, 《대본영의 참모들》, (박윤식 역), 나남, 2014.

이규수, 《일본 제국의회 시정방침 연설집》, 선인, 2012.

W. G. Beasley, 《일본제국주의 1894-1945》, (정영진 역), 한국외국어대학교출판부, 2013.

야마무로 신이치, 《키메라 만주국의 초상》, (윤대석 역), 소명출판, 2009.

김창권, 《일본 관동군 731부대를 고발한다》, 나눔사, 2014.

이시와라 간지, 《세계최종전쟁론》, (선정우 역), 길찾기, 2015.

김희영, 《이야기 중국사 3》, 청아출판사, 1986.

조관희, 《조관희 교수의 중국현대사 강의》, 궁리출판, 2013.

김명호, 《중국인 이야기》(1~4권), 한길사, 2012.

헬무트 알트리히터, 《소련소사》, (최대희 역), 창비, 1997.

박노자, 《러시아 혁명사 강의》, 나무연필, 2017.

케빈 맥더모트 외, 《코민테른》, (황동하 역), 서해문집, 2009.

폴 콜리어 외, 《제2차 세계대전》, (강민수 역), 플래닛미디어, 2008.

김구, 《원본 백범일지》, 서문당, 2001.

김상구, 《김구 청문회》(전1~2권), 매직하우스, 2014.

한시준, 《김구》, 역사공간, 2015.

정병준, 《우남 이승만 연구》, 역사비평사, 2005.

김상구, 《다시 분노하라》, 책과나무, 2014.

김삼웅, 《몽양 여운형 평전》, 채륜, 2015.

김삼웅, 《약산 김원봉 평전》, 시대의창, 2008.

안재성, 《박헌영 평전》, 실천문학사, 2009.

이호룡, 《신채호 다시 읽기》, 돌베개, 2013.

김명섭, 《이회영》, 역사공간, 2008.

이준식, 《김규식》, 역사공간, 2014.

김도훈, 《박용만》, 역사공간, 2010.

권기훈, 《김창숙》, 역사공간, 2010.

김영범, 《윤세주》, 역사공간, 2013.

김인식, 《중도의 길을 걸은 신민족주의자》, 역사공간, 2006.

김병기, 《김동삼》, 역사공간, 2012.

신주백, 《이시영》, 역사공간, 2014.

김경일, 《이재유 나의 시대 나의 혁명》, 푸른역사, 2007.

조문기, 《조선혁명군 총사령관 양세봉》, (안병호 역), 나무와숲, 2007.

유순호, 《김일성 평전》(상), 지원인쇄출판, 2017.

로버트 스칼라피노, 이정식, 《한국 공산주의운동사》, (한홍구 역), 돌베개, 2015.

최백순, 《조선공산당 평전》, 서해문집, 2017.

신용하, 《신간회의 민족운동》, 지식산업사, 2017.

박찬승 외, 《조선총독부30년사》(중, 하), 민속원, 2018.

최웅, 김봉중, 《미국의 역사》, 소나무, 1997.

김호준, 《유라시아 고려인, 디아스포라의 아픈 역사 150년》, 주류성, 2013.

조한성, 《해방 후 3년》, 생각정원, 2015.

이영훈, 《반일 종족주의》 미래사, 2019.

김종성, 《반일 종족주의, 무엇이 문제인가》, 위즈덤하우스, 2020.

호사카 유지, 《신친일파》, 봄이아트북스, 2020.

일본역사학연구회, 《태평양전쟁사 1》, (아르고인문사회연구소 외 편역), 채륜, 2017.

제프리 주크스 외, 《제2차세계대전》, (강민수 역), 플래닛미디어, 2008.

이덕일, 《잊혀진 근대, 다시 읽는 해방전사》, 역사의아침, 2013.

와다 하루끼, 《와다 하루끼의 북한 현대사》, (남기정 역), 창비, 2014.

박시백의 일제강점사

35년 3

박시백 글·그림

초판   1쇄 발행일 2018년 1월 2일
개정판 1쇄 발행일 2024년 10월 7일

발행인 | 한상준
편집 | 김민정 · 손지원 · 최정휴 · 김영범
디자인 | 김경희 · 양시호
마케팅 | 이상민 · 주영상
관리 | 양은진

발행처 | 비아북(ViaBook Publisher)
출판등록 | 제313-2007-218호(2007년 11월 2일)
주소 | 서울시 마포구 월드컵북로 6길 97(연남동 567-40) 2층
전화 | 02-334-6123 전자우편 | crm@viabook.kr 홈페이지 | viabook.kr

《35년》편집위원
차경호(대구시지고등학교 역사 교사)
김정현(김해고등학교 역사 교사)
김종민(천안쌍용고등학교 역사 교사)
남동현(대전가오고등학교 역사 교사)
문인식(충남기계공업고등학교 역사 교사)
박건형(대전도시과학고등학교 역사 교사)
박래훈(고흥포두중학교 교장)
오진욱(청주용암중학교 역사 교사)
정윤택(서라벌고등학교 역사 교사)

ⓒ 박시백, 2024
ISBN 979-11-92904-94-8 04910